Mario Czaja

Wie der Osten Deutschland rettet

Mario Czaja

Wie der Osten Deutschland rettet

Lösungen für ein neues Miteinander

FREIBURG · BASEL · WIEN

Verlag Herder GmbH, Freiburg im Breisgau 2024
Alle Rechte vorbehalten
www.herder.de

Satz: ZeroSoft SRL, Timişoara
Umschlaggestaltung: Zero Media GmbH, München
Umschlagmotiv: © bgblue, GettyImages
Herstellung: GGP Media GmbH, Pößneck
Printed in Germany

ISBN (Print): 978-3-451-39829-2
ISBN (EPUB): 978-3-451-83495-0
ISBN (PDF): 978-3-451-83472-1

Inhalt

Aus Verantwortung für die Demokratie:
Das Potenzial des Ostens aktiv für das ganze Land nutzen
Vorwort von Gregor Gysi.................................. 9

Einleitung
„Der Einzige aus dem Osten"............................ 15

Kapitel 1
Wie mehr Mitbestimmung in die Politik kommt.......... 29
Lektionen in Bürgernähe............................... 29
Parteiferne ist nicht Demokratieverdrossenheit 32
Neue Formate der Beteiligung.......................... 37
Sei vor Ort!... 39
Gespräche statt Belehrungen........................... 42

Kapitel 2
Warum Ostdeutschland eigene politische Souveränität
benötigt 45
Eine eingeschüchterte Partei 45
Lehren aus Thüringen? 47
Abschied von der Hufeisentheorie...................... 53
Pragmatische Zusammenarbeit mit der Linkspartei......... 57
Schluss mit den falschen Vergleichen................... 62

Kapitel 3
Wie die zweite Halbzeit beim „Aufbau Ost" ganz Deutschland
voranbringen wird 65
Irgendwann reicht es? 65
Der Solidarpakt, eine falsch erzählte Geschichte 67
Viel Raum und Chancen für Entwicklungen............... 69
Investitionen in neue Wege 73
Unverzichtbarer „Aufbau Ost 2.0"...................... 76

Kapitel 4
Mit Sonderförderzonen die ostdeutsche Wirtschaft auf die Überholspur bringen 81
Bayerische Montagsreden 81
Ohne Sonderförderung geht es nicht. 83
Das Defizit an mittleren und großen Unternehmen 85
Energiekosten und Infrastruktur gerechter verteilen 89
Zukunftsanker im Osten für den Westen. 93

Kapitel 5
Ein Kinderstartkapital schafft mehr Chancengerechtigkeit 95
Von der Hand in den Mund 95
Vermögensschere zwischen Ost und West 99
Beteiligung aller Menschen am Produktivkapital. 101
Kein bedingungsloses Grunderbe 104
Nur etwas mehr Erbschaftssteuer. 105

Kapitel 6
Ostdeutsche Standards und ihre Vorteile für den Westen – oder warum eine DIN Ost allen hilft 109
Enteignungsattacken 109
DIN Ost. 113
Beispiel Gesundheitsversorgung. 118
Standards flexibilisieren. 121

Kapitel 7
Eine Ostquote ist überfällig 123
Wendekinder. 123
Der Osten hat fast nichts zu sagen. 125
Abnehmende Akzeptanz des Gemeinwesens 127
Die CDU als Vorreiterin? 130
Die Quote ist schon im Grundgesetz verankert 132

Kapitel 8
Außenpolitik aus ostdeutscher Sicht: Mehr Emanzipation der Europäer 135
Die USA – weniger verlässlich.......................... 135
Das außenpolitische Know-how des Ostens liegt brach 136
Die historische Bindung des Ostens an Russland........... 140
Gorbatschows europäisches Haus – nur ein Traum?......... 142
Die Emanzipation der deutschen und europäischen
Außenpolitik.. 147

Kapitel 9
Lösungen: Mehr Osten wagen, um ganz Deutschland zu stärken.. 151
Gesamtdeutsch denken – Wolfgang Schäubles Vermächtnis .. 151
Die Wiedervereinigung und ihre Schwächen............... 154
Den Umbrüchen mutig begegnen! 158
Mein Fazit: Der Osten als Chance....................... 160

Danksagung 167

Anmerkungen....................................... 173

Über den Autor...................................... 192

Aus Verantwortung für die Demokratie: Das Potenzial des Ostens aktiv für das ganze Land nutzen
Vorwort von Gregor Gysi

Kohls Versprechen der blühenden Landschaften und die dahinterstehende Haltung, dass aus der Einheit kein neues gemeinsames Deutschland, sondern letztlich nur eine erweiterte Bundesrepublik entstünde, war eine den Einheitsprozess bis heute prägende Fehleinschätzung. Viele Deutsche aus der DDR hatten nach dem 3. Oktober 1990 das Gefühl, zu Deutschen zweiter Klasse zu werden. Die Bundesregierung konnte damals nicht aufhören zu siegen. Die Regierenden strahlten nicht nur eine gewisse Arroganz aus, sondern waren vor allem nicht bereit, sich die DDR genau anzuschauen und sinnvoll positive Seiten aus ihr im vereinten Deutschland zu bewahren. Die DDR wurde ausschließlich mit Mauertoten, Staatssicherheit und SED identifiziert. Aber es gab auch ein Leben in ihr, das nicht interessierte. Ich erinnere an den deutlich höheren Grad der Gleichstellung der Geschlechter im Vergleich zur alten Bundesrepublik. Man darf auch die Berufsausbildung mit Abitur, die Polikliniken und die Art und Weise der Müllentsorgung ins Gedächtnis rufen. Die BRD war damals eine Wegwerf-, die DDR eine Behaltegesellschaft. Hätte die Bundesregierung solche Seiten übernommen, wäre das Selbstbewusstsein der Ostdeutschen gestärkt und nicht nach unten gedrückt worden. Wir hätten uns gesagt: Wir hatten zwar eine Diktatur, aber sechs Gegebenheiten waren so gut, dass sie jetzt in ganz Deutschland gelten. Die Westdeutschen hätten erlebt, dass sich ihre Lebensqualität in diesen sechs Gebieten durch den Osten erhöhte. Das ist ihnen nicht gegönnt worden. All das hat Konsequenzen für das Denken und Fühlen in Ost und West bis heute.

Allerdings muss auch immer wieder betont werden, dass die Stadtzentren, die Kirchen und viele Wohnungen saniert wurden, was den Ostdeutschen und den Besucherinnen und Besuchern zugutekommt.

Ein Denken, dass der Osten einfach nur so werden müsste wie der Westen, ist Mario Czaja fremd. Wer wie er im Osten Berlins direkt kandidiert hat und mehrfach ins Abgeordnetenhaus und 2021 auch in den Bundestag gewählt wurde, hätte dies nicht geschafft, ohne ostdeutschen Biografien und Leistungen den Respekt entgegenzubringen, den sie verdienen. 2001 traten wir bei der Wahl zum Abgeordnetenhaus gegeneinander an, und das war das letzte Mal, dass Mario Czaja seinen Wahlkreis nicht gewann. Geblieben aus dieser Zeit und den nachfolgenden nun schon über 20 Jahren ist bei ihm eine Haltung, die mit Unvereinbarkeitsbeschlüssen unter demokratischen Konkurrenten nichts anfangen kann. Dies umso mehr, wenn die Demokratie sowie Demokratinnen und Demokraten direkt und handgreiflich bedroht werden. Letztlich nimmt er damit den urdemokratischen Impuls der Wendezeit in der DDR wieder auf und stellt an uns die Frage, ob und wie man nicht gerade die Erfahrungen des friedlichen Umbruchs 1989/90 heute zum Tragen bringen könnte und müsste.

Denn die Friedlichkeit damals hatte zwei Seiten: „keine Gewalt" durch Demonstrierende und der Verzicht darauf bei den Soldaten, bei der Polizei, nicht gleich, aber ab dem 9. Oktober 1989. Es ist eine beachtliche Leistung, dass während des Umbruchs kein einziger Schuss fiel, von keinem aus den sogenannten bewaffneten Organen der DDR (Polizei, Armee, Zoll, Staatssicherheit, Kampfgruppen). Beides ist zu würdigen, nicht das Schwarz-Weiß, sondern das große Dazwischen bestimmt den Lauf der Geschichte.

Der Prozess des Machtwechsels war einzigartig, geschah in äußerst strittigem Dialog und ohne rigorose Konsequenzen für die alten Machthaber in der DDR. Manchen erscheint das inkonsequent, aber aus meiner Sicht zeigte sich gerade darin eine demokratische Kraft und Reife, die zugleich dafür sorgte, dass der Alltag für die Menschen weiterlief. Diese Kraft und Reife wären wieder bitter nötig, um die heutigen Gefahren für die Demokratie zu bannen.

Die Lohnlücke zwischen Ost und West besteht nach wie vor – 20 Prozent verdient man im Osten durchschnittlich weniger als im Westen. Das gilt auch für ungleiche Arbeitszeit, im Osten wird für

Vorwort von Gregor Gysi

geringeren Lohn länger gearbeitet. Für die gleiche Lebensleistung gibt es nach wie vor keine gleiche Rente. Erst seit dem vergangenen Jahr, 33 Jahre nach Herstellung der Einheit, sind die Rentenwerte nominell angeglichen, aber die geringeren Löhne aus der Vorzeit und jetzt drücken auch die Einzahlungen in die Rentenkasse, sodass Ostdeutsche auch in 33 Jahren noch niedrigere Renten haben werden als Westdeutsche bei vergleichbaren Erwerbsbiografien. Und die Ungleichbehandlung in vielen Berufsgruppen, zum Beispiel bei Polizistinnen und Polizisten, Ingenieurinnen und Ingenieuren bis zu mithelfenden Angehörigen privater Handwerkerinnen und Handwerker aus der DDR, soll bleiben.

Bemerkenswert ist, dass es praktisch keine Änderung gibt seit über 30 Jahren. Der Lohnabstand zwischen West und Ost wird nicht kleiner. Das ist schlicht und einfach skandalös. Seit 1995, als in den westdeutschen Unternehmen die 35-Stunden-Woche erkämpft wurde, musste ein Metaller im Osten 4000 Stunden länger arbeiten – das sind zwei Arbeitsjahre. Die Gewerkschaften taten zu wenig. Dass es so ist, liegt aber auch daran, dass sich die Bundesregierung nie für eine wirkliche Einheit energisch einsetzte und sich die Ostdeutschen zu wenig wehrten. Jeder kleine Schritt musste der Bundesregierung abgerungen werden. Angela Merkel, der Kanzlerin aus dem Osten, war der Osten leider auch nicht wichtig genug.

Es zeigt sich auch daran, dass nur zwei von 35 beamteten Staatssekretärinnen und Staatssekretären in den Bundesministerien der Ampelkoalition und nur elf von 135 Abteilungsleiterinnen und Abteilungsleitern aus dem Osten kommen. Insgesamt sind nur 13,9 Prozent der Führungspositionen in 94 Bundesbehörden, vier Verfassungsorganen und fünf Bundesgerichten mit Ostdeutschen besetzt. Nimmt man nur die ostdeutschen Flächenländer, sind es sogar nur 7,4 Prozent bei einem deutlich größeren Anteil an der Bevölkerung. Das ist grundgesetzwidrig, denn in der Verfassung werden nicht nur gleiche Lebensverhältnisse, sondern auch eine angemessene Beteiligung sämtlicher Bundesländer auf der Leitungsebene des Staates gefordert.

Dass man dies ändern müsste, war in der Führung der Christdemokratie durchaus nicht wenigen klar. Wolfgang Schäuble hat es in seiner am 19. Februar 2020 in Erfurt gehaltenen Ringvorlesung „Die Einheit, die uns trennt? 30 Jahre vereintes Deutschland" mehr als nur indirekt anklingen lassen. Doch die Kraft dazu fehlte der Union, was auch eine Ursache dafür war, dass sie nach 16 Jahren das Kanzleramt verlor. Mario Czaja plädiert in seinem Buch nun dafür, trotz wieder günstigerer Wahlaussichten seiner Partei die Entwicklung im Osten, das Verhältnis von demokratischen Parteien auch und gerade in der Auseinandersetzung mit den die Demokratie bedrohenden Kräften sowie die soziale Frage nicht aus den Augen zu verlieren. Dass er mit dieser Haltung bei seinem aktuellen Parteivorsitzenden nicht unbedingt offene Türen einrennt, scheint offenkundig. Es kann aber erwartet werden, dass Friedrich Merz sich nach den Landtagswahlen im Osten im Frühherbst diesen Herausforderungen wird stellen müssen, wenn er im nächsten Jahr Kanzler werden will.

Dass bei Löhnen und Renten zwischen Ost und West endlich Augenhöhe hergestellt werden muss, ist auch eine Frage des Respekts und des gesellschaftlichen Zusammenhalts. Den Ostdeutschen und dem Osten wurde seit 1990 nie das Gefühl von Gleichwertigkeit vermittelt. Die reale und gefühlte Benachteiligung wurde auch auf die Generationen übertragen, für die die Wende ebenso wie der Mauerfall Ereignisse aus Geschichtsbüchern sind, die sie sich kaum vorstellen können. Dennoch erleben sie selbst und in ihren Familien, worauf sich das Gefühl, benachteiligte Menschen zu sein, gründet. Dies verschwindet erst dann, wenn es keine konkreten Benachteiligungserfahrungen mehr gibt, deutlich mehr für Arbeitsplätze und Jugend im Osten getan wird und das Potenzial, das im Osten aus dem Umgang mit einem Epochenumbruch erwachsen ist, endlich für die Bewältigung der aktuellen Krisen in Gesellschaft und Wirtschaft genutzt wird. Investitionen wie die von Tesla oder Intel machen deutlich, dass internationale Konzerne dieses Potenzial offenbar eher erkennen, als die (west)deutsche Wirtschaft es vermag – und die Politik es unzureichend fördert. Die von Union und FDP Anfang der 2010er Jahre maßgeblich dem Ausverkauf preisgegebene Solarindustrie war vor allem im Osten beheimatet. Dass sich dieser Prozess heute und erneut vornehmlich im Osten wiederholt, weil Union und FDP meinen, die Schuldenbremse habe Vorrang vor der Entwicklung einheimischer

Vorwort von Gregor Gysi

Forschungs- und Produktionskapazitäten für eine Kerntechnologie der Energiewende, verstärkt das Gefühl, dass der Osten einfach nicht wichtig genug genommen wird.

Das Potenzial des Ostens aktiv für das ganze Land zu nutzen, wäre auch eine Voraussetzung dafür, rechtsextremen Kräften das Wasser abzugraben, die aus den politischen Enttäuschungen und sozialen Abstiegsängsten im Osten Kapital zu schlagen suchen. Denn machen wir uns nichts vor. Die Enttäuschungen haben sich über 30 Jahre lang ins ostdeutsche Bewusstsein eingegraben und korrespondieren mit dem zur Wendezeit Erlebten. Dies wird sich nicht von heute auf morgen mit ein paar Milliarden für die Investitionsförderung verändern lassen, sondern nur mit einer langfristig angelegten Politik, die gesellschaftlichen Krisen, noch dazu, wenn sie existenzieller Natur sind, strikt in sozialer Verantwortung begegnet und zugleich das Bewusstsein fördert, dass sich globale Krisen gerade nicht durch nationale Abkapselung lösen lassen. Dies muss die Politik in Bund und Ländern ausstrahlen, statt die falschen Narrative der Demokratieverächter aufzunehmen und sie damit zu verstärken.

Vielleicht sollte man sich dafür mal anschauen, wie der 1. FC Union aus dem Osten Berlins zu einem Klub geworden ist, der es von 2006 bis 2023 aus der vierten Liga bis in die Champions League geschafft hat. Mit der Kraft seiner Fans, unterstützt von dem einen oder anderen Investor, durch harte Arbeit, kluge Personalpolitik, Vertrauen in die handelnden Personen, mit der Bereitschaft, aus Fehlern zu lernen, und über das Finden versteckter Potenziale bei den Transfers aus dem In- und Ausland. Man kann es schaffen – wenn man will und an sich, aber auch an andere glaubt.

Mario Czaja hat aus seiner Position mit diesem Ziel ein wichtiges Buch geschrieben.

Einleitung
„Der Einzige aus dem Osten"

Es war ein Montag. Die letzte Sitzungswoche im Bundestag vor der Sommerpause 2023 lag gerade hinter uns. Es war eine gute Woche für die Union gewesen, und sie enthielt eine herbe Niederlage für die Ampelkoalition. Unser Fraktionskollege Thomas Heilmann hatte – für die meisten von uns überraschend – vor dem Bundesverfassungsgericht das Heizungsgesetz von Bundeswirtschaftsminister Robert Habeck zumindest vorerst stoppen können. Die Debatte um diesen Gesetzentwurf sollte damit den ganzen Sommer über anhalten. Kampagnentechnisch sehr gut für die Union. Eine Sondersitzung der Fraktion wurde einberufen. Beste Stimmung. Dann noch eine Freitagsdebatte im Plenum des Bundestages. Friedrich Merz, CDU-Bundesvorsitzender und Unions-Fraktionschef in Personalunion, hatte Heilmanns Erfolg umgehend zu einem Erfolg der gesamten Union und damit auch zu seinem eigenen gemacht. Besser ging es kaum für die Motivation der eigenen Leute. Merz las der Regierung die Leviten und zitierte gleich eingangs den Koalitionsvertrag: „Demokratie lebt vom Vertrauen in alle staatlichen Institutionen und Verfassungsorgane. Wir werden daher das Parlament als Ort der Debatte und der Gesetzgebung stärken." Leichtes Spiel nach solch einer schallenden Ohrfeige vom Bundesverfassungsgericht. Ein maßgebliches Gesetz gestoppt wegen unzureichender Aussprachezeit. Anspruch und Wirklichkeit fielen bei dieser Bundesregierung erneut weit auseinander. Genüsslich zerpflückte Friedrich Merz die Koalition, die noch sichtlich angeschlagen in den Reihen saß. Ein schöner Abschluss der Sitzungsperiode vor der Sommerpause für den Fraktionsvorsitzenden. Die eigenen Abgeordneten gingen so mit entsprechendem Rückenwind in ihre Wahlkreise und die Sommerferien.

Aber den Parteivorsitzenden trieb etwas um, das spürten viele von uns in seinem engen Umfeld seit Tagen. Konkret seit dem 15. Juni

Einleitung

des Jahres 2023, als ein in Parteikreisen aufgeregt debattierter Artikel von Hendrik Wüst in der *FAZ* erschienen war,[1] fühlte er sich herausgefordert und persönlich enttäuscht. In besagtem Namensbeitrag, übrigens einen Tag vor dem kleinen CDU-Parteitag, hatte Wüst als Ministerpräsident von Nordrhein-Westfalen und Parteivorsitzender des größten Landesverbandes eine Positionsbestimmung für die CDU vorgenommen, die Merz umgehend als Angriff auf sich verstand. Die liberalen Kräfte in der CDU und vor allem die öffentlich besonders aktiven Ministerpräsidenten Hendrik Wüst aus Nordrhein-Westfalen und Daniel Günther aus Schleswig-Holstein, so die Einschätzung von Friedrich Merz, schlugen seine ausgestreckte Hand aus, und zugleich wandten sich die Konservativen in der Partei aus Enttäuschung zunehmend von ihm ab. Rückblickend war offensichtlich, was diese persönlich vom Parteivorsitzenden wahrgenommene Drohkulisse für die Beziehung zwischen Friedrich Merz und mir bedeuten sollte.

Friedrich Merz bat mich an diesem Montag nach der letzten Sitzungswoche Mitte Juli 2023 um zwölf Uhr zum persönlichen Gespräch in sein Büro in der markanten Spitze der sechsten Etage des Konrad-Adenauer-Hauses, der Zentrale der CDU Deutschlands an der Klingelhöferstraße im Berliner Zentrum. Es ist die Etage, in der der Parteivorsitzende mit seinem Stab logiert. Ich, in meiner Funktion als CDU-Generalsekretär, saß mit meinem Team eine Etage tiefer. Es kam nicht so häufig vor, dass Friedrich Merz sich die Zeit für persönliche Rücksprache nahm. Sein Büroleiter aus der Fraktion und seine Büroleiterin aus der Partei kündigten keine besonderen Themen für unseren Austausch an. „Allgemeine Themen für den Sommer – ganz entspannt", sagten sie beide auf meine Nachfrage, mit der ich mich auf den Termin vorbereiten wollte. Ich erwartete eine Abstimmung zu den Aufgaben in den Ferienwochen. Diese Aufgaben waren klar und gut strukturiert. Die Zusammenarbeit mit dem neuen Bundesgeschäftsführer Christoph Hoppe, den wir beide ins Adenauer-Haus geholt hatten, war sehr gut, und die anstehenden Projekte hatten wir gemeinsam und eng abgestimmt im Blick.

Ein intensives Wochenende lag trotzdem vor mir. In meinem Wahlkreis hatte das Team aus meinem zweisprachigen deutsch-russischen Marzahner Bürgerbüro zusammen mit vielen Vereinen zu

"Der Einzige aus dem Osten"

einem „Festival der Freundschaft, des Friedens und der Völkerverständigung" geladen. Mein Wahlkreis Marzahn-Hellersdorf ist ein Brennglas für viele Herausforderungen in Ostdeutschland. Im Süden das größte zusammenhängende Ein- und Zweifamilienhausgebiet Deutschlands. Dort reihen sich in Mahlsdorf, Kaulsdorf und Biesdorf gut 25.000 Träume vom Glück im Grünen aneinander. Menschen, die sich ihre vier Wände häufig über Jahre hart erspart haben und darüber hinaus nicht über große finanzielle Polster verfügen. Im Norden des Bezirks, ebenfalls an der Stadtgrenze Berlins, steht die größte Plattenbausiedlung mit über 100.000 Wohnungen. Von 1976 bis 1987 entstanden aufgrund der großen Wohnungsnot die für den Bezirk markanten Plattenbauwohnungen.[2] Vor allem hier leben in Berlin die 35.000 Deutschen, die in den 1990er Jahren mit ihren Familien aus Russland hergezogen sind. Zugleich sind in meinem Heimatbezirk viele ukrainische Flüchtlinge aufgenommen worden.

In meinem Amt als Generalsekretär blieb mir leider nur begrenzte Zeit für den eigenen Wahlkreis. Den Montagmorgen außerhalb der Sitzungswochen des Deutschen Bundestages und jenseits von dienstlichen Reisen nutzte ich daher bevorzugt für Rücksprachen mit meinem Büroteam und die dringenden Anliegen von Vereinen, Unternehmern, Ärzten und Anwohnern, die sie mir mit auf den Weg geben wollten. So auch an diesem Tag. Im Anschluss an diverse Vor-Ort-Termine fuhr ich also in mein Büro im Konrad-Adenauer-Haus und bereitete mich auf das Gespräch mit Friedrich Merz vor. In den Sommerferien sollte die inhaltliche Debatte um die Verbesserung des Heizungsgesetzes fortgeführt werden, die finale Arbeit am CDU-Grundsatzprogramm mit gut 100 führenden Frauen und Männern galt es weiter zu koordinieren und inhaltlich zu begleiten, und zusammen mit dem Bundesgeschäftsführer kümmerten wir uns um den organisatorischen Umbau des Adenauer-Hauses hin zu einem kampagnenfähigen Zentrum für die anstehenden Wahlen.

Friedrich Merz kam zu unserem Treffen von einem Gespräch mit Olaf Scholz. Ich erwartete ein kurzes Briefing und dann den Einstieg in ein Update zu den Sommerprojekten des Adenauer-Hauses. Eigentlich hätte es mich stutzig machen müssen, dass er mich an diesem Vormittag

Einleitung

bat, unsere Handys draußen im Vorzimmer zu lassen. Aber noch dachte ich mir nichts dabei. Friedrich Merz kam immer schnell zu den wichtigen Dingen und Projekten, die er für den Moment und die kommende Zeit im Mittelpunkt sah. Er hatte klare Vorstellungen davon, wie die jeweilige Aufgabe anzugehen sei, und kommunizierte präzise und klar seine Richtung. Er konnte zuhören und Hinweise annehmen, aber man musste gute Argumente haben, um ihn zu überzeugen. Gerade weil wir in einer Reihe von Punkten doch verschieden waren, besprachen wir häufig unterschiedliche Ansätze und ich konnte dabei von ihm einiges lernen und mitnehmen. Möglicherweise ging es ihm umgekehrt ebenso.

Seine Idee eines sich ergänzenden Teams im Konrad-Adenauer-Haus empfand ich als das ideale Führungsmodell, das in unsere Zeit passte. Zuhören, andere Auffassungen aushalten, gemeinsame Wege suchen. Ich bin weiter überzeugt davon, dass dieser Weg richtig war und bleibt. Ein Präsidium der CDU Deutschlands, in dem der Klimaexperte Andreas Jung und die Bildungsministerin Karin Prien ebenso Einfluss haben wie das Urgestein christsozialer Politik Karl-Josef Laumann, der sächsische Ministerpräsident Michael Kretschmer und die Bundesschatzmeisterin Julia Klöckner.

Ich möchte an dieser Stelle etwas ausholen: Als mir Friedrich Merz Mitte November 2021 in seiner Wohnung in Berlin für mich völlig überraschend das Amt des Generalsekretärs anbot, sprachen wir offen über unsere unterschiedlichen Sichtweisen und Sozialisationen. Er war überzeugt, in einem sich ergänzenden Team liege die Kraft, die die Union jetzt brauche, um nach 16 Jahren wieder Tritt zu fassen. Team CDU, statt „nur" Team Merz, das war unser Credo. Vertrauensvoll, fair und gewollt unterschiedlich. Komplementäre Teams, wie sie auch in Unternehmen, Verbänden und Institutionen immer häufiger und zugleich erfolgreich zu finden sind. Für dieses Projekt habe ich gebrannt, und ich bin dankbar für den Weg, den wir so miteinander gehen konnten.

Unsere Aufgaben waren vom ersten Tag an groß. Zeit zum Durchatmen nach dem für mich sehr erfolgreichen Wahlkampf Ende September 2021 gab es nicht. Während in 298 deutschen Wahlkreisen für die CDU ein Minuszeichen vor dem Wahlergebnis der jeweiligen Lokalmatadore stand, war es meinem Team und mir in Marzahn-Hellersdorf gelungen, deutlich mehr Menschen von uns und unserem Politikangebot zu überzeugen. Statt bislang 30.000 Menschen hatten mir gut 40.000 Menschen das Vertrauen ausgesprochen. Und das trotz eines Wahlkampfes mit bundespolitischem Gegenwind, der zeitweise einem Wirbelsturm glich. Mehr als vier Millionen Wähler hatte meine Partei zur letzten Bundestagswahl 2017 verloren. Nur noch etwas mehr als elf Millionen Wahlberechtigte schenkten uns das Vertrauen, der niedrigste Wert seit Gründung der Bundesrepublik.

Der Absturz in der deutschlandweiten Wählergunst führte dazu, dass wir im Bund auf den harten Oppositionsbänken Platz nehmen mussten. Es galt, die Partei in diese neue Rolle zu führen und für unsere Positionen neu um Vertrauen zu werben. Es galt zu verhindern, dass die CDU ins Rutschen kommt und auf einen Weg abgleitet, wie ihn viele christdemokratische Parteien in Europa jüngst schmerzhaft gegangen sind: zerstritten in der Frage um den richtigen Weg, aufgelöst und von der Bildfläche verschwunden.

Doch zurück zu jenem Montag im Büro von Friedrich Merz. Wir nahmen in der Couchecke seines Vorsitzendenzimmers Platz. Er kam schnell zur Sache. Er sagte mir, dass er mich als Generalsekretär austauschen wolle. Diese Entscheidung sei ihm nicht leichtgefallen, aber bereits am darauffolgenden Mittwoch, also nur zwei Tage später, wolle er alles umsetzen. Die letzte Präsidiums- und Bundesvorstandssitzung vor der Sommerpause sei dafür der richtige Zeitpunkt. Keine 48 Stunden später wäre alles erledigt. Im Übrigen, so Merz, sei die Sprachregelung für den Wechsel auf der Position des Generalsekretärs bereits in Bearbeitung, ich sollte sie von seinem Büro erhalten. Wenig später erfuhr ich, dass das Kommunikationsbüro von Dieter Metz, dem ehemaligen Pressesprecher von Roland Koch, früherer CDU-Ministerpräsident in Hessen, diese seit einigen Tagen vorbereitete. Unser Gespräch dauerte kaum 30 Minuten. Als ich sein Büro verließ, musste ich erst einmal durchatmen und mich sammeln. Denn damit hatte ich nicht gerechnet. Viel Zeit blieb jetzt nicht.

Mein erster Impuls war eine Abstimmung mit dem Bundesgeschäftsführer Christoph Hoppe. Er bedauerte die Entscheidung und wirkte dabei ehrlich betroffen. Ich telefonierte mit meiner Frau und mit einem engen Freund und Berater. Beide fragten mich, wie es sich anfühle. Es war verwunderlich, aber es fühlte sich insgesamt trotzdem positiv an. Natürlich waren da eine Enttäuschung und eine damit verbundene Traurigkeit. Aber auch schnell die Erkenntnis, dass ich selbst wohl wenig im Vorfeld hätte tun können, um die Trennung zu verhindern. Es war eine Entscheidung von Friedrich Merz, die er offensichtlich auf Basis stark subjektiv gefärbter Bewertungen getroffen hatte.

Rückblickend kann ich sagen, dass spätestens seit dem 15. Juni und dem besagten Artikel von Hendrik Wüst ein Positionswechsel von Friedrich Merz und damit auch eine spürbare Distanz zu mir erkennbar waren, über die ich aus Respekt vor unserer Zusammenarbeit nicht in alle Details gehen möchte. Aber so viel kann ich heute offenlegen: Es herrschte bei ihm eine Kombination aus drei Dingen. Zunächst seine Enttäuschung darüber, dass er, obwohl er die liberalen Kräfte in der Parteiführung eingebunden hatte und beispielsweise mit der Zustimmung zur Frauenquote auch deren Positionierungen bei der Neuausrichtung der Partei berücksichtigte, von dort weiteren Gegenwind erhielt. Zweitens spürte er zunehmend die Enttäuschung der konservativen Kräfte in der Partei, aus deren Sicht er zu wenig von dem lieferte, was sie sich eigentlich von ihm als Parteivorsitzenden erwarteten. Und als Drittes kamen seine mageren Zustimmungswerte in der Öffentlichkeit und speziell bei den Frauen hinzu. Diese schlechten Werte wiederum machten – ähnlich wie innerhalb der Partei – deutlich, dass er im konservativen Spektrum nicht glaubwürdig genug und bei den liberalen Wählern politisch nicht ausgewogen und attraktiv genug erschien. Ein Dilemma, aus dem sich Friedrich Merz mit einer Fokussierung auf seinen Markenkern – als erfahrener Europapolitiker, Wirtschaftsfachmann und Konservativer – lösen wollte. Wichtige Berater wie der frühere hessische Ministerpräsident Roland Koch oder Renate Köcher vom Allensbach-Institut bestätigten ihn in dieser Einschätzung in den Tagen zwischen dem 15. Juni und meiner Abberufung. In der Rückschau wurde es mir damit immer deutlicher: Er brauchte keinen komplementären, aus seiner Sicht zu „leisen" Generalsekretär mehr, sondern einen, der ihn verstärkte und ihm ähnelte. Carsten Linnemann, mit dem ich in seiner Funktion als stellvertretender Bundesvorsitzender und Vorsitzender der Grundsatzkommission sehr gut zusammenarbeitete und bis heute eine vertrauensvolle Zusammenarbeit pflege, war dafür ganz offensichtlich der richtige Mann.

Nach den Telefonaten mit meiner Frau und meinem engen Freund sowie dem Gespräch mit dem Bundesgeschäftsführer rief ich Wolfgang Schäuble an. Der ehemalige CDU-Bundesvorsitzende, Bundesminister und Bundestagspräsident war für mich in den Monaten zuvor immer mehr zu einem sehr wichtigen Berater und väterlichen Ratgeber geworden. Er selbst hatte mit Friedrich Merz nach dem 15. Juni wichtige Gespräche geführt und mich meist dazugeholt. Sein Rat und seine Unterstützung halfen mir, diese Situation im besten Sinne für die Zukunft der Union anzugehen.

Ich fuhr zurück in meinen Wahlkreis. Es war einer der wenigen Montage in einer sitzungsfreien Woche, den mein Team akribisch vorbereitet hatte. Ich konnte und wollte diese wichtigen Termine nicht absagen. Am Abend, nachdem ich mir die Sorgen von gut 150 Marzahner Bürgern rund um den grünen Fortuna-Park angehört hatte, die mit dem dort geplanten Wohnungsbau und der zunehmenden Verdichtung viele berechtigte Sorgen verbanden, fuhr ich in mein Mahlsdorfer Bürgerbüro. Die Sprachregelung von Friedrich Merz war während meines Bürgerdialogs im Marzahner Tal-Center in meinem Mailpostfach angekommen. Sie war eine Provokation. Kein Satz über das Erreichte. Weitgehend Lob für die Entscheidung von ihm, jetzt den Wechsel zu vollziehen. Zurück in meinem Mahlsdorfer Büro telefonierte ich mit Friedrich Merz. Er erhielt deutliche Kritik von mir, und es war schon fast skurril, als er erwiderte, dass er meinen Unmut verstehen könne und dass dieser Text nicht von ihm, sondern seiner Agentur komme. Ich solle ihn doch einfach korrigieren und anpassen. Ein weiterer Affront, wie ich fand. Denn er selbst nahm sich keine Zeit, den gemeinsamen Weg noch mal zu bewerten. Ich erklärte ihm, dass ich im Interesse der Partei den Weg für einen schnellen Wechsel mitgehen würde, aber eine ausgewogene Bestandsaufnahme erwarte. Ich beriet mich mit meinem allerengsten Team.

Am nächsten Tag ging das Tauziehen weiter. Da von ihm und seiner Agentur aus der Bankenstadt Frankfurt/Main keine Änderungen kamen, arbeiteten wir nun an einem Text, den ich am Abend davor entworfen hatte. Im Hintergrund band er seine Büroleiterin und

Einleitung

Carsten Linnemann ein. Ich traf mich am späten Vormittag im Adenauer-Haus mit Friedrich Merz. Er informierte mich, dass er bereits mit seinen Stellvertretern telefoniert habe. Bevor er jedoch das Präsidium komplett informiere, wolle er eine Meldung zum Wechsel des Generalsekretärs an die Nachrichtenagentur dpa geben. Er fürchtete offensichtlich Lecks in der eigenen Umgebung. Ich bestand weiterhin auf eine faire Erklärung.

Ich hatte lange im Voraus den großen Lenkungskreis zur Erarbeitung des Europawahlprogramms zu 14 Uhr ins Adenauer-Haus eingeladen. Die Arbeitsrunde fand im Ludwig-Erhard-Konferenzraum gegenüber von meinem Büro in der fünften Etage statt. Aufgrund der am nächsten Tag anstehenden Gremiensitzungen waren viele Mitglieder dieses Gremiums bereits im Adenauer-Haus. So war es auch von mir geplant gewesen. Andere schalteten sich aus Brüssel dazu. Zusammen mit dem Bundesgeschäftsführer absolvierte ich diese zweistündige intensive Programmberatung. In Abstimmung mit Friedrich Merz sollte dieser Termin unbedingt bestehen bleiben, um keine frühzeitigen Irritationen auszulösen.

Die gemeinsame Erklärung wurde danach weiter besprochen, schließlich ging sie am späten Nachmittag an die dpa. Die Nachrichtenredaktionen, Zeitungen und Fernsehsender übernahmen die Meldungen. Kaum mehr als 24 Stunden vergingen, bis nach dem überraschenden Gespräch mit Friedrich Merz der Wechsel vollzogen war.

Am nächsten Morgen fuhr ich mit einem guten Freund ins Adenauer-Haus. Ich wollte auf dem Weg ungestört noch mit dem einen oder anderen Journalisten telefonieren. Von Journalisten erfuhr ich, dass Friedrich Merz am Vorabend seine Sicht auf die Dinge in einem Hintergrundgespräch dargelegt hatte. Daher galt es, auch meine Sicht zu skizzieren.

Um neun Uhr begann im besagten Konferenzraum gegenüber meinem Büro die Präsidiumssitzung, um elf Uhr tagte der Bundesvorstand im Helmut-Kohl-Saal. Um 13 Uhr folgte die gemeinsame Pressekonferenz mit anschließender Mitarbeiterkonferenz im Adenauer-Haus. Danach packte ich meine Kisten, der Fahrer nahm alles mit in den Wagen in die Tiefgarage. Friedrich Merz war bereits abgereist.

An den Folgetagen war ich oft mit Carsten Linnemann verabredet, um die wichtigsten Dinge zu übergeben. Dieser Übergang gestaltete sich sehr kollegial und fair. Wir sprachen zusammen mit den Kollegen, und er wollte mein Team gern zunächst behalten. Auch in seinem Wahlkreis besuchte ich ihn in den Tagen danach zu einem schon lange vorher verabredeten Termin. Er nahm die Zügel im Adenauer-Haus in die Hand. Bis heute ist mein gesamtes früheres Generalsekretariatsteam bei ihm geblieben.

Ich blicke keineswegs mit Groll zurück. Im Gegenteil, es waren für mich gute, intensive und lehrreiche 20 Monate an der Spitze der CDU Deutschlands, an der Seite des Parteivorsitzenden. Die Zeit in diesem Tandem hat mich geprägt und gestählt. Als wir die Verantwortung für die Partei unmittelbar nach der schwersten Wahlniederlage im Herbst 2021 übernahmen, bestand die Gefahr, dass wir einen ähnlichen Weg gehen würden wie etliche Christdemokratien in Europa. Unversöhnlich in den Lagern, zerstritten zwischen Stadt und Land, gespalten in Traditionelle und Liberale, zwischen Aufsteigern und Enttäuschten. Es gelang uns, einen deutlich anderen Weg einzuschlagen, weil wir als breites Team angetreten waren, weil zwischen CDU und CSU schnell eine gute Zusammenarbeit etabliert wurde und weil wir mit Klarheit und großer Offenheit Fehler analysiert haben.

Zu Beginn unseres Weges in der Opposition, also in den ersten Monaten des Jahres 2022, wurden wir durch den Krieg in der Ukraine mit einem Epochenwandel konfrontiert. Wir fanden schnell den richtigen Ton und haben uns als wirkungsvolle und konstruktive Opposition bewährt. Unser ideologiefernes Mittun bei der notwendigen Sonderfinanzierung der Bundeswehr wurde auch von den Wählern honoriert, ähnlich wie unser hartnäckiges Nachverhandeln im Vermittlungsausschuss bei der ersten Einführung des Bürgergelds. Wir gewannen wichtige Landtagswahlen in Schleswig-Holstein und Nordrhein-Westfalen und später dann auch die Neuwahlen in Berlin.

Ich war in dieser Zeit viel in der Partei unterwegs und stieß überall auf zupackende, bodenständige und kreative Menschen, auf Parteimitglieder, die der Union seit vielen Jahren eng verbunden sind. Überall spürte ich, dass der von uns eingeleitete Kurswechsel von der reinen Mitgliederpartei hin zu einer Mitmachpartei erste Früchte trug. Es gab unfassbar viele Menschen, die wir mit unserem Kurs der ausgebreiteten Arme erreichten, die mitmachten, die ihre Ideen einbrachten, die wieder Freude an Politik hatten – dank der bis dahin nicht gekannten Mitgestaltungsmöglichkeiten.

Nicht immer öffentlich sofort erkennbar arbeiteten wir inhaltlich sehr hart. Die Substanz dieser Arbeit findet sich heute etwa im Grundsatzprogramm wieder. Mein Herzensanliegen, das Kinderzukunftspaket, wurde wenige Tage vor meinem Ausstieg als Generalsekretär auf dem Kleinen Parteitag verabschiedet. Diesen umfangreichen Beschluss, um Strukturen von Kinderarmut aufzubrechen und die Startchancen der von Armut betroffenen Kinder und Jugendlichen zu verbessern, hatte ich mit sehr vielen Experten aus der Partei und aus den Sozialverbänden erarbeitet.

In meiner Amtszeit als CDU-Generalsekretär merkte ich aber auch, der Osten der Republik ist für viele Menschen ganz weit weg. Auch Friedrich Merz fiel dies hin und wieder auf. Ich erinnere mich an die gemeinsame Sitzung der Präsidien von CDU und CSU am 30. Juni 2023 in München, wenige Tage vor meinem Ausstieg als Generalsekretär. Gut 45 Personen saßen im Kreis. Auf der CDU-Seite kamen von 20 Teilnehmern sechs Führungskräfte aus Nordrhein-Westfalen und sechs aus Baden-Württemberg. Friedrich Merz beugte sich zu mir und sagte leise zu mir: „Du bist hier mit Yvonne Magwas der Einzige aus dem Osten." Yvonne Magwas saß als Vizepräsidentin des Bundestages mit am Tisch. Mehr Menschen mit Ostbiografien gab es in diesem Kreis nicht. Im Nachgang fragte ich mich: War dort schon seine Entscheidung gereift, mich auszuwechseln? Oder hatte er noch Bedenken?

„Der Osten ...", so hörte ich es oft im politischen Berlin und vor allem in meiner Partei. „Der Osten" – eine Bezeichnung für das Gebiet von fünf Bundesländern, von der Ostsee bis zum Erzgebirge. Für die Menschen aus Marzahn gleichermaßen wie für Menschen aus der Magdeburger Börde. Manche interessierten sich ehrlich für „den Osten", den meisten aber war dieser der alten Bundesrepublik vor mehr als 30 Jahren zugefallene Gebiet und vor allem deren Menschen unbekannt und voller Rätsel geblieben. Warum denken die so freundlich Russland gegenüber, wo es doch ihre Besatzer waren? Warum wählen die die Linkspartei, wo sie doch gegen die SED demonstriert und 1989 die friedliche Revolution gewagt hatten? Warum sind die nicht dankbar für den Aufbau Ost, wir haben denen doch alles bezahlt? So oder ähnlich lauteten oft die Fragen, die ich direkt oder indirekt auf meinen Touren durch Westdeutschland hörte.

Zugleich sah ich eine ostdeutsche CDU, die mehr und mehr müde war vom Erklären der doch meist westdeutsch dominierten Politik. Müde, sich immer und immer wieder erst viele Jahre gegen die Wendekritik seitens der PDS zu behaupten und nun den Parolen der AfD an den Stammtischen Paroli bieten zu müssen.

Eine ostdeutsche CDU, die ihre frühen westdeutschen Leitfiguren wie Kurt Biedenkopf, Bernhard Vogel und Jörg Schönbohm ebenso vermisste wie endlich wieder gute Wahlergebnisse. Wenige Leitfiguren sind übrig geblieben. Reiner Haseloff und Michael Kretschmer gehören ganz sicher dazu. Sie geben in ihren Ländern unverdrossen Mut und Kraft und gewinnen damit Wahlen. Aber die Partei ist verzagter geworden nach den Merkel-Jahren und in Zeiten, in denen die transatlantischen Falken den Ton angeben und keinen Raum für Zwischentöne zulassen.

Seit Mitte Juli 2023 bin ich wieder frei von der Verantwortung für die Bundespartei. Immer wieder hatte ich als Einzelkämpfer versucht, die Sichtweise Ostdeutschlands auf das wiedervereinigte Deutschland einzubringen. Ich hatte noch im Mai 2023 Dirk Oschmann, Autor des viel diskutierten Buches „Der Osten, eine westdeutsche Erfindung", ins Adenauer-Haus geladen und ein Treffen mit allen Hauptabteilungsleitern organisiert. Hauptabteilungsleitern, die durch die Bank weg alle westdeutsche Biografien haben. Es war ein interessiertes Gespräch und auch ein nachdenkliches. Aber reichte dies aus?

Wir hatten erreicht, dass zwei der vier Regionalkonferenzen zur Erarbeitung des Grundsatzprogramms im Osten stattfanden. Im Nachgang zur Regionalkonferenz in Mecklenburg-Vorpommern gab es Kritik, da einige führende Köpfe argumentierten, dass der Hamburger Raum eine bessere Wahl gewesen wäre und dass die Mitglieder aus Niedersachen, Schleswig-Holstein und Hamburg unnötig weit in den Osten reisen mussten. Eine Zumutung, wie manche Funktionäre mir unverblümt sagten.

Die besondere Sicht auf unsere historische Verantwortung gegenüber dem russischen Volk wurde mit Stirnrunzeln erwidert. Fast hätte

Einleitung

sich eine Beschlusslage zum Grundsatzprogramm durchgesetzt, die eine dauerhafte Gegnerschaft zwischen „dem Westen" und Russland festschreiben wollte.

Bereits nach meinem gewonnenen Bundestagswahlkreis in Marzahn-Hellersdorf hatte ich die feste Absicht, unsere besondere Sicht aus dem Osten in der Öffentlichkeit stärker und hörbarer zu artikulieren. Vielleicht in einem Buch? Doch dann ereilte mich die Herausforderung, als Generalsekretär für die ganze CDU da zu sein. Also waren die Pläne zunächst aufgeschoben. Doch jetzt wollte ich die Chance beim Schopfe packen. Mit meiner Erfahrung aus 30 Jahren landespolitischer Arbeit aus dem Osten Berlins heraus, gepaart mit den Erkenntnissen als zweiter ostdeutscher Generalsekretär, den die Bundespartei nach Angela Merkel hatte, habe ich mich nun an dieses Buch gesetzt.

Ich möchte den Versuch unternehmen, gut 30 Jahre nach der Wiedervereinigung darauf aufmerksam zu machen, wie wichtig es ist, die Erfahrungen und Erwartungen des Ostens als wertvolle Bereicherung für das heutige Deutschland anzunehmen und zu respektieren. Daneben möchte ich kritische Fragen stellen und diese mithilfe von ausgewiesenen Experten, Praktikern und Machern vor Ort, mit denen ich mich für dieses Buchprojekt getroffen und intensiv ausgetauscht habe, beantworten. Vieles treibt mich um: Warum ist die Wiedervereinigung für viele der knapp 16 Millionen Ostdeutschen bis heute kein wirklich gelungenes historisches Projekt geworden? Warum gibt es so viel Frust im Osten? Warum lehnen immer mehr Menschen das etablierte politische System ab und suchen ihr Heil in einer Stimme für die AfD oder das Bündnis Sahra Wagenknecht (BSW)? Auf den nachfolgenden Seiten suche ich Antworten auf diese und noch weit mehr Fragen.

War es beispielsweise richtig, dass die Abwasserzweckverbände im Osten in gleicher Form übernommen wurden, wie diese im Westen entstanden waren? Die Übernahme von häufig völlig überdimensionierten Standards führt bis heute an vielen Stellen zu erheblicher finanzieller Überforderung und Zukunftsangst. Ich habe dies bei der Umlage der Ersterschließungskosten von Grundstücken und Häusern in meinem Wahlkreis bei vielen Menschen erleben müssen.

„Der Einzige aus dem Osten"

Noch immer sind die kriegsbedingten Reparationen, die der Osten einseitig tragen musste, wirtschaftlich zu spüren. Die Ausgangsbedingungen für gleiche Lebensverhältnisse sind bis heute nicht gegeben. Stattdessen hat die Politik der Treuhand zu Beginn der 1990er Jahre dazu geführt, dass kein DAX-Unternehmen im Osten seinen Sitz hat und die Steuereinnahmen der wenigen vorgelagerten ostdeutschen Werkbänke in die öffentlichen Kassen im Westen fließen.

Noch immer sind nur vier Prozent der Führungspositionen von DAX-Unternehmen mit Ostdeutschen besetzt.[3] Während im Westen der Republik ein genauer regionaler oder landsmannschaftlicher Ausgleich die Regel ist, ist eine ostdeutsche Quote weiterhin ein Tabuthema, und selbst ostdeutsche Ministerpräsidentinnen und -präsidenten trauen sich nicht, dies endlich einzufordern oder gar umzusetzen. Während über gemischte Teams zwischen Frauen und Männern, von Menschen mit und ohne Zuwanderungsgeschichte, von ländlichen und städtischen Regionen überall gesprochen und gehandelt wird, ist der Osten offenkundig immer noch außen vor.

Mit diesem Buch möchte ich Antworten geben. Ich möchte deutlich machen, dass es unserem ganzen Land gut tut, „den Osten" als gleichwertigen Teil der Bundesrepublik zu akzeptieren. Unsere neue Rolle in Europa wird es erforderlich machen, dass wir die osteuropäischen Kenntnisse von 16 Millionen Bundesbürgern nutzen. Unsere begrenzten Ressourcen im ganzen Land werden es erforderlich machen, dass wir auch über neue Infrastrukturstandards für strukturschwächere Regionen nachdenken, um gleichwertige Lebensverhältnisse im ganzen Land zu ermöglichen.

Ja, der Osten kann Deutschland retten. Davon bin ich fest überzeugt. Und in einem Jahr wie diesem, mit drei Landtagswahlen in den neuen Ländern, in dem der Osten wieder Gefahr läuft, in der Öffentlichkeit einseitig als Problemzone der chronisch Undankbaren, Aufmüpfigen und latent Rechtsradikalen gespiegelt zu werden, verschreibe ich mich hier dem Versuch, kritisch, aber zugleich auch selbstbewusst nach vorn zu schauen. Wir haben mehr zu bieten als nur den „grünen Pfeil" an der Ampel. Sie werden es sehen! Auf den folgenden Seiten werde ich konkrete politische Vorschläge zur Problemlösung in den neuen Bundesländern unterbreiten und dabei dar-

Einleitung

stellen, dass diese Vorschläge nicht nur den Osten betreffen. In vielen Fragen kann Ostdeutschland eine Vorbildfunktion bei den in ganz Deutschland anstehenden Transformationsprozessen einnehmen. Wenn man den Osten ernst nimmt und meinen Vorschlägen folgt. Dazu möchte ich Sie hiermit ermutigen!

Kapitel 1
Wie mehr Mitbestimmung in die Politik kommt

Lektionen in Bürgernähe

Graue Plattenbauten. Häufig an den Stadträndern im Osten Deutschlands, ganz besonders im Nordosten Berlins. Die DDR-Führung hatte versucht, das chronische Wohnungsproblem mit industrieller Bauweise zu beheben, da war sie wie der Westen. Nur dass der Mangel an Baustoffen bei der Wärmeisolierung, den Balkonen und der Farbe an den Wänden sichtbarer war. Ab 1975, meinem Geburtsjahr, entstanden die neuen Bezirke Marzahn mit 68.000, Hohenschönhausen mit 34.000 und Hellersdorf mit 40.000 Neubauwohnungen. Bis 1988 wurden insgesamt 330.000 dieser Wohnungen in ganz Ost-Berlin neu gebaut. In ihnen konnten fast 900.000 Menschen wohnen, also zwei Drittel der Ost-Berliner. Viele der neu Zugezogenen aus der gesamten ostdeutschen Republik, von Dresden bis Rostock, fanden in den neuen Großsiedlungen am östlichen und nordöstlichen Stadtrand eine neue Bleibe.[1]

Eine meiner ersten Erfahrungen, wie Politik nah an den Menschen geht, machte ich 1995 hier, in Berlin-Hellersdorf. Die erste Euphorie der Wiedervereinigung war längst einer großen Ernüchterung gewichen. Jeder fünfte erwerbsfähige Einwohner war arbeitslos. Die Zahl der Geburten im heutigen Großbezirk Marzahn-Hellersdorf halbierte sich in den Jahren 1990 bis 1993 von 4000 auf 1900, ein Jahr später sank sie auf 1800.[2] Fast 15 Jahre lang blieb die Geburtenrate auf diesem niedrigen Niveau und hat bis heute nicht wieder die Zahlen von 1990 erreicht. Viele Jugendklubs mussten schließen. Rund 70 Schulen und Kitas wurden abgerissen. Die damals noch getrennten Nachbarbezirke verloren erheblich an Einwohnern. In den ersten Nachwendejahren waren es 5000 bis 10.000 pro Jahr. Zumeist die Jüngeren gingen.

Es herrschte 1995 Wahlkampf für das Berliner Abgeordnetenhaus. Bei der Bundestagswahl ein Jahr zuvor hatte Gregor Gysi im Bundestagswahlkreis Marzahn-Hellersdorf 48,9 Prozent der Stimmen geholt, die CDU magere 17,2 Prozent. Ich war 19 Jahre alt. 1993 war ich in die CDU eingetreten und hatte die Junge Union im Pfarrsaal meiner katholischen Kirche St. Martin gegründet. Die CDU vor Ort war zerstritten. Die „Blockflöten", wie man die bereits vor 1990 in der damaligen DDR-Blockpartei CDU aktiven Mitstreiter nannte, gönnten sich gegenseitig wenig. Aber ein glücklicher Umstand wollte es, dass Elmar Pieroth, zu dieser Zeit Berliner Wirtschafts- und später Finanzsenator, in einem roten Wahlkreis im Osten antreten wollte, einerseits um den Dialog auf schwierigem Terrain zu suchen, andererseits aber auch, um nicht einem Abgeordneten im Westen einen sicheren Wahlkreis wegzunehmen. So kam er nach Hellersdorf und kandidierte in dem für die CDU aussichtslosen Wahlkreis von Petra Pau bei der Wahl zum Abgeordnetenhaus als Direktkandidat gegen sie.

Die „Blockflöten" hatten mit seiner Kandidatur kein Problem. Alle Abgeordnetenhauswahlkreise waren fest in der Hand der Linken, an Direktmandaten war für die Christdemokraten vor Ort nichts zu holen. Nur die Bezirksliste der CDU war für sie von Interesse, aber darauf zu kandidieren, hatte Elmar Pieroth keinen Anspruch erhoben. In dem von ihm gewählten Wahlkreis gab es nicht wirklich etwas zu gewinnen. Pieroth nahm uns Jüngere schnell in sein Wahlkampfteam auf und zeigte uns, wie Dialog mit politisch Andersdenkenden geht. Ein Glücksfall für uns Jungen in der CDU und für die Zukunft unserer Partei vor Ort, wie sich später zeigen sollte.

Die PDS war in Ostberlin stärkste politische Kraft. Die Wochenzeitung *Die Zeit* schrieb in einer Wahlvorschau über die damaligen PDS-Wähler: „Nach den Wahlanalysen der Bundestagswahl 1994 sind die PDS-Wähler überdurchschnittlich gebildet, beurteilen die alte DDR eher wohlwollend, befürworten sozialistische Ziele, fühlen sich im vereinten Deutschland benachteiligt und stehen Staat, Wirtschaft und Gesellschaft eher kritisch gegenüber. Und davon gibt es viele im Osten Berlins – knapp 30 Prozent aller Wähler bei den letzten Wahlen."[3] Die Parallelen zu manchen heutigen Zahlen und der auch heute vorhandenen kritischen Einschätzung des Staates und der

Lektionen in Bürgernähe

Führung im Land sind durchaus erkennbar. Nur die parteipolitische Farbgebung ist eine deutlich andere. Liegen die ersten Ursachen für manche der heutigen Enttäuschungen nicht auch in dieser Zeit?

Elmar Pieroth verstand die Sorgen der Menschen gut, und vor allem hörte er zu. Unsere materiellen und personellen Ressourcen waren begrenzt. Wir waren vier junge Menschen, auf damaliger Minijobbasis beschäftigt, zusammen mit einem lokalen Organisator in Pieroths Team. Wir organisierten in den Innenhöfen der Plattenbaugebiete Anwohnerdialoge und mussten dafür keine Räume mieten. Pieroth etablierte zudem die sogenannten Wohnzimmergespräche. Ein Gast aus dem Westen, oft mit ähnlichem beruflichen Hintergrund wie seine Gastgeber, besuchte jeweils das Wohnzimmer einer örtlichen Familie, die wiederum zwei bis vier weitere Gäste in ihre gute Stube eingeladen hatte. So sprach der Zahnarzt aus dem Westen mit vier Zahnärzten aus Hellersdorf oder der Inhaber eines Elektronikbetriebs aus Zehlendorf mit vier Handwerksmeistern aus Marzahn. Die Gemeinsamkeiten der Sorgen und Probleme und wie man diese selbstständig lösen kann, standen dabei mehr im Mittelpunkt als der politische Diskurs. Genau das war seine Idee: die Menschen zusammenzubringen. Pieroths Ehefrau organisierte diese Gespräche mit viel Akribie und Leidenschaft, von denen es über die Jahre fast 1000 gegeben hat. Mit einer Flasche Wein aus Rheinland-Pfalz ausgestattet, war die Runde perfekt und mit scheinbar einfachen Mitteln organisiert.

Bei den Anwohnerdialogen ging es fast immer um die anstehenden Sanierungen der Wohnungen, die Angst vor steigenden Mieten oder auch um scheinbar banale Fragen wie die Notwendigkeit, selbst angeschaffte Duschen oder Badewannen durch einheitliche Modelle der Wohnungsbaugesellschaft zu ersetzen. Oder ob beim Aufstellen der Baugerüste die von der Hausgemeinschaft mit viel Liebe gepflanzten und aufgezogenen Rosen beschädigt werden könnten. Aber auch die wachsende Anzahl geschlossener Jugendklubs und die dadurch steigende Präsenz von jungen Menschen auf der Straße bereiteten vielen Bürgern Sorgen.

Immer mehr junge Familien, die es sich leisten konnten, zogen in ein Einfamilienhaus am Stadtrand oder ins nahe gelegene Brandenburger Umland. Wohnungen waren keine Mangelware mehr, der Leerstand wurde sichtbar. In diese leer stehenden Wohnungen zogen oft frisch nach Deutschland gekommene Deutsche aus den Staaten der früheren Sowjetunion, oft auch Russlanddeutsche oder Spätaussiedler genannt. Sie hatten zwar einen deutschen Pass, waren aber häufig Fremde im für sie neuen Heimatland und konkurrierten nun um die gleichen Arbeitsplätze, um die sich bereits die vielen heimischen Arbeitslosen bemühten.

Die Menschen im Bezirk wünschten sich Mitsprache bei den Entscheidungen, die aus ihrer Sicht oft über ihre Köpfe hinweg erfolgten und ausschließlich vorgefertigten Mustern des Westens folgten. Eine Situation, wie man sie in jenen Jahren in vielen ostdeutschen Städten und Gemeinden wiederfand.

Parteiferne ist nicht Demokratieverdrossenheit

Professor Helmut Wiesenthal vom Institut für Sozialwissenschaften an der Humboldt-Universität zu Berlin beschrieb kurz vor der Jahrtausendwende die Transformation der DDR in seinem Gutachten für die Forschungsgruppe Europa vor allem mit zwei Merkmalen, die die anderen Ostblockstaaten so nicht zu verzeichnen hatten. Er bescheinigte eine ungewöhnlich umfangreiche und detaillierte Planung und Festlegung zum Start der Transformation, „die nur wenig Raum für spätere Korrekturen ließ, und das sehr hohe Tempo des sozialen und institutionellen Wandels"[4]. Diese Entwicklung wurde dadurch verstärkt, dass von der Bürgerrechtsbewegung und der frisch entstandenen Opposition in der DDR nach der ersten freien Wahl am 18. März 1990 nicht mehr viel übrig geblieben war. Die Bürgerrechtsbewegung konnte sich in der DDR nur dadurch behaupten, dass sie sich stets auf die DDR-Verfassung berief. Ein Bezug auf die vom sowjetischen Staatsführer und damaligen Hoffnungsträger Michail Gorbatschow ausgerufene „Perestroika" und „Glasnost" machte es der DDR-Führung schwer, die neue Bewegung einfach als „Klassenfeinde" abzutun. Ich selbst lernte diese subtile Form der Opposition auch als Jugendlicher kennen. Gegen meinen Papst-Sticker neben dem Gorbatschow-

Parteiferne ist nicht Demokratieverdrossenheit

Sticker an der Jacke konnte auf dem Schulhof kein Lehrer etwas sagen. Eine dezidiert antisozialistische Opposition hätte nicht die Möglichkeit gehabt, auf die Umweltschäden durch den Raubbau an der Natur hinzuweisen, die demokratische Legitimation vieler Entscheidungen zu hinterfragen und die pazifistische Friedensbewegung zu unterstützen. Aber genau darin lagen dann wohl auch die Ursachen, dass die im Bündnis 90 zusammengeschlossene Bürgerrechtsbewegung mit nur 2,9 Prozent der Stimmen aus den ersten freien Volkskammerwahlen im März 1990 hervorging.

Der Ruf nach einer schnellen Wiedervereinigung war auf beiden Seiten so stark, dass es der jungen DDR-Opposition, die die DDR nicht als Staat abschaffen, sondern lediglich den Sozialismus im Land „besser" machen wollte, nicht gelang, mit ihren Themen die Mehrheiten zu erringen. Im Westen wie im Osten herrschte die Sorge vor massenhafter Flucht vieler DDR-Bürger in den Westen. So konnten die westdeutschen Parteien ihren Aktionsradius schneller ausdehnen, als sie es für möglich hielten. Die Bilder des sichtlich überraschten CDU-Mannes Lothar de Maizière, der seinen Wahlerfolg am Abend des 18. März 1990 kaum glauben wollte, bei dem die von ihm angeführte Allianz für Deutschland aus CDU, DVU und Demokratischem Aufbruch zusammen 48 Prozent errungen hatte, gingen um die Welt.

In vielen Untersuchungen wurde den neuen Institutionen und Interessenvertretungen in den frühen 1990er Jahren – und dabei sind nicht nur die Parteien gemeint, sondern auch die Gewerkschaften und Verbände – ein strukturelles Ungleichgewicht zugunsten westdeutschen Personals und westdeutscher Politikpräferenzen bescheinigt.[5]

Das demokratische System Westdeutschlands sieht die Willensbildung durch die Parteien vor. Viele Menschen aus dem Osten, so auch meine Erfahrung in Ostberlin, wollten jedoch nicht Mitglied einer Partei werden, um mitgestalten zu können. Diese Zugangsbarriere ist vielen Ostdeutschen bis heute zu hoch. Einige erzählten mir, dass sie schon zu DDR-Zeiten keiner Partei angehörten und, basierend auf ihren Erfahrungen, dies auch weiterhin nicht wollten. Andere waren Parteimitglieder und mussten fortan ihre frühere Mitgliedschaft gegenüber meist Westdeutschen rechtfertigen, die sie wegen ihrer möglichen Verwicklung mit dem DDR-Staatsapparat genau auf diese Mitgliedschaft kritisch befragten.

Diese ausgeprägte Scheu vor einer Parteimitgliedschaft führt bis heute dazu, dass beispielsweise die Unionskollegen aus Nordrhein-Westfalen mit 20 Prozent Bevölkerungsanteil gut 300 Delegierte des CDU-Bundesparteitags (mit insgesamt 1001 Delegierten) stellen, aber aus den gesamten ostdeutschen Ländern inklusive Ostberlin mit einem ähnlichen Bevölkerungsanteil nur rund 100 Delegierte stimmberechtigt sind.

Dies festzustellen ist kein Vorwurf, sondern eine nüchterne Bestandsaufnahme auch der Gefühlswelt vieler Ostdeutscher. „Politik beginnt mit der Betrachtung der Wirklichkeit", dieses Zitat von Kurt Schumacher wurde auch in der CDU, allen voran vom damaligen Fraktionsvorsitzenden Volker Kauder, gern genutzt, um in aktuelle Problemlagen einzuführen. Dies gilt auch besonders hier mit dem Blick auf die Demokratieerfahrung in den sogenannten neuen Bundesländern.

Die Demokratiebewegung in Ostdeutschland hatte ihre Anfänge mit der Umweltbibliothek in der Gethsemanekirche. Wir täten besser daran, diese Demokratiebewegung auch entsprechend zu würdigen. In Ostdeutschland haben die Menschen die eigene Diktatur gestürzt, und das auf für Revolutionen gänzlich untypische Art – ohne jedes Blutvergießen als „friedliche Revolution". Natürlich, es waren nicht alle Ostdeutschen dabei. Aber die Beteiligung in Leipzig, Dresden und Berlin war groß genug, dass das System ins Wanken geriet und schließlich zusammenbrach. Sicher, man darf nicht vergessen, dass zuvor Gorbatschow seinen „Segen" für den Aufbruch in der DDR gegeben hatte und anschließend auch den Fall des „Eisernen Vorhangs" und die deutsche Einheit mit seinen Entscheidungen ermöglichte. Ohne ihn – und im Übrigen auch nicht ohne die polnische Solidarność – wäre die „friedliche Revolution" in dem bis dato sowjetischen Einflussgebiet nicht möglich gewesen.

In der Zeit zwischen dem Mauerfall am 9. November 1989 und der deutschen Wiedervereinigung am 3. Oktober 1990 erlebten die Ostdeutschen eine echte Demokratie von unten – mit ersten freien Wahlen im gesamten Land und basisdemokratischen Wahlen in den

Parteiferne ist nicht Demokratieverdrossenheit

Betrieben und Institutionen überall im Land. Im gleichen Maße, wie die SED ihren Führungsanspruch selbst zurücknahm, kam es zum „Aufblühen zivilgesellschaftlichen Engagements".[6] Viele neu gebildete und anders zusammengesetzte Organisationen und Vereinigungen konnten umgehend an den Runden Tischen in der Republik teilnehmen. Die dort getroffenen Entscheidungen wurden wegen des infolge des Systemzusammenbruchs herrschenden Bürokratievakuums häufig unmittelbar in Alltagshandeln umgesetzt.

Als ich 1992 Mitglied der Jungen Union wurde, trafen wir uns regelmäßig im Haus der Jugendorganisationen am Hausvogteiplatz. Dieses Haus war den Jugendorganisationen aller Parteien vom runden Tisch 1990 übergeben worden. Drucker und Kopierer standen für unsere politische Arbeit auf den Fluren, und mal kopierten die Jusos oder die Falken dort ein Flugblatt und mal wir von der JU. Es war eine einzigartige Erfahrung, die bei vielen Menschen als Demokratievorbild haften geblieben ist.

Die bis heute andauernde Demokratiebelehrung aus dem Westen hingegen über die in der Demokratie angeblich so unerfahrenen Ostdeutschen ist überflüssig, ungerecht und verletzend. Während die Reparationen für den Zweiten Weltkrieg weitgehend vom Osten bezahlt wurden, Tausende Kilometer Schienen, viele Werkshallen und Anlagen in die Sowjetunion gingen, wurde die Demokratie in Westdeutschland mit süßen Marshall-Subventionen eingeführt.

Im Zuge seiner Recherchen für das Buch „Bilanz der Einheit" reiste der frühere *Stern*-Chefredakteur und Publizist Michael Jürgs auch zu uns nach Marzahn. Wir sprachen schon damals über die scheinbare Demokratiemüdigkeit im Osten. In diesem Buch beschrieb er, wie die Wahlbeteiligung in den ostdeutschen Ländern von Enttäuschung zu Enttäuschung immer weiter sank. Bei Landtagswahlen ein Trend, der im Osten begann und dann auch im Westen ankam. Nur bei Bundestagswahlen hatte die stärkste Fraktion immer noch mehr Stimmen als die Zahl der Nichtwähler – bis zur letzten Bundestagswahl 2021. Erstmals war nun auch bei der für die Deutschen bedeutsamsten Wahl die Zahl der Nichtwähler mit 14 Millionen deutlich höher als die der stärksten Fraktion mit 11,5 Millionen Wählern. Aus Politikverdrossenheit wurde Demokratieverdrossenheit. Dieser Trend kam nicht aus heiterem Himmel. Während der Anteil der Nichtwähler bis zur Wiedervereinigung in Westdeutschland stabil bei 15 Prozent lag, stieg dieser in den Jahren nach der Einheit zunächst auf 20 Prozent und in der Zeit der Kanzlerschaft Angela Merkels auf 30 Prozent, im Osten noch stärker als im Westen.

Die den Ostdeutschen oft unterstellte Demokratieablehnung verkennt ihre gesunde Skepsis gegenüber der Obrigkeit und gegenüber jenen, die Entscheidungen über sie hinweg treffen. Mit der „Obrigkeit" ist auch immer die politische Führung in Berlin, also die Bundesregierung, gemeint. Viele Menschen fühlen sich in diesem Punkt an die Erfahrungen in der DDR erinnert.

Die Entrücktheit der politischen Entscheidungsträger spiegelte sich auch in der Strategie der sogenannten asymmetrischen Wählerdemobilisierung der vergangenen Jahre wider. Angela Merkel hat dies in den Bundestagswahlen 2009, 2013 und letztendlich auch 2017 zur „Perfektion getrieben", wie es die Journalistin Anne Hähnig treffend in ihrem ausführlichen Beitrag in der *Zeit* im November 2020 beschrieb.[7] Das bewusste Ziel der Kampagnenmacher, den kritischen Teil der Bevölkerung gar nicht mehr zur Wahl zu motivieren, hat dem Ganzen noch die Krone aufgesetzt. So sollten durch das Vermeiden von politisch strittigen Debatten oder die Übernahme von Positionen des Mitbewerbers „gezielt die Mobilisierungschancen des politischen Gegners"[8] verringert werden.

So sagt man nichts anderes als: „Bleib zu Hause, wenn du uns nicht wählst!" Das mag kurzfristig Erfolge bringen, langfristig ist es Gift für eine Demokratie und das Gemeinwesen. Durch die asymmetrische Wählerdemobilisierung laufen die Volksparteien Gefahr, ihre strukturelle Mehrheitsfähigkeit und damit ihre Zukunftsfähigkeit zu verlieren. Dieser „Erosionsprozess", wie er von dem Wahlforscher Matthias Jung bezeichnet wird, kann nur „durch Phasen nachholender Modernisierung kompensiert werden"[9]. In meiner Zeit als CDU-Generalsekretär hatte ich es als meine Aufgabe angesehen, diese nachholende Modernisierung der Partei zu beginnen. Mit Regionalkonferenzen in ganz Deutschland, einer Mitgliederbefragung zum Grundsatzprogramm, neuen Formaten des inhaltlichen Austauschs zwischen dem Konrad-

Adenauer-Haus und der Parteibasis und nicht zuletzt mit dem Aufsetzen der umfassenden Digitalisierung der Partei sind wir zwischen 2022 und 2023 erste Schritte auf diesem Weg gegangen.

Neue Formate der Beteiligung

Heutzutage steigen die Wahlbeteiligungen, insbesondere bei den Kommunal- und Landtagswahlen, wieder an, da sich für viele Menschen aktuell offenbar ein Ventil gegen die vermeintlich alternativlose Politik gefunden hat. Die Wähler der AfD und des „Bündnis Sahra Wagenknecht" (BSW) jetzt wieder für die demokratische Mitte zu gewinnen, ist keine leichte Aufgabe, aber sie ist jede Mühe wert.

Was es dafür besonders in Ostdeutschland braucht, sind bürgernahe Bundespolitiker, die sich unmittelbar in den ostdeutschen „Maschinenraum" begeben. Personen wie einst Elmar Pieroth. Oder reicht etwa ein Studium in Ostdeutschland aus, um zu wissen, wie Ostdeutschland „tickt"? Kann ein Westdeutscher wissen, wie Ostdeutschland funktioniert, bloß weil er einmal in Ostdeutschland gewesen ist? Nein, Politik muss hier sehr viel mehr erklären, sich kümmern. Im Grunde sollten westdeutsche Bundespolitiker vor Ort in Ostdeutschland Erfahrungspraktika absolvieren. Die bundesdeutschen Spitzenpolitiker müssten regelmäßig bei den Menschen sein, in Stadthallen, auf Marktplätzen und in Bürgerforen. Sie müssen den Bürgern zuhören, in ungeschminkten Dialogen Rede und Antwort stehen und sich um die dort angesprochenen Probleme kümmern. Bislang allerdings findet kein wirklicher Dialog statt. Diejenigen, die ihre Anliegen vorbringen, sitzen häufig nicht in den Entscheidungspositionen. Daher muss ein unmittelbares Feedback an die Bevölkerung erfolgen, was aus den Vorschlägen und Anregungen in praktische Politik umgewandelt wurde.

Zudem benötigen wir neue Formate der Beteiligung. Lokale Akteursrunden sollten frühzeitig die betroffenen Anwohner bei geplanten Veränderungen einbeziehen und die Ergebnisse der Beratungen transparent veröffentlichen. Es wäre auch sinnvoll, beispielsweise Patientenvertreter in den Gremien der Selbstverwaltung der Krankenkassen und der Ärzteschaft einzubeziehen, insbesondere bei der Neuordnung der ambulanten medizinischen Versorgung. Ich habe mich – zuerst als gesundheitspolitischer Sprecher der CDU-Fraktion im Berliner Abgeordnetenhaus und später dann als Berliner Gesundheitssenator – immer wieder mit solchen Modellen beschäftigt und manche davon im Wahlkreis oder in Berlin zur Anwendung gebracht. Die Implementierung von Besuchskommissionen, wie wir sie auch für die Qualitätskontrolle von psychiatrischen Kliniken eingeführt haben, hat viele Schranken beiseitegeräumt und den Austausch zwischen medizinischen Experten und Patienten- und Angehörigeninteressen deutlich verbessert.

Als junger Abgeordneter des Berliner Abgeordnetenhauses reiste ich zu Beginn der 2000er Jahre mit den Mitgliedern des Gesundheits- und Sozialausschusses nach Schweden, um vom dortigen Gesundheits- und Sozialsystem zu lernen. Wir erfuhren von der schwedischen Basissozialleistung für diejenigen, die ohne staatliche Unterstützung ihren Lebensunterhalt nicht bestreiten können. Zusätzliche Leistungen, wie beispielsweise die Ausstattung mit Möbelgeld, Mittel für den Nachhilfeunterricht oder Einmalzahlungen für die Wohnungssanierung, wurden seinerzeit von gelosten Bürgerräten vergeben. Damit konnte vor Ort entschieden werden, ob beispielsweise ein junger, arbeitsfähiger Sozialhilfeempfänger wirklich die Mittel für die Wohnungsausstattung benötigte oder ob die Kommission ihn nicht mit konkreten Fördermaßnahmen befähigte, endlich eine Arbeit aufzunehmen. Oder ob eine Seniorin, die lange gearbeitet hatte, nun aber aus Scham nicht ihr kleines Erspartes offenlegen wollte, trotzdem Wintergeld für Kleidung erhalten sollte und von einem Mitglied des Beirats oder der Nachbarschaft für eine solche Zahlung entsprechend empfohlen wurde. Die Bürgerräte wurden ähnlich wie unsere Schöffen an den zivilen Gerichten per Los ausgewählt und auf Zeit berufen. Verkrustete Allianzen wurden damit weitgehend vermieden. Wie oft höre ich heute von den ungerechten Verteilungen staatlicher Sozialleistungen. Solche Gremien in all unseren Kommunen würden den Antragsteller verpflichten, seinen Hilfebedarf vorzutragen, und gleichzeitig die Möglichkeit bieten, dass vor Ort auch jene Person Hilfe erhält, die keinen Antrag gestellt hat, aber durch die lokalen Kenntnisse des Beirats eine Unterstützung erhält.

Sei vor Ort!

Zudem müssen wir wegkommen von den ritualisierten Diskussionsformaten. Ein Beispiel: Eine meiner ersten Aufgaben als frisch gewählter Generalsekretär der CDU Deutschlands war es, den Wahlkampf im Saarland zu begleiten. Die Ausgangsbedingungen im kleinsten Bundesland waren nach unserem Einstieg im Adenauer-Haus nicht gut. Die Meinungsumfragen sahen den Juniorpartner SPD vor der CDU von Ministerpräsident Tobias Hans. Viele Menschen hatten schon von der Briefwahl Gebrauch gemacht, bevor Friedrich Merz und ich ins Amt kamen. Der Strukturwandel im Saarland beschäftigte dort viele Industriearbeiter. Mein Vorschlag war es, eine Betriebsrätekonferenz an einem Samstagnachmittag zu organisieren, bei der Friedrich Merz mit der dortigen Politikikone Oskar Lafontaine über die Herausforderungen des Strukturwandels diskutieren sollte und die Betriebsräte mit Vorschlägen zu Wort kommen sollten. Im Saarland ist der Organisationsgrad in Vereinen und Gremien höher als in allen anderen Bundesländern in Deutschland. Auch die Gewerkschaften haben noch überproportional viele Mitglieder. Daher war mein Vorschlag, diese Veranstaltung in einer Betriebshalle durchzuführen. Das Werk des Automobilherstellers Ford in Saarlouis war aufgrund des weltweiten Wettbewerbs von der Schließung bedroht. Ich wollte dorthin gehen, wo es wehtat und die Menschen Existenzsorgen hatten.

Die örtliche CDU war skeptisch. Stattdessen entschied sie sich für die Organisation eines Zukunftsdialogs mit dem Titel „Der Mensch im Mittelpunkt – so geht Zukunft". Wie einfallsreich. Friedrich Merz und Tobias Hans wurden als Redner angekündigt. Die Veranstaltung wurde in Zusammenarbeit mit der Mittelstandsunion und der CDA organisiert. Sicherlich alles gut gemeint. Als wir jedoch am Freitagabend in die nur zu zwei Dritteln gefüllte Halle kamen, wurden wir mit Standing Ovations der dortigen Gäste begrüßt, zusammengetrommelten Parteimitgliedern. Doch die Idee, mit denen zu sprechen, die wir eigentlich erreichen und ansprechen wollten, war gescheitert. Nach einer viel zu langen Rede von Tobias Hans folgte eine weitere Ansprache von Friedrich Merz. Einige wenige handzahme Fragen durften danach noch gestellt werden. Noch vor Ort war uns klar, dass wir die Sorgen der Menschen, die sich durch den Strukturwandel in existenzieller Not befanden, auf diese Weise nicht lösen würden.

In Sachsen hingegen konnte ich einen wesentlich pragmatischeren Politikansatz beobachten. Trotz vieler Risiken mischte sich Michael Kretschmer im Mai 2020 unter die Demonstranten gegen die Coronaschutzmaßnahmen im Großen Garten in Dresden und suchte ungeachtet erheblicher Beleidigungen das Gespräch mit ihnen. Weg von den gewohnten Formaten, hin zu den Menschen. Genau dort muss man meiner Meinung nach hingehen, um die politischen Entscheidungen zu erläutern. Dabei geht es nicht darum, nach der Begegnung zu einer gemeinsamen Ansicht zu gelangen, sondern darum, den Gesprächsfaden zu halten.[10]

Im Berliner Wahlkampf 1995 prägte mich eine solche bürgernahe Vor-Ort-Erfahrung mit Elmar Pieroth. Die Menschen aus dem Wahlkreis von Petra Pau waren kurz vor den Wahlen noch einmal in das Kulturforum geladen worden. Zwei Sofas, eines rot und das andere schwarz, hatten wir Mitarbeiter von Pieroth aus einem nahe gelegenen Café geholt. Pieroth hatte zusammen mit Petra Pau eingeladen. Es sollte das letzte Streitgespräch vor dem Wahlsonntag sein. Als Elmar Pieroth in den Saal kam, begegnete ihm eisiges Schweigen in den ersten Sitzreihen. Er wollte einigen die Hand geben, was diese nur teilweise und mit spürbarer Zurückhaltung erwiderten. Er, der Klassenfeind, war in die Hochburg der PDS gekommen. Am Ende des Gesprächs bat ein westdeutscher Wahlkampfmanager Pieroth und Pau, doch rote und schwarze Boxhandschuhe für ein Foto anzuziehen. Pieroth lehnte ab und setzte sich stattdessen zu Petra Pau auf deren rotes Sofa. Sie war damit einverstanden, und so entstand das besagte Bild, das ihn mit der roten Petra auf dem roten Sofa zeigte. Wir gewannen bei der Wahl 15 Prozentpunkte hinzu. Petra Pau zog jedoch erwartungsgemäß erneut direkt gewählt und mit klarem Vorsprung ins Berliner

Sei vor Ort!

Landesparlament ein. Doch was an diesem Abend begann, war die Basis für unsere weitere kommunale Arbeit und letztendlich auch für den 26 Jahre später gewonnenen Bundestagswahlkreis.

Zunächst wurden die Wohnzimmergespräche fortgesetzt, und etwas später entstand eine parteiübergreifende Stiftung zur Finanzierung der Jugendarbeit. Für uns Jüngere war dies Vorbild für unsere weitere Arbeit. Dazu gehört, dass wir bis heute in den Kiezen mit kleineren und größeren Diskussionsformaten vor Ort sind. Sei es mein lokaler Abgeordnetenkollege Alexander Herrmann, der dafür mit einem Trabant mit selbst gebautem Grillanhänger häufig in den Hinterhöfen der Plattenbauten Station macht und die lokale Politik erläutert, oder mein langjähriger politischer Weggefährte und ehemaliger Kollege im Berliner Abgeordnetenhaus Christian Gräff, der sich um die kleinen und großen Sorgen der Ostberliner Kleineigentümer kümmert. Während der Coronapandemie richteten alle unsere lokalen Abgeordneten Stützpunkte zum Drucken, Scannen und Kopieren von Schulmaterialien ein, um die Eltern beim Homeschooling zu unterstützen. Besonders für die große Gemeinschaft der Deutschen aus Russland, von denen 35.000 Menschen in unserem Großbezirk leben, waren die bilingualen Unterstützerteams gerade in der Pandemie von erheblicher Bedeutung. Viele Deutsche aus Russland sind auch heute noch ehrenamtlich in unseren Bürgerbüros aktiv, um Hilfe anzubieten.

In unseren Bürgerbüros werden Bürgeranliegen in regelmäßigen Sprechstunden aufgenommen, diese anschließend mit den zuständigen Ämtern erörtert und die Bürger regelmäßig über die Sachstände informiert. In monatlichen Newslettern halten alle lokalen Abgeordneten zusammen mit mir die Bürger über Erreichtes und Angestrebtes auf dem Laufenden. Zuhören und sich kümmern sind unsere Markenzeichen geworden, und unter dem Label „Kiezmacher" binden wir Anwohnerinitiativen und Vereine eng in unsere Arbeit ein.

Es ist uns wichtig, dass wir kein Wegschieben von Verantwortlichkeiten betreiben. Sowohl ich als Bundestagsabgeordneter als auch die kommunalen Bezirksverordneten, wie sie in Berlin genannt werden, nehmen kommunale und bundespolitische Anliegen gleichermaßen entgegen. Wir regeln untereinander, wer für welche Aufgaben verantwortlich ist, weil wir die Bürger nicht von A nach B laufen lassen wollen.

Während meiner Amtszeit als Generalsekretär der CDU Deutschlands konnte ich einige dieser Erfahrungen auf die bundesweite Arbeit der Partei übertragen. Wir haben die Partei wieder für Verbände und Institutionen geöffnet und die Türen weit für Interessierte aufgemacht. Die Mitmachtour gehörte ebenso dazu wie die Betriebsrätekonferenz, zu der wir über 300 Betriebsräte ins Adenauer-Haus eingeladen haben. Zudem konnten feste Gesprächskreise etabliert werden, die zuvor eingeschlafen waren. Zu erwähnen sind die Runde mit den „Blaulichtorganisationen"* sowie die neu gegründete Arbeitsgemeinschaft für die Themen der Deutschen aus den ehemaligen Staaten der Sowjetunion und der Gesprächskreis mit den Unternehmern mit Zuwanderungsgeschichte.

Gespräche statt Belehrungen

In der Vergangenheit gab es in Ostdeutschland einige Persönlichkeiten, die gezeigt haben, wie man das Gespräch immer und immer wieder sucht. Besonders Regine Hildebrandt, Dieter Althaus, Kurt Biedenkopf, Manfred Stolpe oder Jörg Schönbohm sind hier zu nennen. Jeder von ihnen war auf unterschiedliche Weise nah an den Sorgen der Menschen. Regine Hildebrandt wurde für ihr soziales Engagement oft die „Mutter Courage" des Ostens genannt. Jörg Schönbohm betitelten viele als „General der Einheit", weil er vor allem zu den ostdeutschen Angehörigen der Bundeswehr und der Polizei immer eine besondere Nähe suchte. Aber auch Wirtschaftskapitäne wie Lothar Späth in Jena oder der Rotkäppchen-Chef Gunter Heise waren stets nah dran an ihren ostdeutschen Mitarbeitern.

Heutzutage sind es zu wenige, die diese Aufgabe übernehmen, wie beispielsweise Michael Kretschmer, Reiner Haseloff und Manuela Schwesig. Allerdings liegt diese Aufgabe nicht nur in der Verantwortung der Politik, sondern auch bei der Wirtschaft, den Intendanten

---

* Gemeint sind Behörden und Organisationen mit Sicherheitsaufgaben, deren Einsatzkräfte eine Berechtigung haben, Blaulicht auf ihren Einsatzfahrzeugen anzubringen.

Gespräche statt Belehrungen

der öffentlich-rechtlichen Rundfunkanstalten, den Medien im Allgemeinen und natürlich bei der Verwaltung.

Insbesondere die mediale Berichterstattung muss sich auf die Sorgen der Menschen konzentrieren anstatt auf Belehrung und gängelnde Erziehungsversuche. Exemplarisch zeigt sich dies, wenn 90 Prozent der ARD-Volontäre angeben, Rot-Rot-Grün zu wählen, demgegenüber der Aufstieg der AfD aber ungebremst anhält. Dann stimmt etwas im Land nicht. Die zunehmende Distanz der Menschen zum von ihnen bezahlten öffentlich-rechtlichen Rundfunk hat auch damit viel zu tun. Ich halte es auch in den stark von Funktionärsvertretern besetzten Rundfunkräten für notwendig, dass Bürger per Losentscheid Teil dieser Gremien werden. Nur so lässt sich wieder ein Zusammenrücken im Land erreichen.

In der Demokratiediskussion wird oft ein wunder Punkt aus dem Prozess der deutschen Einheit benannt, insbesondere von ostdeutschen Vertretern: dass es nie zu einer gemeinsamen Verfassung des geeinten Deutschland gekommen ist. Ich selbst bin nicht sicher, ob dies den eigentlichen Kern der Probleme trifft. Aber eines zeigt die Demokratieerfahrung der wenigen Wendemonate: Mit basisdemokratischen Instrumenten wie dem Runden Tisch sind gute Erfahrungen gemacht worden. Daher gilt es, die Instrumente der bundesweiten Volksbefragung und des Volksbegehrens zu stärken. Wir müssen die Ohnmacht vor den Entscheidungen „von denen da oben" überwinden und Mut haben, den Menschen Beteiligung zuzutrauen. Das geht nicht über ohnehin unwirksame Belehrungsversuche.

Wir sollten die speziellen Demokratieerfahrungen, die die Ostdeutschen gerade in den aufregenden Wendezeiten machen konnten, in die Weiterentwicklung der Demokratie unseres Landes einfließen lassen. Die über Generationen gelernte gesunde Skepsis vieler Ostdeutscher gegenüber „der Obrigkeit" sollten wir als Seismograf nutzen. So lässt sich leichter erkennen, wenn die heutige „Obrigkeit" – viele meinen damit die politische Führung im Land und konkret die handelnde Bundesregierung – sich von den realen Sorgen und Nöten der Menschen entfernt. Wir brauchen wieder Bürgernähe, Politik aus dem Maschinenraum des Lebens, eine Öffnung der demokratischen Parteien auch für Menschen, die sich nicht gleich mit einem Parteibuch binden wollen, und neue, aber gern auch bereits erprobte Formate der Bürgerbeteiligung. Bürger wollen sich beteiligen, aber eben nicht immer in Korsetten von Parteien.

Kapitel 2
Warum Ostdeutschland eigene politische Souveränität benötigt

Eine eingeschüchterte Partei

Freitag, 23. Juni 2023. Es ist Sommer in Deutschland. Am frühen Nachmittag fahre ich aus Erfurt mit dem Zug zurück nach Berlin. Hinter mir liegen vier Stunden Sitzung des Parteigerichts in Thüringen. Ich nenne solche Sitzungen gern die unsichtbaren Termine. Du musst sie machen, kaum einer sieht den Aufwand, aber du brauchst sie wie ein „Loch im Kopf". Machst du sie nicht, gibt es Ärger. Bist du unvorbereitet, kommen noch mehr Termine auf dich zu. Als Generalsekretär der CDU Deutschlands hatte ich bei diesem speziellen Termin die Mutterpartei im Ausschlussverfahren gegen Hans-Georg Maaßen zu vertreten.

Eigentlich verdient Maaßen wenig von der Aufmerksamkeit, auf die er als geschasster Verfassungsschutzchef so schielt. Aber dieser Fall und die Fokussierung auf ihn sind eine der bitteren Folgen des wenig selbstbewussten Agierens der CDU in Thüringen gegenüber der Bundespartei. Hans-Georg Maaßen hatte kürzlich den Vorsitz der AfD-freundlichen Werteunion übernommen und dem sogenannten linken Flügel der CDU, zu dem er zeitweise sogar Friedrich Merz rechnete, eine Ideologie der „Antideutschen" vorgeworfen, die einen „antideutschen und antiweißen Rassismus" unterstützen würde, und in öffentlichen Stellungnahmen die Begriffe „eliminatorischer Rassismus" und „Rassenlehre" verwendet. Genug eigentlich, um ihn aus unserer Partei zu werfen.

Zuständig ist dafür das Kreisparteigericht seines Heimatkreisverbandes im Süden Thüringens. Da der Kreisverband Schmalkalden-Meiningen nicht mehr über entsprechende Räume verfügt, in der eine solche Sitzung mit gut zehn Personen stattfinden kann, fand die Verhandlung in der Landesgeschäftsstelle statt. Auch diese ist unscheinbar

Warum Ostdeutschland eigene politische Souveränität benötigt

und im Erfurter Stadtbild kaum zu erkennen. Ein einfaches Bürogebäude, etwas abgelegen, zweite Etage, kleines Schild: „CDU Landesverband Thüringen". Von der einst so stolzen Partei des vormaligen Landesvaters Bernhard Vogel ist wenig geblieben. Einige Plakate der letzten Wahlkämpfe hängen an der Wand. Belege zumeist von Niederlagen. Die Verhandlung findet im dortigen Konferenzraum statt.

Hans-Georg Maaßen erscheint zusammen mit seinen beiden im politischen Berlin nicht unbekannten Rechtsanwälten der Kölner Kanzlei Höcker. Er selbst war in dieser Kanzlei tätig, bis diese die AfD gegen das Bundesamt für Verfassungsschutz verteidigte. Wegen eines möglichen Interessenkonflikts als Zeuge schied Maaßen aus der Kanzlei aus.[1]

Über inhaltliche Details aus Sitzungen der Parteigerichte wird unseren Regeln entsprechend nicht berichtet. Wichtiger als der Inhalt ist auch mehr die Stimmung, die ich vor Ort erlebe. In Erinnerung bleiben mir die eingeschüchterten Parteirichter: ein männliches Dreigestirn, das ähnlich wie viele in der örtlichen Union schon vor den neuen „rechtsnationalen Köpfen" zu kapitulieren scheint.

Ich erwähne diesen Fall, weil er ein Beleg dafür ist, mit welchen Randthemen und auch skurrilen Persönlichkeiten sich die einstige Regierungspartei CDU in Thüringen jetzt so sehr beschäftigt und welche Themen durch den Regierungsverlust im Mittelpunkt stehen. Die CDU in Thüringen war bis 2019 immer stärkste politische Kraft und stellte von 1990 bis 2014 ununterbrochen die Ministerpräsidentin oder den Ministerpräsidenten. Maaßen nutzt die Hoffnungslosigkeit der CDU, in die sie sich selbst gebracht hat.

Da es Hans-Georg Maaßen selbst danach öffentlich macht, erwähne ich es an dieser Stelle: Er kündigt in der Sitzung an, bei der kommenden Landtagswahl für den Thüringer Landtag zu kandidieren. Seine Botschaft ist klar: Mich werdet ihr nicht los. Arrangiert euch mit mir und uns „Rechten", sonst weht es euch weg. Inzwischen hat er die Gründung einer eigenen Partei angeschoben, die rechts von der CDU Stimmen sammeln möchte. In deren Verlautbarungen wird der Bezug zur Wendezeit in der DDR oft gewählt. Perfide, dass Maaßen wie die AfD mit diesen Gefühlen des Jahres 1989 spielt und immer wieder die Begrifflichkeiten der sogenannten Wende nutzt. Björn

Höcke und Maaßen, Zugereiste des Westens, der eine aus Hessen, der andere aus Nordrhein-Westfalen, die die enttäuschten Gefühle der Zurückgelassenen gut verstehen und mit ihnen spielen. „Spielen" für einen anders verfassten Staat, in dem Liberalität und Weltoffenheit nicht mehr viel zählen.

Dazu gehen mir viele Gedanken durch den Kopf, als die kleinen Orte während der Zugfahrt an mir vorbeiziehen. Aber warum stehen wir als CDU in Thüringen da, wo wir jetzt stehen? Drittstärkste Kraft, überholt von Linken und AfD. Gefangen in einer Diskussion um ein einzelnes entrücktes und komplett uneinsichtiges Mitglied.

Lehren aus Thüringen?

Manchmal hilft ein Blick zurück: Thüringen am Wahlabend im Herbst 2019. Von 1,7 Millionen Wahlberechtigten haben 1,1 Millionen von ihrem demokratischen Recht Gebrauch gemacht. Die Partei des Ministerpräsidenten Bodo Ramelow erhielt etwa 345.000 Zweitstimmen. Die Linke legte zu und wurde mit 31 Prozent erstmals bei einer Landtagswahl im wiedervereinigten Deutschland stärkste Partei. Die AfD verzeichnete den größten Zuwachs bei den Zweitstimmen und wurde zweitstärkste Partei, gefolgt von der CDU, die mit rund 22 Prozent das schlechteste Ergebnis im Freistaat erzielte. Ein genauerer Blick zeigt jedoch, dass die CDU in den Wahlkreisen bei den Erststimmen deutlich zulegen konnte. Hier gewann sie mit ihren Kandidaten gut 300.000 Stimmen. Die Regierungsparteien SPD und Grüne mussten Verluste hinnehmen, sodass die bisherige rot-rot-grüne Landesregierung mit 42 von 90 Sitzen keine Mehrheit im neuen Landtag hatte.

Mit einer knappen Mehrheit von 73 Stimmen über der Fünf-Prozent-Hürde oder, anders formuliert, mit der Unterstützung von 55.493 von insgesamt 1,1 Millionen Wählern schaffte es die FDP nach fünf Jahren mit Ach und Krach wieder in den Thüringer Landtag. Eine politische Splittergruppe, die als kleinste Fraktion gerade so ins Parlament einziehen konnte.[2]

Die Zahlen sprechen eine deutliche Sprache. Ein stabiles Bündnis, das das Land vereint und versöhnt hätte, wäre nur mit einer Allianz aus der Partei des Ministerpräsidenten Bodo Ramelow und der CDU als Partei mit den meisten Stimmen aus den Wahlkreisen möglich gewesen. Ein solches Bündnis hätte den Gewinner der Erststimmen mit dem Gewinner der Zweitstimmen zusammengeführt.

In welcher auch selbst verschuldeten Hoffnungslosigkeit muss sich die CDU befunden haben, um dann nicht mal einen eigenen Kandidaten für die Wahl des Ministerpräsidenten im Landtag aufzustellen, aus Angst vor der unkalkulierbaren Zustimmung der eigenen Fraktion? Und was für ein Elend, stattdessen am 5. Februar 2020 mit Thomas Kemmerich für den Kandidaten einer Partei zu stimmen, die es gerade so ins Parlament geschafft hatte. Und dabei lasse ich außen vor, ob die CDU ahnen konnte, dass die AfD trotz eigenen Kandidaten geschlossen für Kemmerich stimmen und ihm damit zur Mehrheit im Parlament verhelfen würde.[3] Ich erinnere noch einmal: eine CDU, die, gemessen an der Anzahl ihrer Erststimmen – also den Wählern, die einem Kandidaten der Union direkt das Vertrauen geschenkt haben –, deutlich stärkste Kraft war.

Die AfD mag ihr Spiel mit der CDU spielen, das auch Angebote zur Zusammenarbeit umfasst, aber letztendlich wäre sie niemals für eine gemeinsame Regierung geeignet gewesen. In Thüringen wurde sie zuerst als rechtsextremistisch eingestuft, weitere Bundesländer sind gefolgt, und deshalb sollte die AfD nirgends in eine Regierung gelangen dürfen.

Warum gelang es der CDU nicht, mit der Partei des Ministerpräsidenten in Verhandlungen zu gehen und ein verlässliches Regierungsbündnis für Thüringen zu bilden? Wurde dies überhaupt ernsthaft versucht, oder war die Angst vor der Bundespartei so groß, dass es sich keiner traute? All meine Erfahrungen der letzten Jahre sagen mir, es muss vernunftbegabte Akteure gegeben haben, die darüber nachdachten!
Ich reise im Januar 2024 nach Thüringen zu Christine Lieberknecht, der ehemaligen CDU-Ministerpräsidentin im Freistaat, und frage nach: Gab es solche Gespräche, und wäre das nicht eine selbstbewusste, für Ostdeutschland sinnvolle Koalition gewesen? Am Tag meiner Reise beginnen in vielen Städten wie auch in Berlin die Bauerndemonstrationen gegen die Ampelkoalition. Stiefel hängen in Thüringen über einigen Ortseingangsschildern. Eine optische Anlehnung an

Lehren aus Thüringen?

das Symbol der Bauernaufstände vor 500 Jahren. Die Stimmung in unserem Land ist aufgeheizt. An Berliner Hauswänden liest man den Aufruf „8.1. Generalstreik".

Christine Lieberknecht ist vielen in Deutschland erst in ihrer Zeit als Ministerpräsidentin von Thüringen bekannt geworden. Sie ist ein Kind der Wiedervereinigung. Bis 1990 war sie als Pastorin tätig und gehörte dann, nach den erfolgreichen Wahlen der CDU in Thüringen, der Führungsspitze einige Zeit als Ministerin, später als Parlamentspräsidentin und schließlich als Ministerpräsidentin an.

In der Vorbereitung auf meinen Termin lese ich ein Neujahrsschreiben von Christine Lieberknecht, das sie zum Jahreswechsel 1990/91 allen Pädagogen Thüringens als frisch amtierende Kultus- und Bildungsministerin zukommen ließ. Auf sieben Seiten schreibt sie an das pädagogische Personal des Landes, gibt eine politische Einordnung der Zeit, geht auf die Sorgen der Belegschaft ein und wirft einen Blick in die Zukunft. Ein Satz fällt mir besonders ins Auge: „Die meisten von uns haben den Sozialismus beim Eingeständnis aller wirtschaftlichen Mängel durchaus als die gerechtere Form des Zusammenlebens einer menschlichen Gesellschaft betrachtet." Hier versteht eine Kultusministerin die Gefühlslage der Nachwendezeit. Die Bevölkerung Thüringens hatte der CDU gerade die Regierungsverantwortung übertragen, auch weil sie spürte, dass ebendiese Sichtweise auf die Lage geteilt wurde. Einerseits die Perspektive der Bevölkerung zu verstehen und andererseits schwierige Entscheidungen zu treffen, das war das Markenzeichen der damaligen Verantwortlichen.

Christine Lieberknecht empfängt mich in ihrem Haus in der Nähe von Weimar. Sie erzählt mir, dass es nach der Wahl 2019 viele Überlegungen gab, mit den Mehrheiten des Landtags umzugehen. Das schloss partiell einen Umgang und ein Zugehen auf die Linkspartei nicht aus. Mike Mohring aber, der damalige Landesvorsitzende der CDU Thüringen, ging mit dieser Idee zu einem ungünstigen Zeitpunkt an die Öffentlichkeit. Mit einem Interview am Vormittag vor der Bundesvorstandssitzung nach der Thüringenwahl rief er all jene auf den Plan, die die „Hufeisentheorie", nach der die Linke wie die AfD zu den Kräften gehört, die die freiheitlich-demokratische Grundordnung überwinden will, wie eine Monstranz vor sich hertrugen und die beiden Parteien als extremistische Kräfte gleichsetzten. Ich gehe später noch einmal näher darauf ein.

Wenige Tage nach meinem Besuch bei Christine Lieberknecht treffe ich Mike Mohring. Er sieht müde aus. Die politischen Verletzungen in Thüringen zwischen den Parteigranden halten seit 2020 an. Der Thüringer CDU fällt es bis heute schwer, ihre Rolle zu finden zwischen De-facto-Regierungspartei, die die Minderheitenregierung mitträgt, und der Rolle in der Opposition im Wettbewerb mit den extremen Vereinfachern von ganz rechts außen. Er berichtet mir, dass er schon ein Jahr vor der Wahl, also 2018, gesehen habe, in welche Richtung es in Thüringen gehen kann, und dass er zu Ministerpräsident Bodo Ramelow reiste, um mögliche Schritte nach der Landtagswahl 2019 zu eruieren. Der Tag der Landtagswahl war für ihn ein Schock. Die Zeitungen schrieben noch von Mohrings Aufholjagd. Aber die Hochrechnungen gaben schon eine andere Richtung vor. Rot-Rot-Grün hatte zwar keine Mehrheit mehr, aber die CDU war auch nicht stärkste Kraft und hatte vor allem keine Koalitionsoptionen allein mit FDP, Grünen und SPD.

Am Tag nach Landtagswahlen ist es üblich, dass das Präsidium und der Bundesvorstand der CDU tagen. Ein Wahlsieger oder eine Wahlsiegerin wird mit dem üblichen stehenden Applaus begrüßt, es gibt Blumen und nette Worte. Man bedankt sich für die gegenseitige Unterstützung und versucht dabei, den Erfolg zwischen den Aktiven vor Ort und der Unterstützung der Parteizentrale zu verteilen. Je nach Position hört man dann die Nuancen. Alle wollen vom Erfolg etwas abhaben. Der Generalsekretär muss zumeist betonen, dass der Parteichef viele Male vor Ort war und damit die Mannschaft vor Ort maßgeblich unterstützt hat. Die Kollegen vor Ort bedanken sich mal mehr und mal weniger bei der Bundespartei. Sie betonen ihre lokalen Interessen. Es fallen moderate Töne gegenüber dem präferierten Koalitionspartner. Um neun Uhr das Spiel im Präsidium, um elf Uhr noch mal im größeren Bundesvorstand, und um 13 Uhr geht man dann für das Bild mit Parteichef und Vor-Ort-Sieger vor die Presse.

Das Szenario nach einer verlorenen Wahl folgt einem ähnlichen Rhythmus, aber natürlich mit deutlich mehr Zurückhaltung gegenüber der lokalen Spitzenfrau, zumeist aber dem Spitzenmann. Hier

Lehren aus Thüringen?

trifft man auf die mir immer unangenehmer gewordene Verlogenheit nach Niederlagen. Hinter den Kulissen hat jeder eine Antwort darauf, warum die Spitzenfrau oder der Spitzenmann gescheitert ist. Was er oder sie aus der Sicht des Gefragten hätte anders machen müssen. Keiner will sich zitieren lassen. Die Parteizentrale versucht zumeist, die Ursachen der Niederlage als besondere Situation vor Ort zu belassen. Entweder hört man Sätze wie: „Dem Amtsinhaber von der konkurrierenden Partei ist es gelungen, sich von seiner Mutterpartei weitmöglich zu distanzieren und dadurch an Zuspruch zu gewinnen." Oder: „Es ist uns nicht gelungen, mit unseren Vorschlägen vor Ort gegen die alles andere überlagernde Debatte um A oder B im Bund durchzudringen." Dem Spitzenkandidaten von vor Ort wird für seinen Einsatz gedankt, von Fotos mit ihm halten sich die Beteiligten allerdings weitgehend fern. Man möchte mit dem Verlierer nicht allzu lange gesehen oder sogar fotografiert werden. Man weiß, in wenigen Tagen könnte er Geschichte sein. Es wird sich eine neue Führung formen, die den Weg in die Opposition beschreitet.

Wenn es dabei um die ostdeutschen Länder geht, finden die Mitglieder des CDU-Präsidiums häufig besonders schnelle Antworten. Von den 18 Mitgliedern des Präsidiums kommen drei aus dem Osten, da ist ein mehrheitliches Meinungsbild zügig hergestellt. Immerhin muss man den Ossis ja erklären, wie man diese oder jene Lage aus der Sicht der langjährigen Erfahrung in Nordrhein-Westfalen oder welchem westdeutschen Bundesland auch immer betrachtet.

Wie war es nun an dem Morgen nach dem Wahltag in Thüringen? Der sichtlich übermüdete und gescheiterte Spitzenkandidat Mike Mohring reiste nach Berlin, ging ins „ZDF-Morgenmagazin" und verkündete dort: „Die CDU in Thüringen ist bereit für Verantwortung, wie auch immer die aussehen kann und sollte. Deswegen muss man bereit sein, nach diesem Wahlergebnis auch Gespräche zu führen. Ohne was auszuschließen, aber in Ruhe und Besonnenheit."

Dann aber folgte der Satz, der zu Hause in Thüringen seine innerparteilichen Kritiker ebenso auf den Plan rief wie diejenigen, die eigentlich nur der damaligen Bundesvorsitzenden Annegret Kramp-Karrenbauer das Leben schwer machen wollten und in dieser Wahlschlappe ein geeignetes Instrument dafür sahen. Als er gefragt wurde, ob dies dann auch eine Regierung mit den Linken und Bodo Ramelow einschließe, sagte er: „Wir sind bereit für so eine Verantwortung, müssen zunächst ausloten: Was heißt das für Thüringen."

Danach ging es schnell, die Nachrichtenticker glühten, seine Kritiker vor Ort distanzierten sich schon, während er zu der Zeit noch in den Gremiensitzungen der Partei war. Nur mühsam gelang es ihm, im Bundesvorstand etwas Beinfreiheit für die Verhandlung vor Ort zu erkämpfen. Denn während es bis heute unvorstellbar ist, dass der Bundesvorstand irgendeine Empfehlung für die Koalition in einem der alten Bundesländer gibt, haben etliche Parteispitzen immer gleich Patentrezepte für die Schritte parat, die nach der jeweiligen Wahl im Osten gegangen werden müssen.

Es folgten vier Monate andauernde Verhandlungen und Gespräche in Thüringen. Die Bundespartei war dabei nicht hilfreich. Die Abgrenzungsbeschlüsse der Bundespartei trieben die CDU vor Ort in die Handlungsunfähigkeit. Von falschen Theorien wollte niemand Abstand nehmen. Die überwiegende Mehrheit in der Unionsspitze betrachtete Thüringen als zu klein und zu unwichtig, um das linke Tabu zu brechen.[4] Am Ende kam es zur Neubildung der Minderheitsregierung von Linken, SPD und Grünen. Sie stellten ihren Kandidaten Bodo Ramelow im Landtag auf. Die CDU ging ohne Kandidaten ins Rennen und unterstützte zu allem Überfluss auch noch den sogenannten Kandidaten der bürgerlichen Mitte, Thomas Kemmerich von der FDP. Alles Weitere ist umfänglich in der einschlägigen Literatur beschrieben.[5]

Während auch die damalige Bundesvorsitzende der CDU, Annegret Kramp-Karrenbauer, vor einer Koalition mit der Linkspartei warnte, rief Angela Merkel, so berichtete es mir die frühere Ministerpräsidentin Lieberknecht ganz offen, nach diesem Desaster aus dem Koalitionsausschuss in Abstimmung mit den damaligen Koalitionspartnern CSU und SPD Bodo Ramelow an, um mit ihm darüber zu sprechen, wie es möglichst schnell zu Neuwahlen kommen könnte. Berührungsängste hatte die Kanzlerin dabei offenkundig nicht.

Um diesen Weg zu einer Neuwahl zu ermöglichen, bot Bodo Ramelow Christine Lieberknecht an, für einen Übergangszeitraum Ministerpräsidentin zu werden. Dazu war sie, wie sie mir schilderte, auch nach Rücksprache mit der Bundeskanzlerin und ihrem Mann bereit. „Das war ein Vorschlag, da konnte eigentlich die CDU nicht wirklich dagegen sein", sagte mir Lieberknecht. Zumal ihr Ramelow bestätigte, dass seine Anfrage mit dem Wissen der Bundeskanzlerin erfolge.

Deswegen kamen dann auch die beiden Protagonisten der Thüringer CDU, Mike Mohring und Mario Voigt, zu ihr, um die Optionen zu besprechen. Aber in der Frage, möglichst schnell zu Neuwahlen zu kommen, waren beide sehr skeptisch. Zu viele der gerade erst gewählten Abgeordneten hatten Angst vor dem Mandatsverlust. Lieberknecht sagte ihrer Erinnerung nach zu den beiden und danach auch öffentlich: „Wer nicht bereit ist, zu schnellen Neuwahlen zu kommen, der muss bereit sein, eine Koalition mit Ramelow zu bilden."

So kam es nun schlussendlich dazu, dass Bodo Ramelow wieder in Regierungsverantwortung kam, mit den Enthaltungen der CDU. Faktisch ist die CDU damit Teil der Regierungsbildung geworden, nur ohne jede Entscheidungsgewalt in der Regierung. Denn eine Mehrheit für Neuwahlen gab es nicht, weil zu viele CDU-Abgeordnete nach den nun immer schlechter werdenden Meinungsumfragen Sorge vor dem Verlust ihres Mandats hatten. Auch eine Regierungsbeteiligung erfolgte aus Angst vor der eigenen Courage nicht, weil da ja die Unvereinbarkeitsbeschlüsse waren. So duldete man Ramelow mit den verzagten Enthaltungen. Für die Bundespolitik war wieder alles im Reinen. Die CDU hatte alle Koalitionen ausgeschlossen. Dass sie maximal beschädigt im Landtag saß, war nicht von nationaler Bedeutung, und die Regeln der westdeutsch dominierten Bundespartei waren durchgesetzt.

Abschied von der Hufeisentheorie

Ich jedoch kann und will mich damit nicht zufriedengeben. Diese immer wiederkehrende Demütigung darf sich nicht länger fortsetzen. Ich möchte daher ein wenig genauer jene Theorie beleuchten, auf der der Unvereinbarkeitsbeschluss eines Bundestagsparteitags, der die Linke mit der AfD gleichsetzt und somit eine Zusammenarbeit mit beiden Parteien ausschließt, basiert.

Warum Ostdeutschland eigene politische Souveränität benötigt

Die sogenannte Hufeisentheorie setzt sich mit dem Extremismus von ganz rechts und ganz links auseinander. Es geht dabei um die Angleichung der Lager des rechten und linken Extremismus, so wie sich auch die Ränder eines Hufeisens einander annähern.[6] Die Anhänger dieser Theorie setzen damit rechte und linke Strömungen gleich. Der demokratische Verfassungsstaat wird als Gegenstück des Extremismus gesehen. Die Ausrichtung gegen diesen Staat wird bei einer Gleichsetzung von Linkspartei und AfD somit beiden unterstellt. Das führt meiner Meinung nach zu zahlreichen Missinterpretationen und falschen Verwendungen des Begriffs.[7]

Schauen wir zur Verdeutlichung noch einmal ganz praktisch auf die Gleichsetzung von AfD und Linkspartei durch den CDU-Bundesparteitagsbeschluss. Ich habe Thüringen als Beispiel gewählt, da sich dort die Fehlerhaftigkeit der Anwendung dieser Theorie am praktischsten veranschaulichen lässt. Auf der einen Seite ein erfahrener Gewerkschaftsfunktionär, Mitglied der Linkspartei, Gesprächspartner der Bundesregierung. Auf der anderen Seite ein nachweisbar Rechtsextremer, überwacht vom Verfassungsschutz, den man offiziell als „Faschisten" bezeichnen darf.

Unterstellt man beiden Parteien den gleichen Extremismus, dann kommt es nicht nur offensichtlich zur fehlerhaften Einordnung der Linken. Dadurch entsteht ein weiteres Problem. Es kommt auch zu einer Verharmlosung einer tatsächlich extremistischen Partei. Besonders in Bezug auf Rechtsextremismus und Menschenfeindlichkeit sehe ich dies als erhebliches Problem.

Wird das der Linken im Osten wirklich gerecht? Sind die Linken, unter deren Dach durchaus auch kommunistische Strömungen existieren, die die Demokratie beseitigen und stattdessen eine Diktatur des Proletariats etablieren wollen, mit denen gleichzusetzen, die bei der AfD von einem neuen „Reich" träumen und ganz offen den Nationalsozialismus verharmlosen? Ich meine, nein. Fast jeder, der die Linke in Ostdeutschland kennt, weiß, die sind durch und durch sozialdemokratisch ausgerichtet. So konstatiert der Historiker und Parteienforscher Thorsten Holzhauser, dass die Linke keine extremistische Partei sei. Sie habe „mit Ausnahme Sachsens […] mittlerweile in jedem ostdeutschen Bundesland (direkt oder indirekt) mitregiert, ohne revolutionäre Veränderungen einzulegen. Das ist einer von mehreren Gründen, warum die Partei im Osten heute kaum noch erfolgreich als radikal oder extremistisch dargestellt werden kann."[8] In einem Interview vom 14. Januar 2020 sagt Holzhauser gegenüber der *Zeit*: „Die Linkspartei setzt in Ostdeutschland sozialdemokratische Politik um."[9]

In meinem Heimatbezirk Marzahn-Hellersdorf wohnen viele Angehörige der Eliten der früheren DDR. Die Linke hatte viele Jahre die absolute Mehrheit. Als Kommunal- und Landespolitiker habe ich die Linkspartei kennengelernt. Teilweise erlebte ich sie als sehr von sich überzeugt, wie Parteien bei absoluten Mehrheiten leider häufig werden. Aber eben auch für den Bezirk engagiert, mit Herzblut bei der Sache.

Ich erinnere mich beispielsweise an eine Begebenheit in meinem Mahlsdorfer Abgeordnetenwahlkreis, der aus vielen Einfamilienhäusern besteht. Es ging um die Genehmigung des Neubaus einer Kunststoffrecyclinganlage. Der Chef des dortigen Unternehmens Alba, Eric Schweitzer, schwärmte von der guten und konstruktiven Zusammenarbeit mit dem von der damaligen PDS gestellten Stadtentwicklungsstadtrat Dr. Heinrich Niemann. Nirgendwo im Land habe er so zügig Gespräche über die geplante Investition geführt und später die Baugenehmigung erhalten.

Dr. Niemann war von 1986 bis 1990 für die DDR-Sektion der „Internationalen Ärztebewegung gegen den Nuklearkrieg" als Geschäftsführer verantwortlich. Von 1992 bis 2006 war er gewählter Stadtrat in Marzahn-Hellersdorf. Ich habe viel mit ihm gesprochen. Seine Sicht auf die DDR war durchaus von Sympathie geprägt. Aber ihm war klar: Der real existierende Sozialismus hatte nicht funktioniert. Es ging ihm nunmehr darum, das Land unter den Bedingungen der sozialen Marktwirtschaft gerechter zu gestalten. Im Westen wäre er wohl bei der SPD gewesen. Diese ließ ihm aber nach der Wiedervereinigung keine Wahl. Die politischen Eliten der SED, ganz unabhängig von der Frage, ob sie sich was zuschulden hatten kommen lassen oder nicht, wurden von der SPD noch stringenter ausgeschlossen als von der CDU. So musste sich eine PDS und spätere Linkspartei als ostdeutsche Regionalpartei etablieren. Von einer kommunistischen, gar antidemokratischen Bewegung, wie sie der

Westen in der DKP oder der frühen Alternativen Liste sah, war diese aber meilenweit entfernt.

Auch Christine Lieberknecht berichtet mir vom Bröckeln in der Anwendung der sogenannten Hufeisentheorie in Thüringen. Nach der Wahl meldete sich beispielsweise der Landrat des katholischen Eichsfeld, Werner Henning, in den Medien, der aus seinen Erfahrungen eine Zusammenarbeit mit den Linken für nun geboten ansah. Auch andere hochrangige kommunale Vertreter nennt sie mir, die in großen Teilen früher zu erbitterten Gegnern der Linkspartei gehörten, die es aber nun als „Gebot der Stunde" ansahen, vernünftig zu verhandeln und aus der besonderen Situation eine Koalition der Verantwortung zu bilden. Denn niemand bestritt, dass die Thüringer Linkspartei mit Bodo Ramelow nichts mit den kommunistischen Anwandlungen westdeutscher Denkweise zu tun hatte.

Die heutige Linkspartei formte sich als SED-PDS in der untergehenden DDR neu, auch weil den gemäßigten Kräften der alten SED kein Zugang zur SPD ermöglicht wurde. Diese Köpfe waren überproportional gut ausgebildet, um in der DDR zukünftig Verantwortung zu übernehmen. Die meisten waren lebenserfahren genug, um die Webfehler des Sozialismus zu analysieren und daraus Schlussfolgerungen für die Zukunft zu ziehen.

Die SED hatte in der DDR zwei Millionen Mitglieder; zum Zeitpunkt der Wiedervereinigung waren in ihr noch gut 200.000 Mitglieder verblieben. Das waren in großen Teilen pragmatische Genossen, erfahren in den Unzulänglichkeiten des real existierenden Sozialismus und auf der Suche nach einem sozialen Deutschland. Natürlich gab es auch einige Ewiggestrige, aber auch meist jüngere, die erst kurz nach der Wiedervereinigung der Linkspartei beitraten, auch weil sie das Lebenswerk ihrer Eltern und Großeltern als unzureichend empfanden. Die übergroße Mehrheit von ihnen erhoffte sich, dass die Erfahrungen des Ostens durch die damalige PDS in den Parlamenten und später in einigen Landesregierungen adäquat vertreten werden konnten. Viele Inhalte dieser Frauen und Männer teilte ich nicht, gleichzeitig hatte ich Respekt vor ihrer Entscheidung, gerade in diesen Zeiten diese Position zu vertreten. Während einige aus den Blockparteien den Eindruck vermittelten, sie seien schon immer Widerstandskämpfer gewesen, konnte man diesen verbliebenen PDS-Genossen keinen Opportunismus unterstellen.

Einer von ihnen war Benjamin Immanuel Hoff, Jahrgang 1976. Mit 18 Jahren trat er 1993 in die PDS ein. Von 1995 bis 2001 war er Mitglied im Berliner Abgeordnetenhaus, dreimal direkt gewählt. Danach wurde er Staatssekretär bei der Berliner Gesundheitssenatorin. In dieser Funktion blieb er bis zur Amtsübergabe 2011 an das dann von mir geführte Gesundheitsressort. Unsere Wege haben sich immer wieder gekreuzt. Zunächst im Parlament und einigen Gremien der Charité und dann ganz entscheidend bei der Berliner Regierungsbildung im Jahr 2011. In dieser Zeit galt es für mich, für die CDU die Koalitionsverhandlungen zur Senatsbildung mit der SPD und dem Regierenden Bürgermeister Klaus Wowereit vorzubereiten.

Bestens vorbereitet arbeitete er mir Positionen aus meiner späteren Senatsverwaltung für Gesundheit zu und dachte im Sinne der Gesundheitsversorgung der Stadt die Themen mit. Dabei immer verbunden mit der Frage an mich, welche Positionen wir als Partei dazu haben und wo die Schnittmengen mit der SPD liegen könnten. Nachdem ich für das Amt des Senators berufen worden war, behielt ich ihn noch einige wenige Tage als Staatssekretär und konnte mich auf seine auf das Wohl der Bürger Berlins ausgerichtete Loyalität verlassen.

Heute ist Benjamin Immanuel Hoff eine der wichtigsten politischen Führungskräfte für Bodo Ramelow in Thüringen. Seit dem Beginn seiner Amtszeit leitet Hoff dort die Staatskanzlei und ist damit der unmittelbare Ansprechpartner für die Fachministerinnen und -minister in Thüringen, aber auch für die Koordinierung mit den anderen Bundesländern.

Pragmatische Zusammenarbeit mit der Linkspartei

Zu Beginn des Jahres 2024 verabrede ich mich erneut mit Hoff, wenige Tage nach meinem Besuch bei Christine Lieberknecht. Er berichtet mir aus der Zeit der Regierungskrise im Jahr 2020 in Thüringen. Die Aussagen Lieberknechts und seine passen zueinander.

Warum Ostdeutschland eigene politische Souveränität benötigt

Er hatte versucht, mit Mike Mohring eine Vorbereitung für eine neue Form der Zusammenarbeit zu finden. Vom israelischen Modell mit einem in der Mitte der Legislaturperiode wechselnden Regierungschef bis zu einer Expertenregierung waren viele Optionen dabei. Es war enttäuschend für ihn, dass nichts davon gelang. Heute ist er einer der wichtigsten Unterhändler, um mit der CDU doch zu gemeinsamen Positionen – beispielsweise beim Haushalt – zu kommen. Denn faktisch ist die CDU in Erfurt auch derzeit am Regierungshandeln mit beteiligt, findet Mehrheiten für den Haushalt und viele Gesetze im Parlament. Die CDU ist also bereits in Verantwortung, kann aber keine eigenen Minister stellen und das Vereinbarte damit nicht selbst in den Behörden des Landes gestalten und mit Leben erfüllen. Eine ernüchternde Ausgangslage, wenn man immer nur das zu Kritisierende suchen muss und doch konstruktiv mitarbeitet.

Einen wichtigen Punkt für die ausweglose Situation in Thüringen bei der damaligen Regierungsbildung bringt er zusätzlich vor. Es geht um das persönliche Vertrauen zwischen den beiden Spitzenköpfen. Es war aus seiner Sicht schwierig, mit der CDU-Führung Vertrauen aufzubauen, weil Mike Mohring einerseits auch innerparteilich unter Druck stand und nie die ganze Fraktion für seine Entscheidungen an der Seite wissen konnte, und andererseits erschien er immer im Doppelpack mit der FDP, was ebenso ein offenes Gespräch kaum möglich machte. Ohne eine menschliche Basis der Hauptprotagonisten geht es dann aber eben auch nicht. Dafür gibt es einfach zu viele Dinge im Laufe einer Regierungszeit zu klären, die man nicht vorher schon im Koalitionsvertrag verabreden kann. Denken wir nur an die Folgen der Pandemie oder den Umgang mit den Folgen des Krieges in der Ukraine.

Diese Erfahrung machte ich auch in Berlin – ohne eine persönliche, vertrauensvolle Ebene wäre ein Bündnis mit der SPD 2011 nicht möglich geworden. Frank Henkel, der damals unangefochtene Spitzenmann der Berliner CDU, und der aus der abgewählten rot-roten Regierung im Amt befindliche Regierende Bürgermeister Klaus Wowereit hatten eine gemeinsame Basis, die Chemie zwischen den beiden stimmte und hielt auch in kritischen Phasen. Ganz anders später dann mit Michael Müller. Es quietschte und knarrte im zweiten

Pragmatische Zusammenarbeit mit der Linkspartei

SPD-CDU-Senat, und die Zusammenarbeit endete schließlich im Jahr 2016 krachend und unversöhnlich.

Auch in meinem Heimatbezirk wäre die erste Zusammenarbeit zwischen Linkspartei und CDU kaum möglich gewesen ohne eine Vertrauensbasis der Spitzen. Als 2006 die Linke in Berlin und damit auch im Bezirk Marzahn-Hellersdorf an Zustimmung verlor, weil sich die Sparpolitik des rot-roten Wowereit-Senats vor allem für die Linken negativ auswirkte, brauchten wir im Bezirk eine andere Zusammenarbeit. Es gab keine stabile Mehrheit jenseits der Linkspartei für die Wahl eines Bezirksbürgermeisters. Gleichwohl hatte die Linke keine eigene Mehrheit mehr, um allein einen Bürgermeister durchzusetzen. Eine scheinbar ausweglose Situation. Ein Bündnis aus SPD, Grünen, FDP und meiner Partei scheiterte damals mit dem SPD-Bürgermeisterkandidaten, weil einige Sozialdemokraten ihrem eigenen Mann die Stimme versagten. In Berlin kommt die besondere Situation erschwerend hinzu, dass in den Bezirken keine politischen Bezirksämter gebildet werden, sondern die Parteien nach ihrer Stärke ein Vorschlagsrecht auf die heute sechs Bezirksstadträte haben. So galt es damals, ein Bezirksamt zu bilden, in dem die Linkspartei drei Bezirksstadträte zu besetzen hatte, die SPD zwei und die CDU einen Stadtrat.

Es war ein schwieriges Unterfangen. Aber wir konnten unsere Themen umsetzen. In Berlin gab es zu der Zeit ein Straßenausbaubeitragsgesetz, vor dessen Kostenbelastung viele unserer Wähler große Sorgen hatten. Vor allem Einfamilienhausbesitzer, die sich ihr Eigenheim oft vom Mund abgespart hatten. Ältere, die vor den drohenden Ausbaubeiträgen von bis zu 200.000 Euro für ein Einfamilienhaus ebenso enorme Angst hatten wie junge Familien, die sich ihr Haus im Grünen hart erarbeitet hatten. Wir einigten uns darauf, nur Reparaturen und Sanierungen von Straßen und Wegen umzusetzen, die nicht beitragspflichtig nach dem Gesetz werden konnten. Damit waren wir der einzige Berliner Bezirk, in dem das Gesetz keine Anwendung fand. Zu den gemeinsamen Vorhaben gehörten beispielsweise auch der Aufbau eines Gewerbe- und Industriegebiets, das dem Vorbild von Berlin-Adlershof folgt, wo heute ein wissenschaftlich-technischer Hightechcampus entsteht, und die Neugestaltung eines Krankenhauscampus zu einem Ort der integrierten Gesundheitsversorgung.

Diese inhaltliche Vereinbarung zwischen Linkspartei und CDU auf kommunaler Ebene in dieser besonderen Ausgangslage war kein Koalitionsvertrag. Aber sie wurde bis zum letzten Tag der gemeinsamen Zusammenarbeit gelebt. Hinzu kam, dass die dann von uns teilweise geduldete und teilweise mitgetragene Bezirksbürgermeisterin Dagmar Pohle von der Linkspartei mit unserem Bezirksstadtrat Christian Gräff eine vertrauensvolle Zusammenarbeit pflegte. Bei Streitigkeiten konnten sich die beiden fast immer auf einen Weg verständigen. Ihr Umgang war von Respekt geprägt und auch davon, inhaltliche Differenzen fair auszuhalten, aber eben auch dort den Weg zusammen zu gehen, wo die Positionen nun mal übereinstimmten. Wir mussten uns doch nicht entschuldigen, wenn zusammen etwas gelang. Über viele Schritte informierten wir die Bürger transparent in Bürgerbriefen. Die CDU ging aus dieser Zusammenarbeit gestärkt hervor. Das führte auch dazu, dass wir für das Berliner Landesergebnis 2011 ganz maßgeblich Stimmen im Bezirk Marzahn-Hellersdorf hinzugewinnen konnten – das war der größte Zuwachs in ganz Berlin. Ein nicht unwichtiges Element für die Regierungsbildung im SPD-CDU-Senat unter Klaus Wowereit.

Im Westen der Stadt wurde diese Form der Zusammenarbeit oft kritisch beäugt, aber der Erfolg führte auch in kleinen Schritten zu einem Umdenken. Immer mehr verstanden, dass die aus dem tiefen Antikommunismus geprägten Denkmuster und Ablehnungen überholt waren und nicht zum Umgang mit der pragmatischen Linken im Osten passten. Mit den kommunistischen Anmutungen der DKP oder der Alternativen Liste im alten West-Berlin hatten diese Kräfte nichts zu tun.

Die Linkspartei des Ostens war mit den Erfahrungen aus AL und DKP und deren linksradikalen Kräften eben nicht gleichzusetzen. Das musste auch Oskar Lafontaine schmerzhaft erfahren. Er war aus der SPD ausgetreten, um mit der WASG eine gesellschaftskritische, linke Bewegung zu formen. Diese WASG konnte seiner nunmehr ungeliebten SPD mit der Linkspartei gefährlich werden und sie wieder nach links ziehen, so seine Hoffnung.

So ging er auf Gregor Gysi und dessen Linkspartei zu. Aber zunehmend merkte er, so schildern es mir führende Köpfe der ostdeutschen

Pragmatische Zusammenarbeit mit der Linkspartei

Linken, dass er auf Genossen traf, die eine linke pragmatische bundesrepublikanische Regierungsbeteiligung im Blick hatten. Sie wollten für ein gerechteres Land streiten und auch den leibhaftigen Beweis antreten, dass die Menschen im Osten mehr mitzubringen hatten als nur den grünen Pfeil an der Verkehrsampel. Dass somit die Ostdeutschen auch in der Bundesrepublik ihren Platz hatten. Sie wollten im geeinten Deutschland mitregieren und nicht auf ewig Fundamentalopposition sein.

Ein unideologischer Umgang mit der heutigen Linkspartei war auch namhaften Teilen der westdeutschen CDU nach dem Mauerfall und rund um die Wiedervereinigungsphase herum nicht fremd. Schon früh kann man das beispielsweise an der Zusammenarbeit des Landes Baden-Württemberg mit dem heutigen Sachsen erkennen. Deren damaliger Ministerpräsident Lothar Späth zeigte keine ideologischen Berührungsängste und versuchte schnell, auf die neuen Führungsfiguren der damals noch SED heißenden Linkspartei zuzugehen. Zu diesem Zweck schuf er einen vom Landeskabinett Baden-Württemberg geleiteten „Interfraktionellen Arbeitskreis DDR"[10]. Trotz der eher gezwungenen Aufnahme von Personen aus der Bürgerrechtsbewegung in die gemischte Kommission lag sein Fokus auf der Zusammenarbeit mit den neuen Repräsentanten der DDR. Der „Cleverle", wie Lothar Späth von vielen genannt wurde, erkannte schnell, dass auch das westdeutsche System Defizite aufwies und das reine Oktroyieren eigener Ansichten und Strategien im Osten keinen nachhaltigen Mehrwert besaß. Die Umgangsängste anderer westdeutscher Politiker teilte Späth nicht. Sein Wunsch war eher eine gezielte Kontaktaufnahme und die Bildung einer guten Beziehung mit den deutschen „Mitbürgern", und das bereits vor der deutschen Wiedervereinigung. Seine Strategie, die neuen Köpfe der alten SED in die eigenen Regierungsangelegenheiten zu involvieren, war zu diesem Zeitpunkt nicht für jedermann nachvollziehbar. Zahlreiche Male musste er sich für die Kontaktaufnahme mit „diesen Leuten" rechtfertigen. Unter den Kritikern befanden sich auch namhafte Personen der CDU wie Arnold Vaatz und Hubert Wicker. Doch er verteidigte seine Entscheidung und war überzeugt, dass das Wissen derer, die zwar aus der Führung des Systems kamen, selbst aber auch Reformen und Demokratie in der DDR für dringend notwendig hielten, für einen erfolgreichen Wiedervereinigungsprozess unverzichtbar war. So legte Lothar Späth damals die Wurzeln für viele Partnerschaften von Unternehmen aus Baden-Württemberg mit dem heutigen Sachsen. Sein späteres Engagement für Jenoptik oder auch die Ansiedlung von Porsche in Leipzig haben in dieser Zeit ihr erstes Fundament.

Schluss mit den falschen Vergleichen

Die CDU muss sich unbedingt mit der Geschichte von AfD und Linkspartei auseinandersetzen, um die eigene Vereinfachung aufzuarbeiten. Sie muss sich mit den Programmen und den Protagonisten beider Parteien auseinandersetzen. Ich habe dies in meiner politischen Arbeit in den letzten 30 Jahren getan. Dabei kann ich für mich sagen: Die Linkspartei ist eigentlich eine sozialdemokratische Partei. Ob ich diese persönliche Einschätzung angesichts des Zulaufs von Kräften, wie etwa radikalen Enteignungsbefürwortern, wie wir es in Berlin rund um die Kampagne zur Enteignung der Deutschen Wohnen gesehen haben, ändern muss, wird sich zeigen. Aber in den ostdeutschen Ländern ist die Linkspartei pragmatischer und staatstragender als manche SPD-Regionalgruppen, wenn ich hier beispielsweise an die SPD Nordhessen denke.

Die AfD hingegen besteht maßgeblich aus radikalen Vereinfachern. Reichsbürger und Holocaustleugner werden geduldet. Sie lehnt in maßgeblichen Teilen unsere demokratische Grundordnung ab, will sie gar überwinden. In meinem Heimatbezirk in Berlin stellte die AfD die frühere Bundestagsabgeordnete Frau Malsack-Winkemann zur Kandidatin für das Bezirksamt auf. Jene Frau, die später bei einer bundesweiten Razzia gegen insgesamt 52 mutmaßliche Mitglieder der Patriotischen Union, einer rechtsextremen Gruppierung der Reichsbürgerbewegung, festgenommen wurde. Schließlich wurde sie dem Ermittlungsrichter des Bundesgerichtshofs vorgeführt, der die Haft aufrechterhielt.[11]

Mein Fazit lautet: Wir aus der ostdeutschen CDU müssen diese Debatte anstoßen und jetzt diese Positionsbestimmung der Mutterpartei einfordern. Nur so ist es möglich, dass wir uns aus der bis heute bestehenden westdeutschen Umklammerung lösen und eigenständige Entscheidungen für unsere Bundesländer treffen können. Wenn Wiedervereinigung ernst gemeint ist, dann müssen Erfahrungen von beiden Seiten gehört und aufgenommen werden. Die Beschlüsse zur Abgrenzung von den Extremisten, die allein auf westdeutschen Erfahrungen und Einschätzungen beruhen, sind jedenfalls nicht dazu geeignet, auf ewig als Basta-Entscheidung für den Osten zu gelten. Statt fortgesetzter Gängelei braucht es politische Entscheidungssouveränität für einen unideologischen Umgang mit den Linken, um politische Mehrheiten und stabile Regierungen in den neuen Bundesländern zu ermöglichen. Die Unregierbarkeit einzelner Bundesländer würde das demokratisch verfasste politische System in ganz Deutschland erschüttern und schwächen.

Kapitel 3
Wie die zweite Halbzeit beim „Aufbau Ost" ganz Deutschland voranbringen wird

Irgendwann reicht es?

„Jetzt ist erst mal wieder der Westen dran!", so schilderte mir der frühere brandenburgische Ministerpräsident und SPD-Parteivorsitzende Matthias Platzeck die morgendliche Begrüßung durch seine nordrhein-westfälische Ministerpräsidentenkollegin Hannelore Kraft bei den regelmäßigen Bundesratssitzungen in Berlin. „Und in gewisser Weise hatte sie ja recht", so Platzeck weiter. „Ein reiner Blick auf das, was optisch wahrnehmbar ist, sanierte Innenstädte, intakte Autobahnen und erneuerte Bahnhöfe, da wurde im Osten wirklich erheblich aufgeholt."

In der Tat. Die Infrastruktur im Westen der Republik ist in die Jahre gekommen, während im Osten deutlich aufgeholt wurde. Als Generalsekretär der CDU war ich jeden Monat gut 5000 bis 6000 Kilometer im ganzen Land unterwegs. Meine ersten Aufgaben bestanden darin, die durch die Wahlniederlage gebeutelte Partei bei den Landtagswahlkämpfen im Saarland, in Schleswig-Holstein, Nordrhein-Westfalen und Niedersachsen zu unterstützen. So führten mich die ersten Monate meiner Amtszeit zunächst in die westlichsten Ecken der Republik.

Auf diesen Reisen traf ich viele engagierte Mitglieder meiner Partei, Unternehmer und Angestellte, die sich die CDU in Regierungsverantwortung zurückwünschten, und ich sah vielerorts den erheblichen Investitionsbedarf westlich der Elbe. In Erinnerung geblieben sind mir zum Beispiel meine Haustürgespräche in der saarländischen Stadt Merzig. Zusammen mit dem Ministerpräsidenten Tobias Hans war ich von Tür zu Tür unterwegs und sah viele alte Einfamilienhäuser in wunderschönen, ländlich geprägten Dörfern. Aber der Sanierungsbedarf war enorm. Ungedämmte Fassaden, kleine Grundrisse, in die Jahre gekommene Heizungsanlagen. Die jungen Familien des kleinsten Bundeslandes bauten lieber ein neues energetisch perfektes Haus auf den ersehnten neu ausgewiesenen Bauflächen, statt viel Geld in den unkalkulierbaren Altbau mit zu engen Grundstücken zu stecken. Die Älteren blieben in den Häusern zurück, die häufig hohe Heizkosten verursachten. Tobias Hans schilderte mir, dass dieser Befund beispielhaft für sein ganzes Bundesland stehe. In keinem Bundesland gibt es so viel Eigentum an den eigenen vier Wänden wie im Saarland, gut 60 Prozent.[1] Daher sind gerade dort besonders viele Menschen von den gestiegenen Energiekosten direkt betroffen und haben den Sanierungsbedarf persönlich zu tragen.

Noch prekärer war das Bild der öffentlichen Infrastruktur im größten Bundesland Nordrhein-Westfalen. Die Zahl der Brücken, bei denen nur mit Gewichtskontrolle der Fahrzeuge und in Schrittgeschwindigkeit die Überquerung gestattet war, nahm gefühlt wöchentlich zu. Die gesperrte Brücke der A45 im Wahlkreis von Friedrich Merz und Paul Ziemiak war nur ein besonders sichtbares Wahrzeichen des Verfalls der in den 1960er und 1970er Jahren errichteten Infrastruktur.[2] Zahlreiche Orte waren vom Umleitungsverkehr betroffen. Insgesamt wurden 300 Brücken als bald nicht mehr benutzbar eingestuft. Der Gesamtinvestitionsbedarf wurde auf 1,8 Milliarden Euro geschätzt.[3] Das entspricht knapp zehn Prozent der Gesamtkosten für die Förderung der Ost-Infrastruktur (22 Milliarden Euro) von 1990 bis 2015.[4] Ich konnte also die Stimmung vor Ort verstehen, die da lautete: „Jetzt sind wir mal wieder dran."

Deutschland hat bei Investitionen in die öffentliche Infrastruktur deutlich nachgelassen. „Innerhalb der Europäischen Union gab es im Jahr 2021 nur zwei Länder, deren öffentliche Investitionen in die Infrastruktur gemessen an ihrem Bruttoinlandsprodukt (BIP) geringer waren als die Deutschlands – Portugal und Irland."[5] Eine Feststellung, die für die vergangenen zehn Jahre gilt.

Der Solidarpakt, eine falsch erzählte Geschichte

Seit 1990 flossen 1,6 Billionen Euro in den „Aufbau Ost", so die allgemeine Lesart. Es war das größte Investitionsprogramm in der Geschichte Deutschlands. Der „Aufbau Ost" hatte die Angleichung der Lebensverhältnisse in Ost- und Westdeutschland zum Ziel. Dies erforderte enorme Investitionen in die Modernisierung der vorhandenen Infrastruktur, in den wirtschaftlichen Strukturwandel und den Erhalt industrieller Kerne, in die Altschuldentilgung sowie in den sozialen Ausgleich in den neuen Bundesländern.[6]

Da sich die ersten Maßnahmen zur Angleichung der finanziellen und wirtschaftlichen Verhältnisse in Ost und West („Aufschwung Ost"[7]) in den ersten beiden Jahren nach der Wiedervereinigung nur als kurzfristig und nicht als dauerhaft stabilisierend erwiesen, kündigte Helmut Kohl auf dem Bundesparteitag der CDU am 26. Oktober 1992 in Düsseldorf einen „Solidarpakt" an:

„Deutsche Einheit und europäische Einigung sind Glücksfälle unserer Geschichte. Sie müssen unsere Kräfte wecken und uns aufrütteln. Deshalb brauchen wir dringend einen breiten Konsens darüber, was notwendig ist, um die Herausforderungen unserer Zeit zu meistern. Deshalb habe ich zu Gesprächen über einen Solidarpakt für Deutschland eingeladen. Es geht um bessere Bedingungen für Investitionen und Arbeitsplätze in ganz Deutschland."[8] Eine „sozial gerechte Verteilung der Lasten – einschließlich der Erblasten der DDR"[9] sei eine Aufgabe für alle „Gruppen unserer Gesellschaft"[10], um die Zukunftsfähigkeit nicht nur Ostdeutschlands, sondern ganz Deutschlands zu sichern. Dies sei eine gemeinsame Aufgabe von Bund, Ländern und Gemeinden.[11]

Schließlich wurden im Solidarpakt I für die Jahre 1993 bis 2004 Bundesmittel in Höhe von über 94,5 Milliarden Euro für den Aufbau Ost festgelegt.[12] „Diese Mittel sollten [...] für zweckgebundene Investitionen, Infrastruktur und kommunale Finanzen eingesetzt werden."[13] Die Finanzhilfen für die Jahre 2005 bis 2019 in Höhe von 156,1 Milliarden wurden wiederum im Solidarpakt II geregelt und sollten bis 2020 die Angleichung zwischen Ost und West vollenden.[14]

Zweite Halbzeit „Aufbau Ost"

Doch von einer Vollendung des Angleichungsprozesses kann bis heute nicht gesprochen werden. Daher ist eine zweite Etappe des Aufbaus Ost unverzichtbar.

Denn auch wenn zweifellos zahlreiche Fortschritte erzielt wurden, ist immer noch viel zu tun, um die anhaltenden wirtschaftlichen und sozialen Unterschiede zwischen Ost- und Westdeutschland zu überwinden. So bestehen beispielsweise nach wie vor „massive Vermögensunterschiede".[15]

1,6 Billionen Euro für den „Aufbau Ost" ist eine wahrlich imposante Summe. Doch zur Ehrlichkeit gehört dazu, die Aufteilung dieser Summe im Blick zu behalten. Lediglich 300 Milliarden Euro aus diesem Gesamtpaket flossen in die Infrastruktur. Alle weiteren Ausgaben waren Sozialtransfers, die auch nötig wurden, weil die ostdeutsche Wirtschaft nach der Wiedervereinigung eher einer Wüste als blühenden Landschaften glich. Zugleich verließen Hunderttausende die neuen Bundesländer und trugen zum wirtschaftlichen Aufschwung im Westen und zum Aderlass im Osten bei.

Die Rechnung ist daher kompliziert, wie *Die Welt* im Jahr 2010 schrieb: „Unter dem Strich haben rund 1,8 Millionen Menschen nach der Wende ihre alte Heimat verlassen und im Westen Arbeit und Wohlstand gesucht. Da es sich dabei meist um gut ausgebildete Arbeitskräfte handelte, erwirtschaften sie rund ein Viertel des Wirtschaftswachstums auf dem Territorium der alten Bundesrepublik. Grob überschlagen machten allein die Steuergelder der Ostdeutschen im Westen ein Drittel der Transferleistungen von 75 Milliarden Euro pro Jahr aus."[16] Das westdeutsche Wachstum nach der Wiedervereinigung war ganz maßgeblich sowohl den hinzukommenden Arbeitskräften aus dem Osten als auch dem neuen Absatzmarkt im Osten zu verdanken.

Festzustellen bleibt, dass die Angleichung der Lebensverhältnisse zwischen Ost- und Westdeutschland trotz des billionenschweren Transfers in 34 Jahren nicht erreicht wurde. Die Folgen der Teilung unseres Landes und auch die Folgen des Zweiten Weltkriegs lasten noch immer spürbar auf den Schultern Ostdeutschlands. So steht beispielsweise der große Modernisierungsbedarf der Infrastruktur in Ostdeutschland nach der Wiedervereinigung damit in engem Zusammenhang. In den ersten beiden Jahren nach dem Zweiten Weltkrieg wurden in der Sowjetischen Besatzungszone (SBZ) zahlreiche Industrieanlagen, Maschinen und Schienen demontiert und in die Sowjetunion verfrachtet.[17] Aber auch Ressourcen wie Bodenschätze und Wälder waren Gegenstand von Entschädigungsansprüchen.[18] Insgesamt wurde ein Schienennetz von 11.800 Kilometer Länge abgebaut, eine gigantische Strecke, die das Doppelte der Entfernung zwischen Paris und New York betrug. Dies führte dazu, dass in der DDR weitgehend das zweite Gleis für den Gegenverkehr fehlte. Die verheerenden Folgen für die Verkehrs- und Transportleistung der DDR bestehen teilweise noch heute als Infrastrukturlücke in Ostdeutschland fort.[19]

Viel Raum und Chancen für Entwicklungen

Meine Heimatstadt Berlin war vor dem Zweiten Weltkrieg eine entwickelte Industriemetropole. Im Jahr 1925 arbeiteten allein 400.000 Menschen in der metallverarbeitenden Industrie. Im Jahr 1938 gab es gut 600.000 industrielle Jobs. Die Zerstörungen durch den Zweiten Weltkrieg führten zu einem Verlust von drei Viertel der Industriekapazität.[20] Zum Ende des Zweiten Weltkriegs setzte in Berlin eine Phase der Deindustrialisierung ein. Der Wegzug der Unternehmen bzw. deren Neuansiedlung in West- und Süddeutschland erfolgte. Die Teilung in West- und Ost-Berlin führte schließlich zur Entstehung von zwei verschiedenen Wirtschaftssystemen, deren Auswirkungen bis heute spürbar und immer noch an der Wirtschaftsstruktur der Stadt erkennbar sind. Mit dem Bau der Mauer waren Ost- und West-Berlin für 28 Jahre getrennt. Während dieser Zeit verzeichnete die Stadt eine weitere Abwanderung von zahlreichen Unternehmen.[21] Durch den Wegfall der Berlinförderung für den Westteil der Stadt nach der Wiedervereinigung und den Zusammenbruch der ostdeutschen und damit auch der Ostberliner Industrie sank die Zahl der Industriearbeitsplätze nochmals bis zum Jahr 2007 auf magere 100.000. Von diesem Niveau hat sich die Berliner Industrie nur mit erheblichen Kraftanstrengungen auf heute gerade einmal 107.000 Industriearbeitsplätze gesteigert.[22]

Vorteilhaft für Berlin sind heute viele leere Flächen für die Ansiedlung von innerstädtischem Gewerbe und Industrie. Elf Berliner Zukunftsorte hat der Berliner Senat ausgewiesen. Der größte unter ihnen ist der Zukunftsort CleanTech Business Park Marzahn in meinem Wahlkreis. Auf seinen 300 Hektar Fläche befindet sich zugleich Berlins größte innerstädtische Industriefläche von 90 Hektar. Hier ist Platz für neue Ansiedlungen sauberer und vor allem zukunftssicherer Industrien.

Das Vorzeigebeispiel für genutzte Chancen liegt im Berliner Ortsteil Adlershof. Hier waren vor gut 30 Jahren riesige Flächenreserven vorhanden, und es konnte zugleich an eine langjährige wissenschaftliche Tradition am Standort angeknüpft werden. Zum Zeitpunkt der Wiedervereinigung arbeiteten 5600 Menschen in den Forschungseinrichtungen Adlershofs, vor allem an der Akademie der Wissenschaften, wo auch die spätere Bundeskanzlerin Angela Merkel tätig war. In Adlershof wurde zudem maßgeblich das DDR-Fernsehen produziert. Das markante Gebäude, das am Beginn der „Aktuellen Kamera" gezeigt wurde, steht dort noch heute. Ich erinnere mich, wie die Frage nach dem Aussehen des Gebäudes der „Aktuellen Kamera" zur obligatorischen Testfrage in der Schule von den Staatsbürgerkundelehrern gehörte, um zu erfahren, ob zu Hause nicht doch die Konkurrenz aus dem Westen, die „Tagesschau", geschaut wurde.

Eine wirkliche Pionierleistung war die Entscheidung des Berliner Senats Mitte der 1990er Jahre unter dem Regierenden Bürgermeister Eberhard Diepgen, dieses Areal zum landesgeförderten Entwicklungsgebiet zu erklären und alle mathematisch-naturwissenschaftlichen Fakultäten der Humboldt-Universität nach Adlershof umziehen zu lassen. Die aus heutiger Sicht enorme Weitsicht dieser Entscheidung wurde damals aber von vielen stark kritisiert. Von einer Zerstörung der Humboldt-Universität war die Rede und einer Zwangsverlagerung an den ungeliebten Ostberliner Stadtrand.

Ich erinnere mich an meine ersten politischen Besuche in Adlershof als junger Abgeordneter. Ich war 1999 im Alter von 24 Jahren frisch in das Berliner Abgeordnetenhaus gewählt worden und Mitglied des Stadtentwicklungsausschusses. Auf der Tagesordnung standen die Genehmigungen der Bebauungspläne in Adlershof. Wir fuh-

Viel Raum und Chancen für Entwicklungen

ren raus an den Stadtrand – „jwd"*, wie damals alle meinten. Die in den Bebauungsplänen genannten Objekte waren größtenteils bereits im Rohbau, manche sogar ganz fertig. Vor allem die Grünen kritisierten diese nachträglichen, aber trotzdem zulässigen Genehmigungen heftig. Die Mütter und Väter in Adlershof hatten aber einfach begonnen. Es galt, keine Zeit zu verlieren. Wir Parlamentarier kamen mit einem Kleinbus aus der Berliner Innenstadt und stimmten Station für Station auf offener Straße nach kurzer Inaugenscheinnahme und Debatte ab. Was damals holprig begann, wurde zu etwas ganz Großem: Auf einem Areal von 4,6 Quadratkilometern sind derzeit 1330 Unternehmen und 18 wissenschaftliche Einrichtungen aktiv, die rund 28.000 Mitarbeiter beschäftigen. Hinzu kommen ca. 6400 Studentinnen und Studenten.[23]

Eine ähnlich chancenreiche Ausgangslage schildert mir Michael Kretschmer heute für sein Bundesland Sachsen. Der Westen, so seine Einschätzung, ist voll mit Industrie und Gewerbe und bietet deutlich weniger Möglichkeiten für Investitionen. „Es gibt nicht genügend Grundstücke, es gibt nicht genügend Fachkräfte. Bei uns ist das anders. Wir haben hier im Osten einen guten Lauf. Selbst in der Lausitz, die weit weg ist von den großen Wirtschaftsmetropolen", so seine Einschätzung.

Die Lausitz ist durch den Braunkohletagebau geprägt. Rund 24.000 Beschäftigte hängen direkt oder indirekt am Kohleabbau der Region.[24] Auch dank der Braunkohle ist es zugleich eine gewachsene Industrieregion. „Dazu haben nicht nur die Unternehmen der Energiebranche, sondern auch die Firmen der Kunststoff- und Chemieindustrie, der Metallbranche sowie Ernährungswirtschaft beigetragen."[25]

Der schrittweise Kohleausstieg bis zum Jahr 2038 fordert der Region im Strukturwandel einiges ab.[26] Das Lausitzer Revier erhält dafür auf Basis des „Investitionsgesetzes Kohleregionen" viele Milliarden an Förderung. Das war kein Selbstläufer. Die ostdeutschen CDU-Abgeordneten taten sich im Jahr 2019 zusammen, um zeitlich befristete Sonderwirtschaftszonen in der Lausitz und in Mitteldeutschland ein-

---

* Mit „jwd" meint der Berliner „janz weit draußen".

zufordern. Ebenso wie der sächsische Ministerpräsident, der wie die damalige CDU-Parteivorsitzende Annegret Kramp-Karrenbauer für diesen Vorschlag warb.[27]

Michael Kretschmer übernahm im Dezember 2017 die Verantwortung als Ministerpräsident für den Freistaat Sachsen in scheinbar aussichtsloser Lage. Zuvor gehörte er seit 2002 dem Deutschen Bundestag an. Von 2009 bis 2017 war Michael Kretschmer stellvertretender Fraktionsvorsitzender der Unionsfraktion im Bundestag, unter anderem mit den Aufgabenbereichen Bildung und Forschung. Forschungs- und Hochschulpolitik war also schon immer Kretschmers Steckenpferd. Das ist wichtig zu verstehen, um den Erfolg seines Bundeslandes und seine Vorgehensweise besser nachvollziehen zu können. Seiner Einschätzung nach ist das eigentliche Ministerium für den „Aufbau Ost" seit fast 25 Jahren das Bundesministerium für Bildung und Forschung.

Sachsen und Sachsen-Anhalt haben im Jahr 2022 den Zuschlag für zwei Großforschungseinrichtungen erhalten. Es entsteht einerseits das Großforschungszentrum für Chemie-Resilienz CTC (Center for the Transformation of Chemistry), und zudem wurde ein nationales Zentrum für astrophysikalische Forschung, Technologieentwicklung und Digitalisierung (DZA) in der sächsischen Lausitz gegründet.[28] Wie kein anderes Land setzt der Freistaat Sachsen beim Strukturwandel erfolgreich auf Innovation und Technologie.

Die Ansiedlungen, beispielsweise im Bereich der Mikroelektronik, sind nicht vom Himmel gefallen, sondern basieren auf einer kontinuierlichen Wissenschaftsarbeit. „Die Wurzeln liegen bei Robotron", sagt mir Kretschmer. „Und der Vorteil, den wir in Sachsen haben, ist, dass es seit 34 Jahren eine klare Linie und Kontinuität in den Bereichen Wirtschafts- und Wissenschaftspolitik gibt." Michael Kretschmer legt Wert darauf, dass man dabei Dinge macht, die neu sind, mit denen man nicht auf alten Pfaden hinterherläuft. Dorthin, wo schon die Platzhirsche sind.

Investitionen in neue Wege

Wenn ich also heute über eine Fortsetzung des „Aufbau Ost" spreche, dann geht es mir nicht um mitleidsbeladenes Betteln um mehr Geld für Straßen und Brücken, sondern es geht um geschickte und zielorientierte Investitionen zur Erhöhung der gesamtwirtschaftlichen Leistung in Deutschland.

Wichtig erscheint mir dabei, dass wir in Ostdeutschland nicht versuchen, Industrien des Westens zu duplizieren oder abzuwerben, sondern dass wir neue Pfade beschreiten. So sieht es auch Marcel Fratzscher, Präsident des Deutschen Instituts für Wirtschaftsforschung (DIW) in Berlin. Im Gespräch betont er: „Wenn es um das Aufholen von Regionen geht, ist es wichtig zu fragen, welche neuen Ideen benötigt werden und wo die Stärken der Region liegen, um diese zu entwickeln. In vielen Regionen Ostdeutschlands sehe ich ein riesiges Potenzial."

Deswegen sind die Max-Planck-Institute, die disruptiv forschen und nach dem Grundsatz funktionieren, dass die führenden Wissenschaftler dort ihre Teams selbst zusammenstellen können, gerade für den Osten so wichtig.

Diese neuen Institute wurden in verschiedenen Forschungsbereichen eingerichtet, um den wissenschaftlichen Fortschritt in Deutschland voranzutreiben. Die Gründung neuer Institute ermöglicht es der Max-Planck-Gesellschaft, auf neue wissenschaftliche Entwicklungen und Herausforderungen zu reagieren und innovative Forschungsfelder zu erschließen.

1990 wurde die Zusage gegeben, neue Forschungseinrichtungen vorrangig im Osten anzusiedeln, auch weil der nach wie vor kleinteilige, fragile ostdeutsche Mittelstand nicht in der Lage war, eigene Ressourcen für Forschung und Entwicklung zu stemmen. Doch dieses Versprechen wurde nur teilweise eingehalten. Von bundesweit 87 Max-Planck-Instituten befinden sich 17 in den neuen Bundesländern, genauer gesagt, in den östlichen Bundesländern Deutschlands, ausgenommen Berlin.[29]

Auch wenn inzwischen sieben der 30 deutschlandweiten Standorte der Deutschen Luft- und Raumfahrtinstitute (DLR)[30], fünf der 18 deutschen Helmholtz-Zentren[31] und 20 der 76 Fraunhofer-Institute[32] in Ostdeutschland angesiedelt sind, kann das die Breitenwirkung von Groß- und Grundlagenforschung nicht ersetzen. Die Entscheidung für zwei Großforschungseinrichtungen in Sachsen und Sachsen-Anhalt ist daher ein wichtiger nächster Schritt.

Der Wohlstand unseres Landes basiert auf einer starken industriellen Basis, einem fast einzigartigen Mittelstand und einer besonderen Exportorientierung. Nach den USA und China ist Deutschland das drittgrößte Exportland der Welt. Die deutschen Unternehmen wurden in vielen Bereichen führend, weil sie in Verbindung mit staatlichen Förderungen überdurchschnittlich in Forschung und Entwicklung investieren. Die Forschungsbudgets ostdeutscher Unternehmen sind jedoch marginal im Vergleich zu denen der Industrie und des Mittelstands Westdeutschlands. Forschungseinrichtungen wie der „Bosch AI Campus" in Tübingen sind aufgrund der nicht vorhandenen stabilen Mittelstands- und Industriestruktur im Osten bislang undenkbar.

Welche Wechselwirkung zwischen den privaten und öffentlichen Investitionen in Forschung und Entwicklung entsteht, lässt sich an folgenden Zahlen beeindruckend ablesen. Während sich die Ausgaben in Ostdeutschland für Forschung und Entwicklung von 1993 bis 2006 von 1,3 Milliarden Euro auf im Verhältnis magere 4,5 Milliarden Euro erhöht haben, stiegen sie im gleichen Zeitraum in Westdeutschland von 17 Milliarden auf 51 Milliarden.[33] Vereinfacht ausgedrückt heißt das, wenn der Staat anfängt, in Forschung und Entwicklung zu investieren, entstehen innovative Unternehmen, die dann selbst diese Budgets aufbringen. Dieser Hebeleffekt ist in den innovativen Ballungsräumen Südwestdeutschlands deutlich zu sehen. Allein in Tübingen beschäftigt Bosch rund 700 Experten, die dort an anwendungsbezogener künstlicher Intelligenz arbeiten.

Ostdeutschland hat mit 1,5 Prozent einen unterdurchschnittlichen Anteil an Beschäftigten in der Forschung und der Entwicklung (FuE). Ebenso unterdurchschnittlich sind die Ausgaben für diesen Bereich. Daraus folgt, dass die Politik diesem Bereich mehr Aufmerksamkeit widmen sollte. Insbesondere auch deshalb, wie eingangs beschrieben, weil die Unternehmen in den neuen Ländern (noch) nicht

Investitionen in neue Wege

über eine entsprechende Kapitalkraft verfügen, um ergänzend adäquat in diesen Bereich investieren zu können. Zu diesem Ergebnis kommt auch eine Studie der Bundeszentrale für politische Bildung.[34] „Bei den FuE-Ausgaben in Relation zum BIP bestehen sehr große Unterschiede zwischen den Bundesländern: Baden-Württemberg stand im Jahr 2019 mit FuE-Ausgaben in Höhe von 5,79 Prozent des BIP – wie in den Vorjahren – mit großem Abstand an der Spitze. Mit Bayern (3,41 Prozent) und Berlin (3,34 Prozent) lagen lediglich zwei weitere Bundesländer über dem Bundesdurchschnitt von 3,19 Prozent. In Niedersachsen, Hessen, Bremen und Sachsen lagen die FuE-Ausgaben bei drei oder mehr Prozent. Hingegen wurde in Sachsen-Anhalt (1,54 Prozent des BIP), Schleswig-Holstein (1,68 Prozent), Mecklenburg-Vorpommern (1,81 Prozent), Brandenburg (1,82 Prozent) und dem Saarland (1,91 Prozent) relativ am wenigsten im Bereich FuE investiert."[35] Auch im Jahr 2023 hat sich dieses Verhältnis nicht geändert.[36] Die ostdeutschen Länder müssen daher mindestens auf dem bundesdeutschen Niveau Fördermittel für Forschung und Entwicklung erhalten, was einer Verdopplung der aktuellen Budgets mit Ausnahme vom Bundesland Sachsen gleichkommt. Anders wird es bei der zweiten Etappe des „Aufbau Ost" nicht wirklich vorangehen.

Die Infrastruktur in Ostdeutschland ist inzwischen gut ausgebaut. Aber es gibt Probleme mit den transeuropäischen Korridoren Richtung Osteuropa. Es gibt nicht eine einzige Schnellzugverbindung nach Osteuropa, weder nach Polen noch nach Tschechien! „Das ist keine Entwicklung, die man dem Osten Deutschlands anhängen kann", sagt Michael Kretschmer, sondern „die Ursachen liegen in einer verfehlten europäischen Politik oder der Investitionspolitik der Bundesrepublik". Hier müssen der Bund und die Europäische Union nachlegen.

Da ist zum Beispiel die Ostbahn Richtung Posen. Bis heute ist sie bis zur polnischen Grenze nur eine einspurige Strecke. War die Ostbahn einst eine wichtige Verbindung zwischen Berlin und Ostpreußen, ist sie nach ihrer Zerstörung im Zweiten Weltkrieg durch die Wehrmacht nie wieder richtig aufgebaut und nur notdürftig repariert worden.[37] Seit den 2000er Jahren gibt es Bestrebungen, diese Strecke wiederzubeleben, da vor allem Brandenburg diese Verkehrsachse als Schlüsselprojekt in der Landesentwicklungsstrategie sieht.[38] Da die Bahnstrecke Frankfurt (Oder)–Berlin durch die Ansiedlung von Tesla in Grünheide und der steigenden Nachfrage im Schienenpersonennahverkehr (SPNV) an ihre Kapazitätsgrenzen stößt, arbeiten die beiden Länder Berlin und Brandenburg sowie der Verkehrsverbund Berlin-Brandenburg (VBB) intensiv an der Weiterentwicklung und dem Ausbau der Bahnstrecke der RB26 von Berlin über Müncheberg (Mark) nach Kostrzyn als alternative Strecke. Die Ostbahn soll künftig durchgehend zweigleisig, elektrifiziert und für Geschwindigkeiten von bis zu 160 km/h ausgelegt sein. Davon soll nicht nur der Personenverkehr, sondern auch der Güterverkehr profitieren.[39]

Neben der Modernisierung der Transportwege nach Osteuropa müssen die Planungsprozesse insgesamt schneller und damit auch günstiger werden. Die Planungsbeschleunigungsgesetze nach der deutschen Wiedervereinigung für die neuen Bundesländer müssen Vorbild für ganz Deutschland werden. Wenn wir für jede sanierungsbedürftige Brücke ein neues Planfeststellungsverfahren beginnen, obwohl an der gleichen Stelle eine ähnliche Infrastruktur neu gebaut wird, wird die Akzeptanz in die Handlungsfähigkeit des Staates weiter schwinden. Aber vor allem werden die Investitionen damit derartig langwierig und kostenintensiv, dass wir sie uns einfach nicht leisten können.

Unverzichtbarer „Aufbau Ost 2.0"

Mit meinen Vorschlägen möchte ich deutlich machen, dass die zweite Halbzeit des „Aufbau Ost" Wirkung für das ganze Land entfalten wird. Von den Erfahrungen der ersten Halbzeit kann ebenso ganz Deutschland profitieren. Aber es gibt auch noch Wettbewerbsnachteile, die wir im Interesse der Chancengleichheit und des Wirtschaftswachstums im Osten abstellen müssen.

In meinen Gesprächen mit dem Ministerpräsidenten Sachsen-Anhalts, Dr. Reiner Haseloff, wurde mir nochmals deutlich, wie der bisherige erhebliche Steuervorteil durch die Konzentration der Hauptsitze der großen Unternehmen im Westen Deutschlands „Airkt. Siemens

Unverzichtbarer „Aufbau Ost 2.0"

ist aus Berlin nach München gezogen, die Banken nach Frankfurt am Main, die frühere Berliner Gründung Knorr-Bremse hat ebenfalls ihren Sitz in der bayerischen Landeshauptstadt. Alle DAX-Unternehmen mit Ausnahme von Zalando sitzen in Westdeutschland. Auch die MDAX-Unternehmen sind hauptsächlich im Westen ansässig. In ganz Ostdeutschland befinden sich lediglich vier MDAX-Unternehmen, deren Sitz auf Berlin und Jena beschränkt ist.[40] So ist Sachsen-Anhalt zwar einer der Hauptlieferanten für VW-Teile, aber der Hauptsitz von Volkswagen ist in Wolfsburg. Im Osten Deutschlands finden sich viele Produktionsstätten von Großunternehmen, deren maßgebliches Steueraufkommen am Hauptsitz des Unternehmens erhoben wird und dort in die kommunalen Landeskassen fließt.

Dr. Reiner Haseloff hätte eine einfache Lösung, die es nur umzusetzen gilt: Das Steueraufkommen muss am Ort der Wertschöpfung erfolgen, nicht am Hauptsitz des Unternehmens. Er hatte bereits mit dem Deutschen Landkreistag eine entsprechende Initiative im Bundesrat gestartet, scheiterte aber in der Länderkammer. Ein fast zwangsläufiges Scheitern, wenn man die Zusammensetzung des Bundesrates genauer betrachtet.

Im Zuge der deutschen Wiedervereinigung wurde seinerzeit die Sitzverteilung im Bundesrat angepasst: Die neuen Bundesländer inklusive Berlins blieben aber wegen der geringen Einwohnerzahl unterhalb einer Ein-Drittel-Sperrminorität und liegen somit unterhalb der Schwelle für eine maßgebliche Rolle bei Änderungen der föderalen Ordnung. Von einigen Seiten wurde mir in meinen Gesprächen mit den Experten des Wiedervereinigungsprozesses gesagt, dass diese Festlegung bewusst erfolgte, um, wie es einer formulierte, „das westdeutsche Gefüge nicht durch den Osten zu gefährden". Nun kann der kritische Beobachter sagen, dass der Osten nur 20 Prozent der Bevölkerung stellt. Aber eine Sperrminorität von einem Drittel für die neuen Länder wäre ein besonderer Minderheitenschutz gewesen. Wenn schon keine neue Verfassung, dann hätte ein solcher Minderheitenschutz im Bundesrat Größe gezeigt. Stattdessen wurde gleichzeitig die Höchstzahl für ein Bundesland von fünf auf sechs Sitze angepasst. Davon profitierten Nordrhein-Westfalen, Bayern, Baden-Württemberg und Niedersachsen.

Zweite Halbzeit „Aufbau Ost"

Bei der Lösung dieser für den Osten relevanten Verteilungsaufgabe könnte sich nun zeigen, ob einer der Grundsätze der bundesrepublikanischen Marktwirtschaft – „Wer arbeitet, soll mehr haben als der, der nicht arbeitet" – nun auch für die Veranschlagung des Steueraufkommens gilt. Dies würde im Übrigen bei vielen Ansiedlungsentscheidungen auch die Akzeptanz in der Bevölkerung deutlich erhöhen, wenn beispielsweise die Auswirkungen eines neuen Werkes in Kauf genommen werden, dafür aber auch die örtliche Klinik mehr öffentliche Förderung erhalten kann.

„Jetzt ist erst mal wieder der Westen dran!" Dieser Wunsch der ehemaligen SPD-Ministerpräsidentin von Nordrhein-Westfalen Hannelore Kraft wird nur in Erfüllung gehen, wenn der Osten seine ganze Wirtschaftskraft entfalten kann und nicht durch die Folgen der Transformation weiterhin mit angezogener Handbremse vorankommen muss. Marcel Fratzscher sagte mir dazu: „Im Osten bestehen viel mehr Möglichkeiten, neue Dinge zu machen. Ich glaube, da liegt der Schlüssel. Es ist wichtig, die Stärken und Potenziale der ostdeutschen Regionen zu identifizieren und zu nutzen, um neue komparative Vorteile zu schaffen." Wir müssen es nur machen, möchte ich ergänzen. Die zweite Hälfte des „Aufbau Ost" muss schnell beginnen; für eine lange Halbzeitpause ist keine Zeit.

Erfolge stellen sich mit entsprechender Ausdauer durchaus ein. Ich möchte den Blick auf das Bundesland Brandenburg richten. Bereits im ersten Halbjahr 2023 war es mit sechs Prozent Wirtschaftswachstum Spitzenreiter unter allen Bundesländern[41] und, auf das gesamte Jahr betrachtet, auf Platz zwei nach Mecklenburg-Vorpommern und vor Berlin. Der brandenburgische Wirtschaftsminister sieht laut einem Bericht des Rundfunks Berlin-Brandenburg (rbb) den US-Elektroautobauer Tesla in Grünheide als Zugpferd in der Automobilbranche. „Dieser Bereich hat sich in den vergangenen Jahren zum umsatz- und beschäftigtenstärksten Wirtschaftszweig im Land Brandenburg entwickelt, was maßgeblich auf den Hochlauf der Produktion bei Tesla zurückzuführen ist", sagte er. „Aber es ist nicht das Unternehmen allein, sondern auch die gewachsene Zulieferbranche und die Batteriematerialienindustrie."[42]

Unverzichtbarer „Aufbau Ost 2.0"

Um es auf den Punkt zu bringen: Die direkt nach der deutschen Einheit gestarteten Vorhaben unter dem Motto „Aufschwung Ost" sowie die großen Aufbauprogramme „Solidarpakt I und II" haben in den neuen Bundesländern viel Gutes bewirkt. Aber die postulierte und wohl auch ehrlich angestrebte Angleichung der Verhältnisse zwischen West und Ost ist bis heute nicht erreicht worden. Daher ist eine zweite Etappe des „Aufbau Ost" unverzichtbar. Es geht nicht darum, dass der Osten unverändert dem Westen hinterherläuft und irgendwann dessen erfolgreiche Industrien dupliziert. Nein. Es geht um neue Wege, um das Heben von Zukunftspotenzialen, um maßgebliche Investitionen und Ansiedlungen von Zukunftsbranchen. Das wird nur gelingen, wenn viel mehr als bislang in Strukturen für Forschung und Entwicklung investiert wird. Denn das kann der kleinteilige Mittelstand, der die ostdeutsche Wirtschaft nach wie vor prägt, nicht aus eigener Kraft leisten. Eine konsequente vorrangige Vergabe von FuE-Mitteln und die priorisierte Ansiedlung von Forschungsinstituten in Ostdeutschland sind gute Investitionen. Denn Ausdauer macht sich bezahlt. Ein überdurchschnittliches Wachstum in den ostdeutschen Ländern führt letztlich zu einer besseren wirtschaftlichen Entwicklung im gesamten Land. Eine starke zweite Halbzeit beim „Aufbau Ost" kann ganz Deutschland voranbringen.

Kapitel 4
Mit Sonderförderzonen die ostdeutsche Wirtschaft auf die Überholspur bringen

Bayerische Montagsreden

Jeder Montag begann in meiner Zeit als Generalsekretär der CDU mit der morgendlichen Telefonschalte zwischen der engsten Führung der Unionsparteien. Die wöchentliche Abstimmung mit dem CSU-Parteivorsitzenden Markus Söder hatten Friedrich Merz und ich nach den schmerzhaften Erfahrungen aus dem Streit der beiden Schwesterparteien um die Kanzlerkandidatur gleich zu Beginn unserer Amtszeit im Januar 2022 eingeführt. Zum Wochenstart um acht Uhr waren wir somit immer mit Söders Münchner Parteizentrale verbunden. Ein folkloristisch-bayerisches Hintergrundbild, wie ein Blick auf die Zugspitze oder den bayerischen Teil des Bodensees, durfte bei Markus Söder ebenso nicht fehlen wie ein zünftiges Frühstück in Reichweite. Auf Söders Seite waren sein Generalsekretär und seine engsten Mitarbeiter in der Staatskanzlei dabei. Auf der CDU-Seite waren es Friedrich Merz, der Erste Parlamentarische Geschäftsführer der CDU/CSU-Bundestagsfraktion Thorsten Frei und ich. Kleiner Kreis, vertraulich, freundlich und doch immer darauf achtgebend, was die „Schwester" für die kommende Woche wohl plante.

Markus Söder nahm bei der direkten Ansprache und Bewertung von Aktivitäten vor allem der CDU-Ministerpräsidenten zumeist kein Blatt vor den Mund. Mit einem deftig belegten Brötchen in der Hand waren oft vor allem Hendrik Wüst und Daniel Günther sein Gesprächsthema. Meist süffisant beurteilte er dabei, wie die Ministerpräsidenten des aus seiner Sicht von ihm bezahlten Nordens des Landes die Ansiedlung mittelständischer Unternehmen in der vergangenen Woche feierlich begangen hatten. Unternehmen, deren Eröffnung bei ihm gerade einmal landratstaugliche Termine darstellen würden. Kraft und Stärke seines Bundeslandes zu erwähnen, tat ihm sichtlich gut. Er betonte die Bedeutung des Südens nicht nur für die Wirtschaft, sondern auch für den politischen Erfolg und eine baldige Übernahme von Verantwortung im Bund. Nicht fehlen durfte dabei der Hinweis, dass er natürlich alles tue, um die Union wieder zu neuer Stärke zu führen. Sein Selbstbewusstsein kannte kaum Grenzen.

Friedrich Merz erhielt in diesen Montagsrunden unzählige Ratschläge, was in der Union getan werden müsse, um erfolgreich zu sein. Es war jedoch klar, dass dies aus Söders Sicht bedeutete, dem selbstbewussten bayerischen Ministerpräsidenten zu folgen und seinen Rat umzusetzen. Die Stärke der Wirtschaft des deutschen Südens zu erhalten und auszubauen, gehörte aus Söders Sicht immer dazu. Während in Schleswig-Holstein und Sachsen-Anhalt die Eröffnung jedes Windrades vom Ministerpräsidenten begleitet würde, ging es bei ihm eben um die für das Land wirklich lebensnotwendige Industrie, um die großen Player, so seine unmissverständliche Botschaft.

Einmal abgesehen vom nicht immer für alle erfrischenden Sendungsbewusstsein des Ministerpräsidenten ist die wirtschaftliche Stärke des Südens unseres Landes in der Tat mehr als beeindruckend. Knapp die Hälfte des deutschen Bruttoinlandsprodukts wird in Bayern, Baden-Württemberg und Hessen erwirtschaftet. Das war nicht immer so. Zwar war Baden-Württemberg seit Beginn des Finanzausgleichs ein sogenanntes Geberland und Hessen noch nie ein Nehmerland, sondern hat in den frühen 1950er Jahren vier Jahre lang nur keine Ausgleichsbeträge getragen. Aber Bayern hat sich erst seit Ende der 1980er Jahre vom Empfänger- zum Geberland gemausert.[1]

Die Entwicklung Bayerns könnte beispielhaft für die neuen Bundesländer sein. Das Agrarland war zunächst ein wirtschaftliches Sorgenkind der alten Bundesrepublik. Vor allem die seinerzeit teuer zu importierende Kohle war ein Hemmschuh für die Entwicklung der Industrie. Mit dem Bau einer eigenen Gaspipeline aus Italien nach Bayern und Investitionen in die Kernkraft gelangen erste Erfolge bei der wirtschaftlichen Aufholjagd. Im nächsten Schritt gab es eine massive staatliche „[...] Förderung von Technologiemessen, Technologiezentren, Instituten für angewandte Forschung, Zentren für Mikroelektronik, Informationstechnik und angewandte Mikroelektronik etc. Erheblich verstärkt wurde nun auch der politische Druck auf die Wissenschaft, intensiver mit der Wirtschaft zu kooperieren."[2] Mit dem Fall der Mauer wurde die bis dahin geografisch eher ungünstige Lage plötzlich zum weiteren Standortvorteil. Das stärkste Wirtschaftswachstum erlebte Bayern unmittelbar nach der Wiedervereinigung. Der Zuzug von jungen Arbeitskräften aus den neuen Bundesländern half dabei erheblich.

Der Osten des Landes wurde demgegenüber seit der Wiedervereinigung häufig mit gescheiterten Ansiedlungen in Verbindung gebracht. Und auch wenn vieles gelang, die Reizwörter „Cargolifter", „Lausitzring" oder „Solar Valley" stehen beispielhaft für das demütigende Scheitern großer Ideen.

Immer wieder wurde über die Schaffung von Sonderwirtschaftszonen für den Osten gesprochen, um den Negativtrend zu stoppen und regionale Ansiedlungsturbos zu zünden. Den vielen Sonntagsreden folgten eher weniger Taten. Noch immer hängt der Osten dem Westen deutlich hinterher. Warum also heute nicht noch einmal über Sonderwirtschaftszonen sprechen?

Ohne Sonderförderung geht es nicht

„Es wird nicht Sonderwirtschaftszone genannt. Aber all das, was wir zum Thema ‚Alternativen zur Braunkohle' in der Lausitz machen, trifft es doch genau. Wir erhalten 40 Milliarden Euro vom Bund, um damit in die Zukunft gerichtete Projekte zu fördern und Infrastruktur zu bauen", erzählt mir Michael Kretschmer, als ich mit ihm in seinem Dresdner Amtssitz über die Einrichtung von Sonderwirtschaftszonen in Ostdeutschland spreche.

Uns beide treibt um, dass die wirtschaftliche Lage in Ostdeutschland immer noch deutlich schwächer als die in Westdeutschland ist. Ostdeutschland ist nach wie vor eine Transformationsökonomie. Dies hat sich auch mehr als 30 Jahre nach der Wiedervereinigung nicht verändert und war auch schon vor 15 Jahren so, als sich ein Team um Klaus von Dohnanyi und Matthias Platzeck in einem gemeinsamen Beitrag für das ifo Institut (Leibniz-Institut für Wirtschaftsforschung an der Universität München e. V.) mit dieser Frage beschäftigte.[3]

Die ostdeutsche Wirtschaft auf die Überholspur bringen

Sonderwirtschaftszonen zeichnen sich der Literatur nach vor allem dadurch aus, dass in ihnen besondere Steuersätze, Zollvorschriften und Arbeitsgesetze gelten. Zumeist sind es auch Gebiete mit niedrigeren Löhnen. Letzteres ist in Ostdeutschland immer noch der Fall und hat sich durch den deutlich geringeren Umfang von Sonderzahlungen im Zuge der Pandemie und des Inflationsausgleichs nochmals verstärkt. Im Jahr 2022 lag das durchschnittliche Bruttogehalt von Vollzeitbeschäftigten im Osten rund 13.000 Euro unter dem im Westen, wie aus Daten des Statistischen Bundesamts hervorgeht. Die Lohnunterschiede zwischen Ost und West haben sich damit wieder leicht erhöht. Als Ursache werden vor allem geleistete Sonderzahlungen genannt, von denen Arbeitnehmer in den alten Bundesländern stärker profitierten. „Die Lohnlücke zwischen Ost und West von etwa 20 Prozent hält sich damit kontinuierlich – unter anderem durch kleinere Betriebe im Osten, andere Wirtschaftssektoren und ein niedrigeres Preisniveau. Die Wiedervereinigung wirkt auch nach über 30 Jahren nach."[4] Auch bei den Sozialleistungen war dieser Unterschied über viele Jahre vorhanden. Sozialhilfe und Arbeitslosengeld waren im Osten des Landes lange Zeit deutlich geringer als im Westteil der Republik.

Mit meinem Vorschlag zur Schaffung von Sonderwirtschaftszonen in den ostdeutschen Bundesländern geht es mir nicht um besondere Steuersätze, Zölle oder Arbeitsgesetze. Daher werde ich für meine Idee auch einen anderen Begriff als den der Sonderwirtschaftszone nutzen – vielleicht trifft es die Bezeichnung Sonderförderzone besser. Denn eine der Lösungen ist aus meiner Sicht, einen immer noch deutlich vorhandenen Kapitalausstattungsunterschied zwischen Ost und West, der sich jetzt noch einmal ganz maßgeblich als Problem herausstellt, zu beseitigen. Wir brauchen ein besonderes Förderprogramm zur Stärkung des Eigenkapitals für die Unternehmen im Osten, um ihnen Innovationskraft zu ermöglichen. Dazu sollten Darlehen der Kreditanstalt für Wiederaufbau mit entsprechendem Rangrücktritt ebenso gehören wie steuerliche Anreize für Unternehmensbeteiligungen der Mitarbeiter und die Förderung von mittelständischen Beteiligungsgesellschaften.

30 Jahre nach der Wiedervereinigung stehen viele mittelständische Betriebe vor der Unternehmensnachfolge. Während sich in West-

deutschland für die dortigen Unternehmen die Nachfolgen einfach finden lassen, ist dies in den neuen Bundesländern deutlich schwieriger.[5] Zigtausende Unternehmensübergaben von der ersten auf die zweite Generation stehen aktuell an. Durch das Steuerrecht und die viel zu geringe Kapitalausstattung im Osten droht ein Wegbrechen unzähliger mittelständischer Betriebe in den neuen Ländern. Um das zu verhindern, braucht es ein auf die Verhältnisse in Ostdeutschland zugeschnittenes Wirtschaftsförderprogramm, das Unternehmensnachfolgern sowohl die Übernahme eines Unternehmens als auch einen darauffolgenden Innovationsschub ermöglicht. Auf der Konferenz „Ostdeutschland 2030 – Heimat und Zukunft", die am 17. November 2023 in Leipzig stattfand, forderte auch Staatsminister Carsten Schneider zur Überwindung der Spaltung zwischen Ost und West eine stärkere Förderung strukturschwacher Regionen im Osten und betonte die Bedeutung von Investitionen in Bildung, Infrastruktur und Wirtschaft, um die wirtschaftliche Entwicklung in Ostdeutschland voranzutreiben. Politische Bündnispartner für diese Initiative sind somit vorhanden.

Das Defizit an mittleren und großen Unternehmen

An einer Frage entscheidet sich der Weg, den die ostdeutsche Wirtschaft gehen wird: Bleibt Ostdeutschland auch weiterhin ausschließlich Sitz des in Krisenzeiten stets schneller anfälligen Kleinstmittelstands? In allen Gesprächen mit anerkannten Wirtschaftswissenschaftlern unseres Landes wurde mir verdeutlicht, dass die klassischen Mittelstandsbetriebe in Ostdeutschland fehlen, die sich im Westen des Landes über Jahrzehnte entwickelt haben. Ostdeutschland verfügt über eine schwächere Mittelstandsstruktur als Westdeutschland, im Prinzip fehlt im Osten der Mittelstand, wie wir ihn aus dem Westen kennen. Größere mittelständische Unternehmen sind deutlich weniger vertreten.[6] Das behindert den wirtschaftlichen Aufschwung in den ostdeutschen Regionen. Laut dem Institut der Deutschen Wirtschaft ist es „bislang nicht gelungen, die Wertschöpfungslücke in Relation zu Westdeutschland in Höhe von etwa 27 Prozent (bezogen auf das BIP

Die ostdeutsche Wirtschaft auf die Überholspur bringen

je Einwohner) zu schließen"[7]. Das heißt also, dass die Wirtschaftskraft des ostdeutschen Mittelstandes deutlich geringer ist.

Als CDU-Generalsekretär konnte ich mich von diesem existenziellen Unterschied immer wieder persönlich überzeugen. Ich erinnere mich beispielsweise an meine Besuche in Baden-Württemberg. Starke Mittelständler wie die Firma Lignotrend in Weilheim konnte ich dort kennenlernen. Zusammen mit dem örtlichen Bundestagsabgeordneten wurde ich durch das Werk dieses Unternehmens geführt, das Schulen und Turnhallen in Holzbauweise errichtet. Millimetergenaue Module mit Präzisionsmaschinen aus der Region werden dort gefertigt. Das Unternehmen mit gut 160 Mitarbeitern präsentierte sich mit erstklassigen Produkten. Es waren – wie im Südwesten üblich – bei solchen Terminen immer örtliche Landräte, Bürgermeister, ehemalige und amtierende Landtags- und Bundestagsabgeordnete dabei. Alle emsig darum bemüht, den heimischen Unternehmen die besten Bedingungen für ihren unternehmerischen Erfolg zu ermöglichen. Kleinere und mittlere Forschungseinrichtungen wurden oft von den Unternehmen selbst geschaffen.

Auch in Ostdeutschland konnte ich viele engagierte Unternehmen kennenlernen. Ich erlebte auch den großen Einsatz des Wirtschaftsministers von Sachsen-Anhalt, Sven Schulze. Ich spürte bei den gemeinsamen Firmenbesuchen mit ihm, wie eng und kenntnisreich bis in Details er mit den Unternehmen im Austausch war. Auf ein eingespieltes Netzwerk von kommunalen und landespolitisch verankerten Politikern wie in Westdeutschland konnte er dabei jedoch nicht in gleicher Form zurückgreifen. Die politisch Verantwortlichen, die solche Termine begleiteten, waren immer weniger. Vieles lastete allein auf seinen Schultern. Zudem waren die Unternehmen deutlich kleiner. Die verfügbare Kapitalausstattung für Investitionen in Zukunftstechnologien oder in Forschung und Entwicklung war deutlich geringer oder oft schlicht nicht vorhanden.

Bei diesen persönlich gesammelten Erfahrungen handelt es sich nicht um Einzelfälle. Marcel Fratzscher und Joachim Ragnitz, zwei sehr renommierte Wirtschaftswissenschaftler in Deutschland, die gerade die ostdeutsche Wirtschaftsentwicklung über viele Jahre eng begleitet und untersucht haben, bestätigten mir dies unabhängig voneinander.

Das Defizit an mittleren und großen Unternehmen

Professor Ragnitz vom ifo Institut in Dresden kommt zu der ernüchternden Erkenntnis, dass es in den letzten Jahren keine signifikanten Aufholprozesse seitens der ostdeutschen Wirtschaft gab. Das liege auch daran, so seine Einschätzung, weil sich der Westen eben auch weiterentwickelt hat, und dies mit deutlich besserer Kapitalausstattung und verbessertem Arbeitskräfteangebot. Dementsprechend ist seine Erwartung, dass wir zwar künftig durchaus Regionen im Osten der Republik haben werden, die deutlich aufholen, einen flächendeckenden Angleichungsprozess wird es aber wohl in den nächsten Jahren nicht geben.

Auch Professor Fratzscher, Präsident des Deutschen Instituts für Wirtschaftsforschung (DIW), stellt ein erhebliches Defizit an klassischen mittelständischen Betrieben mit einer Mitarbeiterzahl von 500 und mehr Beschäftigten im Ost-West-Vergleich fest. Solche Mittelständler sind aber unglaublich wichtig, weil ihre Unternehmen häufig Innovationstreiber sind. Eine gewisse Größe sowie Kapital sind notwendig, um Forschung und Entwicklung zu betreiben, eigene Produkte zu kreieren und dadurch Marktführer zu werden. Das ist die zentrale Herausforderung, so seine Einschätzung. Daher ist es wichtig, dass sich möglichst viele Mittelständler in Richtung dieser Größenordnung entwickeln.

Das Fehlen von signifikantem Mittelstand mit kräftiger Statur in den neuen Bundesländern hat wiederum erhebliche Auswirkungen auf die Leistungsfähigkeiten der Länder und Kommunen, denn es fehlen dadurch Steuereinnahmen. Darüber hinaus benachteiligt das bundesrepublikanische Prinzip der Unternehmensbesteuerung am Hauptsitzort die neuen Bundesländer. Ich bin darauf in Kapitel 3 eingegangen und habe den Vorschlag unterbreitet, die Besteuerung am Ort der Wertschöpfung und nicht am Ort des Unternehmenssitzes vorzunehmen. Das Ungleichgewicht ließe sich zudem durch die gezielte An- und Umsiedlung von Hauptsitzen der großen Unternehmen ändern. Ich plädiere dafür, beides in Angriff zu nehmen. Für die Umsiedlung der Hauptsitze bieten sich vorrangig die Unternehmen an, bei denen die öffentliche Hand maßgeblicher Miteigentümer ist, die Deutsche Post und die Lufthansa beispielsweise.

Die ostdeutsche Wirtschaft auf die Überholspur bringen

Wie schwer es ist, private deutsche Unternehmen von der nationalen Verantwortung ihrer unternehmerischen Entscheidungen zu überzeugen, musste der frühere Bundeskanzler Helmut Kohl in den 1990er Jahren schmerzvoll erfahren. Sachsen-Anhalts Ministerpräsident Dr. Reiner Haseloff berichtet mir von einem Besuch im Jahr 1992 bei Helmut Kohl. Er war damals Arbeitsamtsdirektor in Wittenberg und reiste mit einigen Gewerkschaftlern zum Kanzler, weil sie sich gegen die Schließung der Stickstoffwerke Piesteritz durch die Treuhandgesellschaft wehren wollten. Haseloff erinnerte sich, dass an jenem Tag der Anruf bei Kohl einging, dass Audi sich entschieden habe, mit einem Werk nicht in den Osten Deutschlands, sondern nach Ungarn zu gehen. „Ich habe richtig den Frust von Helmut Kohl gesehen, als er sagte: ‚Die deutschen Unternehmen lassen mich im Stich, die haben die nationale Bedeutung der Wiedervereinigung nicht verstanden.'" Die Stickstofffabrik wurde damals noch einmal von der Schließungsliste genommen, nachdem Kohl mit Treuhand-Chefin Birgit Breuel telefoniert hatte. Heute gehört das Unternehmen zu den 50 größten Betrieben Mitteldeutschlands und ist Deutschlands größter Ammoniak- und Harnstoffproduzent.[8]

Welche Magnetfunktion Betriebe mit staatlicher Beteiligung bei der Förderung strukturschwacher Regionen haben, beschrieb mir Dr. Haseloff am Beispiel der Ansiedlung der französischen Total-Raffinerie in Leuna nach der Wiedervereinigung. Der französische Staatspräsident François Mitterrand entschied auf Bitten und in enger Abstimmung mit Helmut Kohl den Aufbau einer Niederlassung des staatseigenen französischen Konzerns an diesem historischen Chemiestandort. Diese Ansiedlung beflügelte weitere Unternehmen wie die des Pharmariesen Bayer. Die in Sachsen-Anhalt seither tief verwurzelte Produktionsstätte für die weltweit vertriebenen Aspirin-Tabletten wäre ohne die Ankerinvestition von Total kaum denkbar gewesen.

Inzwischen sind im Osten der Republik schon etliche große Ansiedlungen und gezielte Weiterentwicklungen bestehender Leuchttürme geglückt – da sind Carl Zeiss, Jenoptik und viele spezialisierte Marktführer in Jena, wir haben Tesla in Grünheide, Infineon und die Chipindustrie in Dresden oder Intel in Magdeburg. Besonders zu erwähnen ist auch der Unternehmer Holger Loclair, der aus dem ehemaligen „VEB Spezialfarben Oranienburg" das größte Familienunternehmen Ostdeutschlands gemacht hat. Der brandenburgische Folienspezialist Orafol gilt heute als „Hidden Champion" des Mittelstands. Seine selbstklebenden Folien verstecken sich in Autos, Flugzeugen oder Schiffen, auf Kreditkarten, Ausweisen und in elektronischen Geräten. Loclair begann mit 66 Mitarbeitern, heute sind es allein in Oranienburg 1285. Weitere 3000 Menschen arbeiten für Orafol in anderen europäischen Ländern und in Übersee. Allerdings beklagt Loclair eine fehlende Willkommenskultur für Unternehmer in Deutschland und sieht hier einen gravierenden Unterschied zu den USA. „Die ‚Riesenprobleme am Wirtschaftsstandort Deutschland', von der Überbürokratisierung bis zur mangelhaften Energiepolitik, machen andere Standorte immer attraktiver."[9]

Solche Hochkaräter sorgen für regionale Anziehung und steigenden Wohlstand. Denn sie haben die Ausstrahlung und Anziehungskraft, Sonderförderzonen zu formen. Aber es reicht nicht aus, um in den neuen Bundesländern eigenständig wettbewerbsfähig zu werden.

Energiekosten und Infrastruktur gerechter verteilen

Ein zentraler Punkt zur Standortentwicklung ist die Bereitstellung preisgünstiger Energie, wie auch Holger Loclair betont. Auch dieser Aspekt war für die bayerische Trendwende vom Agrar- zum Industrieland vor mehr als vier Jahrzehnten von erheblicher Bedeutung. Schon heute sind die reinen Herstellungskosten für Energie in Nord- und Ostdeutschland niedriger als im Süden der Republik. Eigentlich, denn die Netz- und Transportkosten sind für den Süden deutlich höher, werden aber aktuell überproportional von den Endkunden im Norden getragen und nicht von den Verbrauchern im Süden. Hier sind schnellstens Veränderungen notwendig. Das derzeitige System der Finanzierung der Netzentgelte muss umgehend geändert werden.

Entgegen allen Erwartungen führt nämlich der Ausbau der erneuerbaren Energien im Norden und Osten zu immer höheren Stromkosten. Grund dafür ist die derzeitige Regelung zum Ausbau der

Die ostdeutsche Wirtschaft auf die Überholspur bringen

Stromversorgung in Deutschland. Egal, ob ein Windrad, eine Photovoltaikanlage oder ein Kraftwerk gebaut wird, die Kosten für den Anschluss müssen die Bewohner der Region tragen, in der die Anlagen stehen. Bildlich gesprochen: Das Kabel, das vom Windrad bis zur nächsten Steckdose führt, muss von ebender Gemeinde, in der die Steckdose steht, bezahlt werden, auch wenn der Strom dann anderswo verbraucht wird. Diese Anschlusskosten werden regional umgelegt und erscheinen als sogenannte Netzentgelte auf der Rechnung, unabhängig davon, ob der Strom vor Ort genutzt oder in andere Teile der Republik geschickt wird. Die Menschen müssen die Netze also finanzieren, obwohl sie dazu dienen, ganz Deutschland mit erneuerbaren Energien zu versorgen. Besonders hart trifft es den Norden und Osten, wo besonders viele erneuerbare Energiequellen stehen, aber vergleichsweise wenig Einwohner leben.

Eine Durchschnittsfamilie in Mecklenburg-Vorpommern oder Brandenburg mit einem Verbrauch von 4000 Kilowattstunden zahlt wegen der hohen Netzentgelte jährlich 180 Euro mehr für Strom als Familien in Bayern oder Baden-Württemberg. Für die Industrie und Wirtschaft mit ihrem deutlich höheren Stromverbrauch sehen die Kostenunterschiede entsprechend noch gravierender aus.

Es gibt noch eine weitere ungerechte Kostenbelastung für die Bevölkerung und Wirtschaft im Norden und Osten: den sogenannten Wegwerfstrom. Wenn bei starkem Wind die Windräder deutlich mehr Strom produzieren oder bei intensiver Sonneneinstrahlung mehr Solarstrom erzeugt wird, als ins Netz eingespeist werden kann, müssen die erneuerbaren Energiequellen außer Betrieb genommen werden. Und auch dafür zahlen die Menschen im Norden und Osten. Der Strom, der hätte erzeugt werden können, darf nach der aktuellen Gesetzeslage von den Erzeugern trotzdem abgerechnet werden. Dieser nicht genutzte Strom oder auch „Wegwerfstrom" verursacht jährlich Kosten von rund 300 Millionen Euro. Und auch diese Kosten werden regional über die Netzentgelte auf die Bevölkerung und von der Industrie auf die Verbraucher umgelegt.[10]

Wir brauchen schnell ein verursachergerechtes Abrechnungssystem. Die Bundesnetzagentur muss sich darum kümmern, dieses bislang ungerechte System zu verändern. Diejenigen Bundesländer, die

Energiekosten und Infrastruktur gerechter verteilen

ein Mehr an erneuerbarem Strom erzeugen und keine teuren Netze für den Transport benötigen, müssen davon auch profitieren und diesen Vorteil an den lokalen Mittelstand, die Industrie und die Verbraucher weitergeben können. Diesem Grundprinzip folgend, würden auch im Süden jene Regionen Vorteile generieren, die dort erneuerbare Energiequellen aufbauen und damit dem ganzen Land einen Schub geben.

Für die Speicherung und den Transport der Solar- und Windenergie wird Wasserstoff eine Schlüsselrolle einnehmen. Eine erste wichtige Entscheidung in diese Richtung ist der Aufbau eines sogenannten Wasserstoffkernnetzes, um den Wasserstoff bundesweit zu transportieren. Die 9700 Kilometer langen Leitungen sollen zwischen 2025 und 2032 in Betrieb gehen. Eine der Hauptleitungen des Wasserstoffkernnetzes ist im Osten geplant und soll von Lubmin in Mecklenburg-Vorpommern östlich an Berlin vorbei durch Brandenburg bis zu den wichtigen Chemiestandorten im Dreieck Halle/Leipzig/Leuna führen. Dabei soll eine bestehende Pipeline, die bis zum Ukrainekrieg eine der Haupttransportleitungen für Erdgas war, für den Transport von Wasserstoff umgerüstet werden.

Damit ist die Basis für eine Versorgung der ostdeutschen Wirtschaftsunternehmen mit nachhaltigem Wasserstoff gelegt. Es bleibt aber noch viel zu tun, um die zum Teil sehr energieintensiven Unternehmen (siehe die Chemieindustrie in Leuna) auch in Zukunft sicher versorgen zu können.

Ebenso wie dem Wasserstoffkernnetz kommt auch den Wasserstoffspeichern eine entscheidende Rolle bei der Transformation der Wirtschaft zu. Ohne leistungsfähige Wasserstoffspeicher wird der Markthochlauf für Wasserstoff nämlich nicht funktionieren. Die Industrie braucht Strom zu jeder Tages- und Jahreszeit, unabhängig von der Verfügbarkeit regenerativer Energien, und es gilt, eine Systemstabilität sowie Versorgungssicherheit zu garantieren. Deshalb müssen Wasserstoffspeicher von vornherein bei der Infrastruktur mitgeplant werden. Auch hier hat Ostdeutschland mit der möglichen Integration der Salzkaverne bei Rüdersdorf in der Nähe Berlins und des Energieparks in Bad Lauchstädt in Sachsen-Anhalt sehr gute Voraussetzungen, um die dort entstehenden Wasserstoffspeicher an das Wasserstoffkernnetz anzuschließen und damit die Versorgungssicherheit zu erhöhen.

Vor allem der Gasspeicherstandort Rüdersdorf ist mit seiner Nähe zur Metropolregion Berlin und zu den geplanten Wasserstoffleitungen für den Aufbau des deutschlandweit geplanten Wasserstoffkernnetzes geografisch optimal gelegen. Er ist zudem der erste Speicherstandort für Import- und Erzeugungsprojekte rund um Lubmin sowie für Wasserstoff aus Polen bzw. über den sogenannten Northern Baltic Hydrogen Corridor in Richtung Deutschland. Der Speicher in Rüdersdorf könnte der Schlüsselfaktor für eine sichere Versorgung der Hauptstadtregion sowie der PCK Raffinerie Schwedt und des Stahlwerkes von ArcelorMittal in Eisenhüttenstadt werden.

Doch so positiv das alles klingt, noch fehlen für die Umsetzung sowohl der regulatorische Rahmen als auch die notwendigen Förderprogramme. Und das gilt nicht nur für den Speicher in Rüdersdorf, sondern auch für die sogenannten Anschlussleitungen an einzelne Endverbraucher, egal ob Unternehmen oder Privatpersonen.

Diese Anschlussleitungen sind nämlich nicht Bestandteil des Wasserstoffkernnetzes und damit der von der Bundesregierung beschlossenen Förderung, da der Fokus des Kernnetzes zunächst einmal auf der überregionalen Transportebene liegt. Hier gilt es aber anzusetzen und eine besondere Förderung für die neuen Bundesländer, die bisher durch das ungerechte System der Netzentgelte bei den erneuerbaren Energien benachteiligt wurden, in Angriff zu nehmen. Eine spezielle, zielgerichtete Förderung der Wasserstoffspeicher und Anschlussleitungen im Osten durch Bundesmittel könnte ein enormer Standortvorteil für die Unternehmen sein und in Planung befindliche Gewerbegebiete höchst attraktiv werden lassen.

Bestes Beispiel ist der CleanTech Business Park in meinem Wahlkreis in Berlin-Marzahn. Die von Lubmin kommende Leitung wird nur sieben Kilometer entfernt von Berlin verlaufen, den Anschluss bis Marzahn gilt es aber noch zu planen und zu bauen. Werden hier Fördermittel bereitgestellt, kann die geplante Wasserstofffabrik noch schneller realisiert werden, und die Versorgungssicherheit mit Wasserstoff wäre für die Unternehmen, die sich im CleanTech Business Park ansiedeln, garantiert.

Dass auch das Bundesministerium für Wirtschaft und Klimaschutz (BMWK) solche Förderungen nicht ausschließt, ist bei einem Blick auf die Website des Ministeriums zu erkennen. Dort heißt es zum Thema Netzausbau: „Das Kernnetz bildet nur den Startschuss und ist nicht die endgültige Ausbaustufe der Wasserstoffinfrastruktur in Deutschland. Die zweite Stufe der Wasserstoffnetzplanung beschreibt ein überregionales ‚flächenversorgendes' Wasserstoffnetz, das durch szenario- und bedarfsbasierte Planung bestimmt werden wird."[11] „Na dann mal ran", kann ich dazu nur sagen.

Zukunftsanker im Osten für den Westen

Die notwendigen Wirtschaftsansiedlungen im Osten der Republik benötigen beste Rahmenbedingungen. Das heißt, es braucht nicht nur Ankerinvestitionen, sondern auch ein attraktives Umfeld für die neuen Fachkräfte und deren Familien. Deren Zuzug könnte die Folgen des demografischen Echos durch die wiedervereinigungsbedingte Abwanderung lindern. Vor allem junge, gut ausgebildete Fachkräfte wanderten in den Jahren nach 1990 aus den neuen Bundesländern in den Westen oder ins Ausland ab, was zu einem Ungleichgewicht in der Altersstruktur der Bevölkerung führte und sich negativ auf das Sozialgefüge auswirkte. Es waren zudem auch mehr Frauen als Männer, die sich auf den Weg machten. Das daraus resultierende demografische Echo, deutlich weniger Geburten auch noch Jahre später, wenn der nächste Nachwuchs kommen könnte, führt zu einer geringeren wirtschaftlichen Dynamik, weiterem Fachkräftemangel und einem steigenden Bedarf an sozialen Dienstleistungen für eine alternde Bevölkerung. Durch den Zuzug von gut ausgebildeten Fachkräften und deren Familien könnten diese Probleme gelindert und die Region langfristig gestärkt werden. Besonders die Zuwanderung aus den europäischen Nachbarstaaten hat in den vergangenen Jahren den wirtschaftlichen Aufschwung ermöglicht. Daran gilt es anzuknüpfen.

Die zielgerichtet geförderten Wirtschafts- und Innovationszentren, die oben definierten Sonderförderzonen, benötigen dafür zusätzliche Unterstützung im Auf- und Ausbau der frühkindlichen und

Die ostdeutsche Wirtschaft auf die Überholspur bringen

schulischen Bildung sowie der sozialen und kulturellen Infrastruktur. Dann werden diese Standorte attraktiv sein. Worauf sollten wir uns also fokussieren?

Die in manchen Diskussionen immer wieder auflebenden Ideen von (klassischen) Sonderwirtschaftszonen können wir getrost beenden. Die wird es nicht mehr geben. Stattdessen sollten wir daran arbeiten, Sonderförderzonen dort zu entwickeln, wo es wirklich sinnvoll ist. Erste gute Beispiele gibt es – in Grünheide, Jena, Dresden, Leuna oder Magdeburg. Gezielte Großinvestitionen fördern dort Zukunftsindustrien. Das ist der richtige Weg. Dieser müsste flankiert werden durch neue Regeln bei der Besteuerung – diese müsste künftig nicht am Hauptsitz, sondern zwingend am Ort der Wertschöpfung erfolgen. Und: Der Osten braucht mehr Unternehmenshauptsitze – als Ankerorte für wirtschaftliche Entwicklung. Hierfür kommen vorrangig Unternehmen, die in öffentlicher Hand sind, infrage. So könnte zusätzliche bundesrepublikanische Wirtschaftskraft entstehen, und aus den ostdeutschen Nehmerländern des Finanzausgleichs könnten perspektivisch finanziell unabhängige Bundesländer werden. Das würde der ganzen Republik helfen und das ewige Klagelied des reichen Südens beenden, den Osten immer mitfinanzieren zu müssen.

Im übertragenen Sinn könnte so ein neuer „Marshallplan" aufgelegt werden, dessen Vorbild dem Westen nach dem Ende des Krieges den Weg in die wirtschaftliche Prosperität ermöglichte. So würden im Osten nicht nur zarte Hoffnungen auf weiteren Aufschwung gedeihen, sondern rund um möglichst viele Sonderförderzonen dauerhaft blühende Wirtschaftslandschaften entstehen. Profitieren würden alle davon, selbst Markus Söder und sein vor Kraft strotzendes Bayern.

Kapitel 5
Ein Kinderstartkapital schafft mehr Chancengerechtigkeit

Von der Hand in den Mund

„Wer lässt sich nicht vom Westen kaufen …", diese Strophe aus Nina Hagens Kultsong und Vereinshymne des 1. FC Union Berlin schallt jeden zweiten Samstag während der Fußballsaison im Stadion Alte Försterei in Berlin-Köpenick von den Rängen. Auf dem Rasen können die Spieler des „eisernen" Bundesligisten Nina Hagens Schlachtruf vielleicht auch wegen des ohnehin hohen Einkommensniveaus im Profifußball folgen. Während laut dem Fußballfinanzportal Capology ein Spieler bei Bayern München im Durchschnitt zehn Millionen Euro im Jahr verdient, ist es bei den Köpenicker Kickern „nur" durchschnittlich eine Million Euro.

Im Unterschied zu den Fußballspielern sind die Einkommens- und vor allem die Vermögensunterschiede zwischen Ost und West für viele Arbeiter und Angestellte, die dem Verein seit Jahrzehnten die Treue halten, lebensbeeinflussend. Bis zur Einführung des Mindestlohns in Deutschland arbeitete in Ostdeutschland jeder Vierte bis Fünfte je nach Bundesland im Niedriglohnsektor.[1] Zwar hat der Mindestlohn dazu beigetragen, die Lohnunterschiede etwas zu verringern, dennoch sind die Einkommensunterschiede zwischen Ost- und Westdeutschland weiterhin erheblich. Wir stehen immer noch vor großen Herausforderungen, um die Einkommensungleichheit zwischen Ost und West langfristig zu überwinden.

Im Jahr 2023 arbeitete etwa jeder sechste abhängig Beschäftigte in Deutschland (16 Prozent) im Niedriglohnsektor mit einem Stundenlohn von weniger als 13,04 Euro brutto. Insgesamt gab es 6,4 Millionen Beschäftigungsverhältnisse in diesem Bereich, was einem Rückgang von 1,1 Millionen gegenüber dem Vorjahr entspricht. Besonders

Ein Kinderstartkapital schafft mehr Chancengerechtigkeit

auffällig ist, dass in Ostdeutschland deutlich mehr Menschen weniger als 13 Euro pro Stunde verdienen als in Westdeutschland. Fast eine Million Ostdeutsche verdienen weniger als 13 Euro brutto pro Stunde, wovon Frauen besonders betroffen sind.[2]

Im bundesweiten Durchschnitt lag der Bruttomonatsverdienst 2023 bei 4468 Euro. Die Verdienste im Osten erreichten allerdings mit 3754 Euro nur 82 Prozent des Westniveaus.[3] Hamburg war mit 4970 Euro brutto im Monat das Bundesland mit den höchsten Verdiensten, während in Sachsen-Anhalt mit 3688 Euro die niedrigsten Löhne bundesweit ausgezahlt wurden. Der Einkommensunterschied der Bruttogehälter zwischen Ost- und Westdeutschland betrug 2023 durchschnittlich 824 Euro pro Monat. Dem ifo Institut zufolge ist die Ursache dafür in den strukturellen Unterschieden zu finden: In Ostdeutschland sind in der Regel Betriebe kleiner, und es gibt weniger Industrieansiedlungen.[4]

Auch die Verteilung der Vermögen im Land zeigt, dass die soziale Schere im Land immer noch weiter auseinandergeht, und dieses Ungleichgewicht wirkt wie ein Beschleuniger für die schon bestehenden Unterschiede. Die Hälfte der Deutschen hat kaum Geld auf der hohen Kante, keine zusätzliche Altersvorsorge und erst recht kein Wohneigentum. Der einen Hälfte des Landes gehört kaum etwas und davon immer weniger, ihr Anteil am Vermögen des Landes ist seit 1990 von rund vier auf ein Prozent gesunken! In kaum einem anderen Industrieland sind die Vermögen so ungleich verteilt wie in Deutschland.[5] Julia Friedrich gibt dieser Hälfte der Menschen in ihrem Buch „Working Class. Warum wir Arbeit brauchen, von der wir leben können" ein Gesicht. Sie beschreibt die Sorgen der Freiberufler, Selbstständigen und Angestellten, die jeden Tag von der Hand in den Mund leben und keine Chance haben, Rücklagen zu bilden, geschweige denn, sich die eigenen vier Wänden zu leisten. Die Berichte und Erzählungen aus diesem Buch beleuchten wie ein Brennglas die Situation von gut der Hälfte der Bevölkerung unseres Landes.

In meinem Wahlkreis Marzahn-Hellersdorf kenne ich viele Menschen, denen es so geht wie den Alltagsmeistern aus Julia Friedrichs Buch. Da ist beispielsweise Janin Schwarzer*, die mir bei einem Be-

---

* Der Name wurde aus datenschutzrechtlichen Gründen geändert.

such im Herbst 2022 in der Kita der AWO in Marzahn mit ihren zwei Kindern begegnete. Vor Corona arbeitete sie im Hotelgewerbe, verlor diese Arbeit aber während der Pandemie. Das Arbeitslosengeld konnte zwar einen Teil des damals fehlenden Einkommens auffangen, aber das Trinkgeld, das ihr eigentlich ermöglichte, über die Runden zu kommen, konnte natürlich niemand ersetzen. Mit dem Trinkgeld hatte sie die Kindergeburtstage und hin und wieder einen Kurzurlaub an der Ostsee finanzieren können. Als wir uns trafen, hatte sie zwei Jobs, um über die Runden zu kommen, einen in der Hotellerie und einen bei einem Reinigungsdienstleister. Jetzt machte ihr vor allem Sorgen, ob die freiwillig von ihr erhöhte Nebenkostenvorauszahlung ausreichen würde, um die gestiegenen Heizkosten zu tragen. Sie wusste, dass ein Wohngeldantrag in Berlin erst nach sechs Monaten bearbeitet ist. Rückwirkend hat sie keine Chance, Wohngeld zu erhalten. Wenn sie jetzt zu viel heizt, muss sie es für diese Zeit aus der eigenen Tasche bezahlen. Sie arbeitet mehr als 40 Stunden und schlägt sich irgendwie durch. Wenn am Monatsende noch was im Portemonnaie ist und in den Sparstrumpf für kleine Glücksmomente kommt, war es ein guter Monat.

Oder da ist Steffi Pawlok[*], die ich bei meinen Haustürgesprächen im Marzahner Norden im Sommer 2021 treffe. Sie ist Mitte 40 und lebt mit ihren beiden Kindern in einer Wohnung des Wohnungskonzerns Deutsche Wohnen. Damit beide Kinder ein Zimmer haben, schläft Frau Pawlok seit vielen Jahren auf dem Sofa. Ihre Tochter ist jetzt 23 Jahre alt, Polizeianwärterin und zieht bald aus. Dann hat die Mama endlich ein eigenes Zimmer. Der Sohn macht eine Ausbildung. Frau Pawlok selbst arbeitet inzwischen als Steuerfachangestellte. Früher war sie in der Pflege tätig. Das Einkommen reichte nie ganz für die Familie. Daher war sie immer „Aufstockerin" und bekam 100 Euro extra vom Amt. Arbeit in der Pflege – in den Zeiten der Pandemie um das neue Wort „systemrelevant" ergänzt – war ein Armutsrisiko. Alleinerziehend zu sein, ist es noch heute.

Ein letztes Beispiel aus Marzahn: Kerstin Lenz[**] erscheint im Juni 2021 in meinem Bürgerbüro. Es ist ein frühsommerlicher Tag in Ber-

---

[*] Der Name wurde aus datenschutzrechtlichen Gründen geändert.
[**] Der Name wurde aus datenschutzrechtlichen Gründen geändert.

Ein Kinderstartkapital schafft mehr Chancengerechtigkeit

lin. Sie ist verschwitzt und will sich nicht setzen. Sie komme vom Putzen um die Ecke und wohnt in Marzahn. Frau Lenz unterstützt meine Initiative gegen die drohende Enteignung von Genossenschaften. Die großen Genossenschaften im Bezirk waren von den Auswirkungen des gleichzeitig zur Berlinwahl 2021 zur Abstimmung gestellten Volksbegehrens „Deutsche Wohnen & Co. enteignen" betroffen. 25 Prozent aller Mietwohnungen in meinem Wahlkreis sind im Eigentum großer Genossenschaften. Das Volksbegehren sah vor, dass alle privaten Wohnungsunternehmen mit mehr als 3000 Wohnungen vom Land zu enteignen seien. Auch wenn die Initiatoren des Volksbegehrens blauäugig versicherten, dass sie Genossenschaften irgendwie ausnehmen wollten, so bestätigten reihenweise Verfassungsrechtler, dass dieser Versuch schon aufgrund des Gleichheitsgrundsatzes des Grundgesetzes scheitern würde. Schon beim Mietendeckel und bei der Zweckentfremdung war man gescheitert, die angeblich „guten Privaten" und die „bösen Privaten" unterschiedlich zu behandeln. Entweder die Regeln gälten für alle privatwirtschaftlich organisierten Wohnungsunternehmen oder für keines.

Kerstin Lenz meinte dazu, Staatswirtschaft hatten wir schon mal, das solle nicht wiederkommen. Enteignungen hätten auch vor 1989 nur geschadet. Wir kommen ins Gespräch. Sie war 20 Jahre im Betriebsrat der Duty-free-Geschäfte an den Berliner Flughäfen. Dann Burn-out, Entlassung, ein Zwischenstopp für einen Dienstleister an einer Theaterkasse. Jetzt arbeitet sie in der „Reinigung", wie sie mir sagt. In der DDR war sie Facharbeiterin für Textilverarbeitung und hatte einen Fachhochschulabschluss.

Diese Menschen halten das Land am Laufen, an Stellen, die wir meist erst dann bemerken, wenn niemand da ist, der die dort anfallende Aufgabe übernimmt. Sie wohnen überwiegend in einfachen Wohnlagen, sind höheren gesundheitlichen Belastungen ausgesetzt, haben schneller und häufiger Herz-Kreislauf-Erkrankungen. Sie haben eine geringere Lebenserwartung und ein erhöhtes Risiko für vorzeitige Sterblichkeit. Lungenerkrankungen und Alkoholabhängigkeiten treten bei ihnen deutlich häufiger auf als in den guten Wohnlagen Berlins.[6]

Solche Lebensbeispiele schilderte mir auch Bärbel Bas, die Bundestagspräsidentin und direkt gewählte SPD-Abgeordnete aus Duisburg, oder Dr. Georg Kippels aus meiner CDU-Fraktion, der im Ruhrgebietswahlbezirk Rhein-Erft-Kreis zu Hause ist. Auch hörte ich solche Beispiele als CDU-Generalsekretär von gut integrierten Einwanderern mit türkischen oder russischen Wurzeln, die ohne jegliches Hab und Gut in unser Land gekommen sind, jeden Tag hart arbeiten, aber kein kleines Vermögen und damit eine kleine Absicherung gegen die Lebensrisiken erwirtschaften können.

Vermögensschere zwischen Ost und West

Anteilig ist die Zahl derer, die nichts haben, in Ostdeutschland deutlich höher als in Westdeutschland. Und diejenigen, die im Osten etwas haben, haben deutlich weniger als im Westteil der Republik. Die Ungleichheit zwischen Ost und West zieht sich durch alle Schichten. Leider findet die Vermögensungleichheit zwischen Ost- und Westdeutschland im Bericht „Zum Stand der Deutschen Einheit" (2023) vom Ostbeauftragten der Bundesregierung Carsten Schneider keine Erwähnung. Dabei hat das Deutsche Institut für Wirtschaftsforschung (DIW) bereits 2019 in einem Wochenbericht die Vermögensunterschiede zwischen Ost und West verglichen und kam zu dem folgenden Ergebnis: „Das individuelle Nettovermögen in Westdeutschland ist im Durchschnitt mit 121.500 Euro mehr als doppelt so hoch wie in Ostdeutschland mit 55.000 Euro. Mit zunehmendem Lebensalter nimmt zudem auch der Vermögensabstand zwischen Ost- und Westdeutschland zu."[7] Bei den Ostdeutschen über einem Alter von 65 ist das Vermögensverhältnis zu den Westdeutschen gleichen Alters sogar eins zu drei.[8] „Die große Differenz insbesondere im höheren Lebensalter erklärt sich aus den wenigen Sparmöglichkeiten zu DDR-Zeiten, einem niedrigen Lohnniveau nach der Wiedervereinigung, durch geringe Marktwerte von Immobilien in weiten Teilen Ostdeutschlands sowie kleineren Anteilen an Haus- und Wohnungseigentum im Vergleich zu Westdeutschland."[9] Weiterhin führt das DIW in seinem Bericht aus, dass Immobilienbesitz das individuelle Vermögen beträchtlich erhöhe. Personen, die zur Miete wohnen, weisen mit durchschnittlich 24.000 Euro ein niedrigeres Nettovermögen

Ein Kinderstartkapital schafft mehr Chancengerechtigkeit

auf als Immobilieneigentümer. Generell lässt sich festhalten, dass der Anteil der Personen, die zur Miete wohnen, in Ostdeutschland deutlich höher ist als in Westdeutschland.[10]

Ähnliche Ergebnisse sind in einem Monatsbericht der Deutschen Bundesbank vom April 2023 festgehalten. Auch Jahrzehnte nach der Wiedervereinigung fällt das Nettovermögen in Ostdeutschland deutlich niedriger aus als in Westdeutschland. „Das Median-Vermögen eines Haushalts im Osten lag 2021 bei 43.400 Euro, im Westen hingegen bei 127.900 Euro."[11] Ich fand bei meinen Recherchen zu diesem Buch zwei sehr aussagekräftige Zahlen, die den ganzen Befund der Vermögensdiskrepanz zusammenfassen: Es gab „zur Währungsunion 1990 keine hundert Konten, auf denen mehr als eine Million DDR-Mark"[12] lagen. Laut Bundesbank waren es im Westen hingegen etwa hundert Konten, auf denen eine Milliarde lag.[13]

Die Ursachen für diese Ungleichverteilung liegen auch in den unterschiedlichen Entwicklungen und Einstellungen zur Eigentumsbildung, mit denen wir diesseits und jenseits des „Eisernen Vorhangs" groß geworden sind. Während die individuelle Eigentumsbildung im Westen staatlich unterstützt wurde, investierten viele im Osten ihr weniges Erspartes in die Sanierung der angemieteten kommunalen Wohnung oder in die im Verhältnis zum Einkommen teuren Konsumgüter wie einen neuen Wartburg. Dass nach der Wiedervereinigung die Wohnungen nicht wie in einigen osteuropäischen Staaten den Mietern kostengünstig übergeben wurden, war ein erheblicher Nachteil für Ostdeutschland, wie mir auch der Soziologieprofessor Steffen Mau bei unserem Gespräch in der Humboldt-Universität sagte.

Für viele Menschen in Ostdeutschland war es unverständlich, warum das von ihnen instand gehaltene Haus oder die durch sie in Eigenarbeit renovierte Wohnung nun an den westdeutschen Alteigentümer ging oder der Westdeutsche günstig die Wohnung in Leipzig oder Dresden kaufen konnte. Ich kann diese Position gut nachempfinden und teile dieses Unverständnis. Heute sind beispielsweise über 70 Prozent des Wohnungsbestands in der Stadt Leipzig in westdeutscher Hand. In einem Diskussionspapier des Helmholtz-Zentrums für Umweltforschung in Leipzig von 2021 heißt es: „Wie eine Analyse der Eigentümerstrukturen in der Gründerzeit* ergab, residieren viele Privatbesitzer und WEG mehrheitlich mit 71,6 % in Westdeutschland, weitere 11,7 % in Ostdeutschland, eine verschwindende Minderheit von 1,3 % im Ausland und eine relativ kleine Gruppe von 15,4 % ist in Leipzig lokalisiert."[14] Ein aus meiner Sicht für die Gesellschaft ungesunder Befund.

Beteiligung aller Menschen am Produktivkapital

Was macht es mit den Menschen, wenn sie nichts haben und es durch noch so viel harte Arbeit nicht abändern können? Ist der Zusammenhalt in unserem Land noch möglich, wenn sich die Lebensverhältnisse immer weiter voneinander entfernen und die Lebensrisiken wie Pflege, Unfall oder Arbeitsunfähigkeit für die Hälfte der Bürger des Landes zu ständigen Begleitern nächtlicher Albträume werden? Ich habe diese Sorgen mitgenommen – als Bundestagsabgeordneter in den Deutschen Bundestag und in mein Amt als Generalsekretär.

Bei Friedrich Merz stieß ich bei diesem Thema auf offene Ohren. Er mahnte häufig an, dass wir in der Bundesrepublik das letzte Versprechen der sozialen Marktwirtschaft nicht erfüllen, nämlich die Beteiligung aller Menschen am Produktivkapital. Er sah es geradezu als Verpflichtung der CDU, der Partei Konrad Adenauers und Ludwig Ehrhards, sich dieser Aufgabe anzunehmen. Auch dieser Rückhalt ermöglichte es mir, dass ich dazu eine Reihe an Initiativen aus der CDU-Parteizentrale anstoßen konnte.

Im Konrad-Adenauer-Haus haben wir seinerzeit unterschiedliche internationale Modelle für die Stärkung der Vermögensbildung besprochen und diskutiert. Eines der Vorbilder war der Children Trust Fund (CTF) in Großbritannien. Er wurde 2002 unter der Labour-Regierung ins Leben gerufen und legte einen Grundstock für die Eigentumsbildung eines jeden Kindes. Jedes Kind, das in Großbritannien geboren wurde und Anspruch auf Kindergeld hatte, erhielt bei

---

* Gemeint sind hier Altbauwohnungen der Innenstadtquartiere, die aus der Gründerzeit stammen.

der Geburt eine Startzahlung von 250 britischen Pfund vom Staat; für Kinder aus einkommensschwachen Haushalten waren es 500 britische Pfund. Für jedes Kind wurde ein sogenanntes Trust-Konto eingerichtet, das durch weitere Einzahlungen von Eltern oder Großeltern aufgestockt werden konnte. Eine Auszahlung des Betrags war nicht möglich, sondern es sollte als langfristige Investition bis zum 18. Lebensjahr fungieren. Das System wurde 2011 durch den Junior Savings Account ersetzt.

In Kanada, Singapur und Neuseeland gibt es ähnliche Programme. Die Staaten legen für die Kinder ein Startkapital an, diese Fonds investieren in Kapitalanlagen, und der jeweilige Betrag kann frühestens für die Ausbildung oder das Studium abgerufen werden.

Ein daran angelehntes Modell hatte ich im Frühjahr 2023 als Generalsekretär der CDU der Öffentlichkeit vorgestellt.[15] Wir nannten es Kinderstartkapital. Jedes in Deutschland geborene Kind mit Anspruch auf Kindergeld sollte demnach mit Geburt einen Anteil von 10.000 Euro an einem Kapitalfonds erhalten, der nach klaren Kriterien in Aktien und Anleihen investiert. Dieses Kapital ist nicht in bar auszahlbar, sondern kann für ein Stipendium eingesetzt, in Eigenkapital für eine Unternehmensgründung investiert oder langfristig als individuelles Altersvorsorgekonto angelegt werden. Mit 10.000 Euro Startkapital können so bis zur Volljährigkeit entweder rund 20.000 Euro Stipendium oder Gründungskapital aufgebaut oder bis zum 67. Lebensjahr ein Rentenpaket von 500.000 Euro angespart werden. Und hier habe ich nur sechs Prozent durchschnittlich zu erwartende Rendite angenommen, obwohl bei einem Anlagezeitraum von 20 Jahren dieser Wert für indexbasierte Aktiendepots immer überschritten wurde. Da möglicherweise in einem solchen Kapitalstock aber auch anteilige Geldmarktfonds oder Staatsanleihen enthalten sind, ist diese Berechnung sehr vorsichtig und konservativ.[16]

Auf der Klausurtagung der Programmkommission des Bundesvorstands der CDU zur Erarbeitung des neuen Grundsatzprogramms am früheren Sommersitz Konrad Adenauers in Cadenabbia im Mai 2023 haben wir lange über die möglichen Modelle besserer Vermögensbildung diskutiert und Lösungen dafür erarbeitet. Aus dieser Tagung heraus erwuchs die Initiative zu einem Werkstattgespräch der CDU/CSU-Bundestagsfraktion, an dem namhafte Experten teilnahmen, die uns Vorschläge zur Reform der staatlichen Förderung bei der Vermögensbildung und Altersabsicherung unterbreiteten.

Einer der Experten war Helge Lach. Er ist Vorsitzender des Bundesverbandes Deutscher Vermögensberater. Er schilderte uns plastisch, wie die Vermögensunterschiede zwischen Ost und West weiter wachsen. Dieser Abstand hat sich durch die Abwanderung von fast zwei Millionen Arbeitskräften Richtung Westen nochmals verstärkt. Menschen ohne Vermögensbildung sind von der Inflation besonders betroffen, weil sie von den Zinsen am Kapitalmarkt oder steigenden Sachwerten nicht profitieren. Kaum vorhandenes Vermögen trägt sich in die kommenden Generationen weiter. Wo nichts vorhanden ist, ist auch nichts zu vererben. Thies Büttner ist Wirtschaftswissenschaftler und Professor für Volkswirtschaftslehre an der Friedrich-Alexander-Universität Erlangen-Nürnberg. Seit Juni 2018 ist er Vorsitzender des unabhängigen Beirats des Stabilitätsrats[17]. Er empfahl uns, ein einfaches und nicht provisionsbasiertes Instrument zu etablieren. Er meinte damit, dass die Geldanlage leicht verständlich sein und die Rendite nicht durch Vertriebskosten wie die Abschlussprovisionen bei den Riester-Renten geschmälert werden sollte. Denn ohne diese staatlichen Lenkungen würde es nicht gehen, weil gerade jene Bürgerinnen und Bürger Vermögen aufbauen sollten, deren Nettoeinkommen kaum Spielräume zum Sparen lassen.

Diese Initiative hatte es mit breiter Expertise und Unterstützung in den Entwurf des 4. Grundsatzprogramms der CDU geschafft. Dort hieß es: „Mit einem Startkapital zur Vermögensbildung für neugeborene Kinder, das zweckgebunden für Bildung, Wohneigentum oder Altersvorsorge eingesetzt werden soll, investieren wir in unsere Zukunft."[18] Leider fehlte dieser Initiative nach meinem Ausstieg im Konrad-Adenauer-Haus die notwendige Rückendeckung. Die Mittelstandsunion setzte sich auf dem letzten Bundesparteitag mit einem Antrag durch, „der die vom Bundesvorstand vorgesehene Einführung des Startkapitals für neugeborene Kinder streicht."[19] Zwar wird Friedrich Merz nach der Entscheidung mit dem Hinweis zitiert, dass das Thema Vermögensbildung dennoch im Regierungsprogramm verankert werde. Aber es zeigt sich, dass der soziale Flügel im Konrad-Adenauer-Haus deutlich Federn gelassen hat.

Kein bedingungsloses Grunderbe

Auch bei den Sozialdemokraten gibt es grundsätzliche Überlegungen für mehr Chancengerechtigkeit bei der Vermögensverteilung. Sowohl Ansatz als auch Begriff unterscheiden sich jedoch fundamental von unserem Vorschlag. Dort wird es „Grunderbe" genannt. Ich halte schon die Begrifflichkeit für falsch, weil es die Annahme suggeriert, dass das Land die Menschen von der Kindergrundsicherung über das bedingungslose Grundeinkommen bis zur Grundrente alimentiert. Ein solches Gesellschaftsbild von einem dauerhaft vom Staat abhängigen Menschen widerstrebt mir. Mir ist es wichtig, dass in unserem Land Chancengerechtigkeit herrscht und jeder mit seinen Fähigkeiten sein Leben in die Hand nehmen kann. Da, wo diese Chancengerechtigkeit nicht besteht, wie beispielsweise bei der Kapitalausstattung am Beginn des Lebens, kann der Staat gerechtere, wenn auch nicht gleiche Ausgangsbedingungen schaffen. Außerdem sieht das von den SPD-Jungsozialisten diskutierte Modell einen jederzeit möglichen Kapitalverzehr, also Konsum, vor. Dieses Grunderbe könnte dementsprechend für alles Mögliche auf den Kopf gehauen werden.

Das von uns entworfene Modell des Kinderstartkapitals hatte dies ganz explizit nicht vorgesehen und bot zudem eine Reihe von weiteren Vorteilen: Es können frühzeitig persönlich erfahrbare Kenntnisse der Wirkungsweise des Kapitalmarkts entstehen, die gläserne Decke für ein Auslandsstudium oder eine Unternehmensgründung würde zumindest deutlich abgebaut und die langfristige zusätzliche Altersvorsorge durch die frühe und langfristige Mitnahme des Zinseszinseffekts würde gefördert werden. Dieses individuelle Kapitalkonto eines jeden in Deutschland groß werdenden Kindes würde dazu beitragen, die Unterschiede abzufedern, die sich durch die auf uns zurollende Erbenwelle ansonsten zementieren.

Im November 2023, vier Monate nach meinem Abschied als Generalsekretär der CDU, war ich zu einer Diskussion im Zuge der

Vorstellung eines sogenannten Vermögenssimulators des New-Economy-Forums eingeladen. Das Forum New Economy wurde 2019 in Berlin ins Leben gerufen. Es handelt sich um eine überparteiliche Plattform, die sich zum Ziel gesetzt hat, innovative Lösungsansätze für die großen Herausforderungen des Klimawandels, der zunehmenden Ungleichheit und der Globalisierung zu erarbeiten. Zudem strebt das Forum an, eine Neudefinition der Rolle des Staates zu diskutieren.[20]

Mit dem Vermögenssimulator, den eine Forschergruppe um Timm Bönke und Charlotte Bartels vom DIW Berlin zusammen mit dem Forum New Economy entwickelt hat, wird auf wissenschaftlicher Grundlage untersucht, welche Auswirkungen Szenarien wie zum Beispiel eine Vermögenssteuer, eine höhere Erbschaftssteuer oder ein Startkapital für Jugendliche hätten.

Die Ergebnisse dieser Simulation sind sehr aufschlussreich, auch wenn einige wichtige Aspekte, etwa die Finanzierung bestimmter Maßnahmen, noch nicht vollständig in die Überlegungen mit einbezogen wurden. So würde die Einführung einer Vermögenssteuer auf die Minderung der Vermögensverteilung keinen großen Effekt haben. Vielmehr plädiert die Wissenschaft für die Einführung eines Startkapitals, das alle Jugendlichen von Geburt an durch den Staat ausgezahlt bekommen und auf das sie später zugreifen können. Sei es für die Finanzierung ihrer Bildung oder als Teil der Altersvorsorge. Es tat gut zu sehen, dass unsere Initiative auch wissenschaftlich auf soliden Füßen steht.

Nur etwas mehr Erbschaftssteuer

„Wir müssen über das Erben reden", so endet ein jüngst erschienener Namensbeitrag von Yannick Haan in der *Frankfurter Rundschau*.[21] Yannick Haan ist Jahrgang 1986, Vorsitzender der SPD in Berlin-Mitte und unter anderem bekannt geworden mit seinem Buch „Enterbt uns doch endlich". 2018 hat ihn der britische Thinktank Apolitical in die Liste der „100 Future Leaders: The World's Most Influential Young People in Government" aufgenommen. Auch wenn sein Plädo-

Ein Kinderstartkapital schafft mehr Chancengerechtigkeit

yer ein bedingungsloses Grunderbe ist, das ich nicht für richtig halte, ist der darin enthaltene Vorschlag zur Gegenfinanzierung richtig.

Auch ein Kinderstartkapital muss aus Steuereinnahmen und nicht aus Verschuldung gegenfinanziert werden. Erhält jedes in Deutschland geborene Kind zur Geburt einen Anteil von 10.000 Euro an dem vorgeschlagenen Kapitalfonds, dann müssen in diesen etwa sieben Milliarden Euro im Jahr fließen.

In Deutschland werden jedes Jahr zwischen 300 und 400 Milliarden Euro vererbt oder verschenkt. Das konnten Experten vom Deutschen Institut für Wirtschaftsforschung in einer Studie zum Erbvolumen 2017 ermitteln.[22] „Die Erbschaft- und Schenkungsteuer wurde im Jahr 2022 auf 11,4 Milliarden Euro festgesetzt und stieg damit zum fünften Mal in Folge"[23], wie das Statistische Bundesamt mitteilte. Allerdings waren die tatsächlichen Erbschafts- und Schenkungssteuereinnahmen im Jahr 2022 rückläufig und betrugen deutschlandweit entgegen der festgesetzten Summe nur 9,2 Milliarden Euro[24], von denen übrigens 200 Millionen Euro, also gerade einmal zwei Prozent, auf die fünf ostdeutschen Bundesländer entfielen.[25]

Dieses Ost-West-Verhältnis macht nochmals deutlich, dass durch die Erbschaften eine Akkumulation von Vermögen stattfindet, also die Reichen deutlich reicher werden und die Armen arm bleiben. Im Durchschnitt erbt ein 50-jähriger Spitzenverdiener im Südwesten des Landes jene hohen Beträge, die dann auch maßgeblich für die Veranlagung der Erbschaftssteuer herangezogen werden können. Das Vermögen bleibt in der (westdeutschen) Familie, die Steuer in der (westdeutschen) Region. Benachteiligt bleiben besonders zwei Gruppen: Ostdeutsche und Menschen mit Zuwanderungsgeschichte.

Erbschaften sind – aus Sicht des Erben – zufällig entstandene Vermögen, die keiner eigenen Arbeit und Wertschöpfung entspringen. Bei der großen, generationsbedingten Vermögensumverteilung durch Erbschaften muss eine neue Ausgangsgerechtigkeit geschaffen werden.

Ich halte es daher weiterhin für dringend geboten, dass wir unser bereits diskutiertes Modell des Kinderstartkapitals in ein Regierungsprogramm überführen und dabei Mut zeigen. Ein Kinderstartkapital von beispielsweise 20.000 Euro wäre durch eine moderate Erhöhung oder gerechtere Veranlagung der Erbschaftssteuer problemlos

Nur etwas mehr Erbschaftssteuer

refinanzierbar. Real werden schon jetzt nur 2,5 Prozent Erbschaftssteuer gezahlt, weil eine Fülle an Ausnahmen die eigentliche Höhe der Erbschaftssteuer von zehn Prozent aushebelt. Würden wir die zehn Prozent Erbschaftssteuer auf ein Zahlungsziel von zehn Jahren verteilen, dafür aber auf alle Erbschaften bis auf das selbst genutzte Eigenheim einen entsprechenden Freibetrag an liquiden Mitteln von 250.000 Euro und einen Freibetrag auf die Übertragung von elterlichen Betrieben einführen, wären die Spielräume nochmals deutlich größer.

Der Zusammenhalt in der Gesellschaft würde dadurch gestärkt werden. Die Gefahr der Behäbigkeit durch mangelndes Engagement der erbenden Generation ließe sich ebenso begrenzen wie die Frustration durch ein dauerhaftes Armutsrisiko auf der Seite der Menschen ohne relevantes Vermögen.

Die Fans des 1. FC Union würden weiterhin voller Inbrunst ihre Hymne in der Alten Försterei schmettern, aber dann in dem Wissen, dass ein wenig Vermögensumverteilung durch ein Startkapital für ihre Kinder etwas mehr von der Chancengerechtigkeit schafft, die aktuell in unserem Land fehlt.

Was gilt es also zu tun: Die Verteilung von Vermögen ist mehr als nur ungleich. Und Jahr für Jahr geht die Schere bei der Verteilung weiter auseinander. Besonders betroffen davon sind die Menschen im Osten Deutschlands. Ein Weg, diese Ungleichheit zumindest perspektivisch aufzuhalten, wäre, endlich ein zentrales Versprechen der sozialen Marktwirtschaft einzulösen: die Beteiligung eines jeden Menschen in unserem Land am Produktivkapital. Wir sollten damit sofort bei der nächsten Generation beginnen, durch die Einführung eines Kinderstartkapitals. Es wäre ein früher und bedingungsloser Einstieg in die Vermögensbildung jedes Einzelnen. Jedes neugeborene Kind erhält einen für alle gleich großen Anteil an einem Kapitalfonds. Das Geld ist nicht bar auszahlbar, sondern kann später für ein Stipendium, eine Unternehmensgründung oder eine individuelle Altersvorsorge genutzt werden. Die Gegenfinanzierung erfolgt nicht durch Neuverschuldung des Staates. Das Geld dafür kommt direkt aus den Einnahmen bei der Erbschaftssteuer. Ludwig Erhard wäre zufrieden.

Kapitel 6
Ostdeutsche Standards und ihre Vorteile für den Westen – oder warum eine DIN Ost allen hilft

Enteignungsattacken

1997: Die ersten sieben Jahre im wiedervereinten Deutschland lagen hinter uns. In dieser Zeit hatten meine Eltern ebenso wie unsere Nachbarn und die Eltern meiner Klassenkameraden einiges in die eigenen kleinen Einfamilienhäuser investiert. Das erste Ersparte floss in eine neue Küche, die lang ersehnte neue Couch oder die Kinderzimmermöbel. Bei anderen war der dringend notwendige Anbau dank der ersten selbst erarbeiteten harten Währung möglich geworden. Das darüber hinaus Ersparte ging dann in die Fassade, die neuen Fenster oder die Heizung. Es war viel zu tun, nachdem nicht mehr der Materialmangel, sondern das knappe Geld die Begrenzung für die Erfüllung der eigenen Träume bildete.

Bei vielen war diese Zeit von der zermürbenden Angst begleitet, dass doch noch ein Alteigentümer aus den alten Bundesländern um die Ecke kommen könnte, der nun die eigenen vier Wände, die man sich mühsam aufgebaut hatte, zurückhaben wollte. Denn viele Alteigentümer entdeckten damals ein Grundstück wieder, das scheinbar plötzlich so viel für die Familiengeschichte bedeutete, obwohl es zuvor nie besucht worden war. Die Modrow-Gesetze[1], das Schuldrechtsanpassungsgesetz[2] und das Sachenrechtsbereinigungsgesetz[3] – diese Begriffe waren an etlichen Abendbrottischen zu ständig wiederkehrenden Themen geworden. Besonders stark betroffen von Rückübertragungsansprüchen waren die Berliner Vorstadtsiedlungen und das Brandenburger Umland, schildert mir der Verband Deutscher Grundstücksnutzer, der damals viele Betroffene rechtlich vertrat. Kleinmachnow

Ostdeutsche Standards und ihre Vorteile für den Westen

führte damals mit 84 Prozent sogenannten Alteigentümeransprüchen die deutsch-deutsche Auseinandersetzung an.

Ungeachtet dieser latenten Sorgen versuchte der übliche Kleineigentümer, mit dem wenigen Ersparten aufzuholen, wovon man in den Jahren davor so sehr geträumt hatte. In unserem Wohnumfeld schossen die Baumärkte nur so aus dem Boden. 1990 gab es in Deutschland 213 Neueröffnungen, davon 26,3 Prozent in Ostdeutschland. Der Baumarktboom verlagerte sich aufgrund des großen Nachholbedarfs im folgenden Jahr noch stärker Richtung Ostdeutschland. Allein im Folgejahr waren es nochmals 178 neue Märkte für die Wünsche der kleinen und großen Handwerker in den neuen Bundesländern.[4]

Zugleich stand in dieser Zeit für viele ein Jobwechsel an; der eigene Betrieb schloss, weil er im System der Marktwirtschaft keine überlebensfähige Nische gefunden hatte, dadurch schnellte die Arbeitslosigkeit dramatisch nach oben. Mehr als 40 Prozent der Beschäftigten in Ostdeutschland waren bis Mitte der 1990er Jahre mindestens einmal arbeitslos, über zwei Millionen Menschen zogen in den Westen, und mehr als eine Million ging in den Vorruhestand.[5] Bis zur Mitte des Jahres 1992 wechselten monatlich zwei von hundert berufstätigen Personen ihren Arbeitsplatz, verließen ihren Betrieb oder fanden eine Anstellung in einem neuen Unternehmen.[6] Berufs- und Studienabschlüsse waren oft nicht mehr das wert, was man sich in der Jugend davon versprochen hatte. Manchem Arbeitgeber musste man im Bewerbungsgespräch peinlichst genau den bisherigen beruflichen Werdegang darlegen, um den Eindruck zerstreuen zu können, man sei zu eng mit dem früheren DDR-Staatsdienst verwoben gewesen. Es war eine Zeit vieler Verunsicherungen, aber auch vieler Hoffnungen. Aus Aufbruch wurde für viele Umbruch, für manche der Zusammenbruch. Die Scheidungsrate stieg in Ostdeutschland von 1995 bis in die 2000er Jahre von 20 auf 35 Prozent.[7]

Im März des achten Jahres nach der deutschen Wiedervereinigung erreichte die Verunsicherung am Stadtrand von Ostberlin einen neuen Höhepunkt. Nach den ersten Umbruchjahren präsentierte eine Tochtergesellschaft der Landesbank Berlin im Auftrag des Berliner Senats ein Erschließungskonzept für Tausende Grundstücksbesitzer in Mahlsdorf und Kaulsdorf. In der Senatsvorlage 976/97 mit

Enteignungsattacken

dem wohlklingenden Titel „Eigentumsstrategie Berlin 2000" wurde das Wohngebiet Kaulsdorf und Mahlsdorf im Süden des damaligen Bezirks Hellersdorf als eines der „untergenutzten Einfamilienhausgebiete" definiert, für die eine Verdichtung vorrangig betrieben werden sollte. In Wahrheit verfolgte dieses Konzept das Ziel einer kostengetriebenen, zwangsweisen Teilung der Grundstücke, um schnell neue und preiswerte Grundstücke auf den Markt zu bringen, die für die erwarteten neuen Beamten nach dem Regierungsumzug nach Berlin bestimmt waren. Im Senat wurde ohnehin nicht nur hinter vorgehaltener Hand die Meinung vertreten, dass viele Ostdeutsche ihre Grundstücke viel zu günstig erworben hatten – und man mutmaßte, dass dies sicher nicht mit rechten Dingen vor sich gegangen sei. Gleichzeitig erhoffte man sich durch eine solche Maßnahme eine politische Durchmischung, um die durch die PDS stabil gewonnenen Wahlkreise mit anderen Mandatsträgern besetzen zu können.

Im damaligen „Gesamterschließungskonzept Kaulsdorf/Mahlsdorf-Süd" wurde daher so gründlich und gleichzeitig klar formuliert: „Die Größe des Gebiets mit rund 1200 Hektar mit einer Straßenlänge von 107 Kilometern und ca. 5.000 Grundstücken lässt von vornherein erkennen, dass hier nicht die üblichen Instrumentarien der Planung und Durchführung von Erschließungsmaßnahmen greifen. Daher gilt es, neue Wege zu gehen."

Eine Tochtergesellschaft der Landesbank erhielt in Zusammenarbeit mit einem alteingesessenen Westberliner Planungsbüro und einer dort ebenso etablierten Rechtsanwaltskanzlei den Auftrag, ein kostenintensives Erschließungskonzept für die über 60 Kilometer unbefestigtes Straßenland und die nicht an das öffentliche Abwassernetz angeschlossenen Grundstücke zu erstellen. Das Ziel war es, 85 Prozent der anfallenden Erschließungskosten von den Anwohnern einzufordern. Es waren 450 Millionen D-Mark veranschlagt, wovon gut zehn Prozent für die Ingenieure und technisch-kaufmännischen Mitarbeiter der gut situierten Planungsbüros vorgesehen waren, einschließlich 144 Monatsgehälter für Geschäftsführer, die mit 170.000 D-Mark pro Jahr angesetzt waren.

Jeder Grundstücksbesitzer sollte durchschnittlich mit 72.000 D-Mark zur Kasse gebeten werden. Schwarz auf weiß stand im Konzept, dass bis zu 210.000 D-Mark von den Eigentümern eines gewöhnlichen Grundstücks, 1000 Quadratmeter groß und mit einem kleinen Eigenheim bebaut, verlangt werden könnten.

Was hier auf dem Papier stand, war nichts anderes als eine getarnte Enteignungsattacke, geplant im kollektiven Größenwahn der Bankgesellschaft und Planungsbüros aus Westberlin. Als das Konzept Anfang 1998 in meinem Kiez ankam, breitete sich eine neue Welle der Verunsicherung in den Straßen aus. Hochkonjunktur für die PDS, hatte sie doch immer vor den übergriffigen „Wessis" gewarnt. Ich konnte meine Nachbarn verstehen, ebenso wie die heutige Linkspartei, die zusammen mit dem Verband deutscher Grundstücksnutzer (VDGN), Ostdeutschlands größtem Grundstücksverband, zum Protest aufrief.

Bis heute ist der VDGN in Ostdeutschland der größte Zusammenschluss von mehr als 400 Kleineigentümerverbänden. In seiner Blütezeit zählte der Verband über 150.000 Mitglieder. Vom Garagenverein in Jena bis zum Datschenverband an der Mecklenburger Seenkette finden sich in ihm viele Zusammenschlüsse von Besitzern von Eigenheimen, Eigentumswohnungen, Erholungsgrundstücken, Kleingärten und Garagen in den neuen Ländern.

Der langjährige und inzwischen ehemalige Präsident des Verbandes, Eckhart Beleites, lebt im Berliner Ortsteil Biesdorf, der in meinem Wahlkreis liegt. Er beschreibt das damalige Erschließungskonzept am Ostberliner Stadtrand mir gegenüber als „reine Katastrophe". Es hätte zu einer massiven Enteignung von Grundstückseigentümern geführt, da die geplanten Anliegerbeiträge von den Anwohnern niemals hätten bezahlt werden können. „Ein DDR-Bürger, der vielleicht 10.000 Mark der DDR auf der Sparkasse als Rücklage hatte, wäre völlig überfordert gewesen", sagte er mir rückblickend.

So erging es in dieser Zeit vielen Städten und Gemeinden in Ostdeutschland. Neue Abwasserzweckverbände und Erschließungsgesellschaften wurden gegründet, und teure Ersterschließungsmaßnahmen mit bis zu 90 Prozent Anliegerkosten waren keine Seltenheit. Oft waren es die westdeutschen Partnerbundesländer, die mit ihren Konzepten in den Osten kamen und dort „Aufbauarbeit" leisteten. Eckhart Beleites schildert, dass die Leiter dieser Wasser- und Abwasserverbände durchweg aus der alten Bundesrepublik importiert waren. Alles gut bezahlte Positionen. Er berichtet, dass überall darauf geachtet wurde, dass keine ostdeutschen Vertreter dort saßen, sondern durchweg Importe, die den Standard der alten Bundesrepublik in das übernommene Land tragen sollten. Und obwohl 70 Prozent der bewohnten Grundstücke bereits an das öffentliche Wasserversorgungsnetz angeschlossen waren, gelang es den Chefs dieser Zweckverbände irgendwie, selbst Geld für Leitungen und Straßen einzutreiben, die schon zu DDR-Zeiten verlegt worden waren.

Es wurden Satzungen erlassen, die auch sogenannte Altanschlussbeiträge zuließen. Beleites erinnert sich an „massenhaft Fälle", die sein Verband auf den Tisch bekam. In Spitzenzeiten, so sagte er mir, vertrat der Verband mehr als 10.000 ehemalige DDR-Bürger vor den Verwaltungsgerichten. Bei diesen Gerichten stieß der Verband nun auf die damals ebenfalls neu im Amt befindlichen Richter, die teilweise sogar aus den gleichen Bundesländern stammten wie die Chefs der neuen Zweckverbände.

Besonders stark betroffen war das Bundesland Brandenburg. Während immer mehr Menschen aus dem dünn besiedelten Brandenburg weggezogen waren, kamen Planer aus dem dicht besiedelten Partnerbundesland Nordrhein-Westfalen und planten das Land mit viel zu großen Abwasseraufbereitungsanlagen. Mit den Anlagen reisten dort auch gleich die Geschäftsführer an. Viele Eigentümer haben auch heute noch an den Kosten dieser überdimensionierten Anlagen zu knabbern. So berichtete der Geschäftsführer des Klärwerks in Jeserig, einem kleinen Ort zwischen Potsdam und Brandenburg (Havel), im Jahr 2004 in der *Süddeutschen Zeitung*, dass seine 1995 eingeweihte Anlage auf eine Million Kubikmeter Abwasser pro Jahr ausgelegt war, sie aber nur auf eine Auslastung von 350. 000 Kubikmetern kam. „Die Gebühren stiegen so in schwindelerregende Höhen, weshalb es immer wieder zu tumultartigen Anliegerversammlungen kam."[8]

DIN Ost

Die „blühenden Landschaften" wurden häufig zu unbezahlbaren Gebührengräbern. Die Zahl der Nutzer einer überdimensionierten, netz-

Ostdeutsche Standards und ihre Vorteile für den Westen

oder leitungsgebundenen Infrastruktur schrumpfte von Jahr zu Jahr. Diese Entwicklung wurde durch staatliche Maßnahmen beschleunigt. Der Wegzug aus den ostdeutschen Bundesländern wurde mit Prämien der Bundesagentur für Arbeit sogar belohnt. Das Ziel, damit diejenigen in Arbeit zu bringen, die von sehr hoher Arbeitslosigkeit betroffen waren, war vielleicht gut gemeint. Doch für die Bevölkerung ganzer Landstriche war es schmerzhaft und bis heute verheerend.[9]

Die ostdeutschen Landesregierungen mussten sich mit dieser Entwicklung intensiv auseinandersetzen. In Sachsen beispielsweise beschäftigte sich eine Enquetekommission von 2005 bis 2008 mit den Folgen dieser Entwicklung.[10] Wie in allen neuen Bundesländern lebten auch in Sachsen deutlich weniger Menschen als zum Zeitpunkt der Wiedervereinigung. Das Bundesland war in 15 Jahren um gut eine halbe Million Menschen geschrumpft und hatte nur noch 4,2 Millionen Einwohner. Heute leben nochmals 200.000 Menschen weniger im südöstlichsten Bundesland. Da gerade die jungen Leute wegzogen, stieg das Durchschnittsalter von 39 auf 45 Jahre. Die hohe Abwanderung junger Leute verstärkte den rapiden Geburtenrückgang, der in der Zeit nach der Wiedervereinigung zu verzeichnen war.

Ein Zeitzeuge, der diese Entwicklung über viele Jahre wissenschaftlich begleitet und aktiv in der Enquetekommission Sachsens mitgearbeitet hat, ist Professor Joachim Ragnitz aus Dresden. Obwohl er im Westen aufgewachsen ist, hat er faktisch sein gesamtes Berufsleben im Osten verbracht. Vor 31 Jahren kam er zunächst als Abteilungsleiter am Leibniz-Institut für Wirtschaftsforschung in Halle an und wurde 2007 stellvertretender Geschäftsführer beim ifo Institut für Wirtschaftsforschung in Dresden.

Ich sprach mit ihm darüber, welche Erfahrungen aus der Transformation der 1990er Jahre im Osten für ganz Deutschland von Bedeutung seien. Er erklärte mir, dass die Frage nach kostengünstigeren und reduzierten Standards vor dem Hintergrund des demografischen Wandels seinerzeit intensiv diskutiert worden sei. Professor Ragnitz zufolge kam die Enquetekommission unter anderem zu der scheinbar banalen Erkenntnis, dass in Gegenden mit wenigen Bewohnern und Autos eine Straße nicht unbedingt sieben Meter breit sein müsse. Ebenso müssten Menschen in abgelegenen Regionen nicht zwingend an das zentrale Abwassernetz angeschlossen sein. Dort würde es alternativ auch eine Kleinkläranlage tun. „Unser Ziel war es, Standardreduzierungen zu ermöglichen, um hohe Ersatzinvestitionen zu vermeiden und um letztlich Kosten zu sparen", erläuterte Professor Ragnitz weiter. Er bestätigte mir, dass der Westen im Jahr 1990 keine Änderung an den geltenden Standards vornehmen wollte und dementsprechend all seine Standards direkt und ungeprüft auf den Osten übertragen hat. Dabei könnte ganz Deutschland jetzt aus diesen Erfahrungen lernen. Deutschland altert gegenwärtig insgesamt, ein Prozess, der sich in Ostdeutschland bereits seit Mitte der 1990er Jahre im Eiltempo vollzog. Dies hat bis heute erhebliche Auswirkungen auf die Refinanzierbarkeit der in den Nachwendejahren entstandenen Infrastruktur, aber nicht nur darauf. Es betrifft auch die Gesundheitsversorgung, die Rekrutierung von Kameraden bei der freiwilligen Feuerwehr oder dem Roten Kreuz sowie die Suche nach geeigneten Nachwuchslehrern.

Die Schlussfolgerungen der sächsischen Enquetekommission können gerade heute für schrumpfende ländliche Regionen in ganz Deutschland beispielhaft als Vorbild dienen. Denn neben den Herausforderungen bot die Situation in Sachsen auch eine neue Chance zum Umdenken und zu strukturellen Veränderungen aufgrund der starken Einschnitte, die fast alle Bereiche der Landespolitik betreffen.[11]

Insbesondere in der Wirtschaftspolitik sollte ein Wandel vollzogen werden, der sich verstärkt auf die Förderung von überregionalen Branchen mit Entwicklungsperspektiven konzentrierte. Um die Anzahl von Existenzgründungen wieder zu steigern und dem zunehmenden Rückgang entgegenzuwirken, sollte eine Umorientierung auf Innovationspolitik erfolgen. Als Lösung wurde vorgeschlagen, die Förderpolitik an regionsspezifischen Konzepten der Entwicklung auszurichten.[12] Um den zukünftigen Gründern neue Perspektiven zu eröffnen, schlug die Kommission unter anderem vor, „Hochschulabsolventen bzw. -absolventinnen bei Existenzgründungen in Form von Darlehen [zu] berücksichtigen [...] und unter Umständen Stundung der BAföG-Rückzahlungen [zu] erwägen"[13]. Auch die Erstellung von „speziellen Risikokapitalfonds" fand dabei Erwähnung. Außerdem stand die Überlegung im Raum, die Unter-

Ostdeutsche Standards und ihre Vorteile für den Westen

nehmenssteuer für Neugründungen zeitweise zu reduzieren, um für Entlastungen zu sorgen.

Nicht nur im ökonomischen Bereich, sondern auch in Bezug auf die Ausbaustandards in den Dörfern und kleinen Städten sollten Anpassungen an den demografischen Wandel stattfinden. Während es in größeren Städten zunehmend zu Konzentrationsprozessen kam, entleerten sich die ländlichen Räume immer mehr.[14] Dem wollte man politisch begegnen, indem unterschiedliche regionale Entwicklungsziele und Mindeststandards in Bezug auf Versorgungssicherheit sowie Infrastruktur definiert und regional spezifisch umgesetzt werden.[15]

Besonders im Fokus stand dabei die Gewährleistung der Gesundheitsversorgung. Mit der Bevölkerung wanderten auch Ärzte zunehmend in bevölkerungsreichere Gebiete ab. Um diesem Trend entgegenzuwirken, wurden vonseiten der Kommission eine Mobilisierung der Versorgungsdienste sowie die Konzeption eines abgestuften Versorgungszentrenmodells für Sachsen vorgeschlagen.[16] Durch die Bündelung der Versorgung in Zentren könnten eine gemeinsame Nutzung von Geräten und das Führen durchgängiger Patientenakten zu Kostensenkungen und einer Steigerung der Qualität beitragen.[17] Da sich der demografische Wandel in Sachsen nicht gleichförmig vollzog, waren dezentrale Lösungen für das „Schrumpfungsparadigma" erforderlich.[18] Vor allem die Akteure im kommunalen Bereich erlangten somit eine größere Bedeutung bei der Organisation von Anpassungsprozessen.

Der Erhalt sowie die Weiterentwicklung der Bildungsmöglichkeiten spielten ebenfalls eine zentrale Rolle. Hier schlug der sächsische Landtag vor, das Angebot von Ganztagsschulen zu erweitern und das Weiterbildungssystem zu verbessern.[19] Dadurch sollte nicht nur die Produktivität der Beschäftigten gesteigert, sondern auch die Attraktivität für Zuwanderer aus anderen Regionen Deutschlands erhöht werden.

Wer heute den Bericht liest, erkennt, dass der Osten viele Entwicklungen bereits Jahre zuvor durchlaufen hat, die nun trotz einer leichten demografischen Erholung unaufhaltsam ganz Deutschland erreichen. Wir benötigen einen Weckruf, um die Umbruchserfahrungen des Ostens im ganzen Land zu nutzen.

DIN Ost

Zu ähnlichen Ergebnissen kommt in einem aktuelleren Bericht der Ostbeauftragte der Bundesrepublik, Staatsminister Carsten Schneider (SPD).[20] Seinem Jahresbericht 2023 zufolge sind die Spuren der Teilung Deutschlands auch heute noch deutlich zu sehen. Zwar gleichen sich die wirtschaftlichen Bedingungen zwischen Ost und West seit der Wiedervereinigung weiter an, doch ist die wirtschaftliche Leistungsfähigkeit in Ostdeutschland nach wie vor niedriger. Ein weiteres Themenfeld stellt der demografische Wandel dar.[21] Die Bevölkerungszahl bleibt in Ostdeutschland rückläufig. Dies sei auf den Geburtenrückgang, die Abwanderung nach Westdeutschland und die geringere Zuwanderung aus dem Ausland zurückzuführen. Besonders stark betroffen seien ländliche Regionen. Auch in Bezug auf die Altersstruktur bestünden große Unterschiede zwischen Stadt und Land aufgrund der Ost-West-Wanderungen der 1990er und frühen 2000er Jahre. Der demografische Wandel, aber auch die Abwanderung junger Fachkräfte in die Städte stellen vor allem das Gesundheitswesen in ländlichen Regionen vor enorme Herausforderungen.

Die Ministerpräsidentin Manuela Schwesig aus Mecklenburg-Vorpommern beklagte im Umfeld der Wiedervereinigungsfeier im Jahr 2023, dass die Sorgen der ostdeutschen Länder eher belächelt als ernst genommen würden. Als der an Bevölkerung schrumpfende ländliche Raum im Osten mit dem Problem der zurückkehrenden Wölfe konfrontiert war, so wird sie zitiert, wurde dies im Westen noch müde belächelt. Erst heute, wo dieses Problem auch in Niedersachsen und weiter westwärts auftritt, beschäftigt sich die Politik ernsthaft damit.[22] Ähnliche Reaktionen seitens westgeprägter Politiker sind auch bei den Sorgen bezüglich der ärztlichen Versorgung oder den steigenden Netzentgelten für die Stromversorgung zu beobachten.

Ich bin der Auffassung, dass es an der Zeit ist, im Bundesrat eine länderübergreifende Zusammenarbeit zu institutionalisieren, die einerseits diese Transformationsprobleme ernsthaft zusammenträgt, aber gleichzeitig diese auch als Blaupause für jene Regionen nutzt, die westlich der Elbe mit ähnlichen Herausforderungen konfrontiert sind. Auf diese Weise könnte, metaphorisch gesprochen, eine Art „DIN Ost" entstehen, die Lösungen für ganz Deutschland bereithält.

Ostdeutsche Standards und ihre Vorteile für den Westen

Beispiel Gesundheitsversorgung

Die in der Demografie begründeten Transformationen starten im Osten, und dort mit hohem Tempo. Eine besondere Folge des Turboalterns, gepaart mit der Abwanderung junger Menschen, zeigt sich bei den Problemen der Gesundheitsversorgung im Osten des Landes. Als Gesundheitssenator von Berlin habe ich seinerzeit die Debatte dazu oft hautnah miterlebt. Denn einerseits ist die Gesundheitsversorgung im Ostteil Berlins bis heute schlechter als im Westteil der Stadt. Auch hier spiegeln sich die Auswirkungen der speziellen ostdeutschen Demografie und der Wanderungsbewegungen wider. Andererseits waren die Herausforderungen Ostberlins im Vergleich zu den neuen Bundesländern eher marginal.

Die großen gesetzlichen Krankenkassen in Berlin wie die AOK und die Barmer sind gleichzeitig für Berlin und Brandenburg zuständig und im Falle der AOK darüber hinaus auch für Mecklenburg-Vorpommern. Dies war in der Zusammenarbeit nicht immer problemlos. Denn während ich auf die Ungleichverteilungen der medizinischen Versorgung innerhalb Berlins nicht nur hinwies, sondern diese auch mit konkreten Umverteilungsmaßnahmen in eine faire Balance bringen wollte, erschienen diese im Vergleich zu den Ungleichheiten zwischen Berlin und Brandenburg oder Mecklenburg-Vorpommern wie Luxusprobleme. Was mir in dieser Zeit aber immer wieder auffiel, war, wie kreativ die Kassen zusammen mit den Ärzten und der Pflege agierten, um mit eigenen Antworten auf die Strukturschwäche zu reagieren. Denn nicht nur vor 1989 hatten sich viele Ärzte auf den Weg in den Westen gemacht.[23] Allein im Jahr des Mauerfalls waren es 1500 Ärzte einschließlich medizinischen Personals.[24] Auch nach der Wiedervereinigung ging dann die Zahl der Ärzte noch weiter deutlich zurück.

Ich sprach darüber jüngst auch mit dem ehemaligen Vorstandsvorsitzenden der AOK Nordost, Frank Michalak. Wie Professor Ragnitz kam auch er unmittelbar nach der Wiedervereinigung nach Ostdeutschland. Seine Aufgabe bestand darin, die AOK in Brandenburg aufzubauen, sie dann mit Berlin zu fusionieren und später mit Mecklenburg-Vorpommern zur AOK Nordost zu verschmelzen. Er

Beispiel Gesundheitsversorgung

führte die größte und mitgliederstärkste gesetzliche Krankenversicherung bis zu seinem Eintritt in den Ruhestand. Michalak nannte mir viele Beispiele, wie auf die besondere Situation in Ostdeutschland mit praxistauglichen Lösungen reagiert wurde, aber er machte auch klar, warum manches nicht übernommen werden konnte, obwohl es sich als praxistauglich erwiesen hatte.

Er war überrascht über die Offenheit der damaligen Akteure im ostdeutschen Gesundheitswesen, Strukturen zu hinterfragen, aber auch jene beizubehalten, mit denen die Beteiligten gute Erfahrungen gemacht hatten. Zugleich erinnerte er sich, dass vor allem die damalige Kassenärztliche Vereinigung (KV) keine große Hilfe war. Denn die funktionierenden Strukturen der Polikliniken an den Krankenhäusern bzw. in der Verantwortung der Kliniken wurden schnell durch die Protagonisten der doppelten Facharztstruktur – sowohl niedergelassene Fachärzte als auch Fachärzte in den Krankenhäusern – zerstört. Es dauerte viele Jahre, bis sie sich mühsam als Medizinische Versorgungszentren (MVZ) wieder im Land etablierten. „Die Duplizierung dessen, was im Westen gut ist, damit es auch im Osten gut ist", resümierte er, „war einfach sehr unglücklich gewesen." Die bestehende Anspruchshaltung des westdeutschen Gesundheitssystems war damit zementiert, und er bedauert rückblickend, dass sie damals nicht die Spielräume hatten, um Änderungen am System vorzunehmen, obwohl es maßgebliche Befürworter für die medizinische Versorgung aus einer Hand durch die Polikliniken gab, wie etwa die ehemalige Brandenburger Sozialministerin Regine Hildebrandt. „Die gesetzlichen Grundlagen waren einfach nicht vorhanden, sodass man die Polikliniken damals auflöste und den Schritt der Ärzte in die Freiberuflichkeit als einzige Option ermöglichte", erklärte Michalak.

Die ostdeutschen Patienten waren es gewohnt, Leistungen aus einer Hand zu erhalten. Aufgrund der massiven Abwanderung von Ärzten wäre eine andere Art der medizinischen Versorgung auch nicht möglich gewesen. Michalak erzählte mir von einer bemerkenswerten Begebenheit mit Manuela Schwesig, die damals Gesundheitsministerin in Mecklenburg-Vorpommern war. Frank Michalak war als AOK-Chef mit ihr in Plau am See. Sie hatte ihn dorthin gebeten, weil die ambulante medizinische Versorgung vor Ort in einem dramatisch schlechten Zustand war. In der Gegend gab es zwar mehr als zwei Hände voll Rehakliniken mit allen erforderlichen Facharztgruppen, demgegenüber gab es jedoch keine niedergelassenen Fachärzte vor Ort. Jeder, der in Plau am See wohnte, musste damals eine Tagesreise unternehmen, um zu einem Facharzt zu gelangen. Oft konnten die Patienten nicht am gleichen Tag zurückkehren, da der öffentliche Nahverkehr unzureichend ausgestaltet war, sodass sie für einen Facharztbesuch eine Hotelübernachtung buchen mussten – in ihrem eigenen Bundesland. Ich fragte ihn, ob die Ärzte in den Rehakliniken nicht die Versorgung hätten übernehmen können. Seiner Einschätzung nach wäre dies sowohl der Zahl als auch der Qualifikation nach zweifellos möglich gewesen. Es fehlte jedoch an einer gesetzlichen Grundlage für die Zulassung, und die Kassenärztlichen Vereinigungen hatten kein Interesse daran, die Honorarverteilung in diese Richtung zu ändern.

Die Tätigkeit von Gemeindeschwestern, die auch über delegierte ärztliche Kompetenzen verfügten, hatte sich bereits in der früheren DDR etabliert. Diese Struktur wurde seinerzeit aufgrund des zunehmenden Ärztemangels ins Leben gerufen. Viele Ostdeutsche erinnern sich an dieses Modell auch dank des im Jahr 1975 veröffentlichten und oft wiederholten DEFA-Films „Schwester Agnes". Der Film, der am Frauentag erstausgestrahlt wurde, sparte nicht mit geschickt intonierter sozialpolitischer Kritik an den Zuständen in der DDR. Frank Michalak berichtete mir von einer aufgeschlossenen Kassenärztlichen Vereinigung in Brandenburg, die auch den Bedarf an ärztlich entlastenden Tätigkeiten sah und gemeinsam mit ihm das Modell der Gemeindeschwester wieder einführte.

Der Erfolg dieses Modells trug dazu bei, dass auch im Westen der Republik erste Rufe nach Übernahme laut wurden. So forderte die Senioren-Union in Nordrhein-Westfalen im Jahr 2018, dass dieses Modell auch in ländlichen Regionen des größten Bundeslandes eingeführt würde.[25] Rheinland-Pfalz nahm mehrere Millionen Euro in die Hand, um das Modellprojekt zu erproben. Ein schlichter Blick in Richtung Osten wäre hier vermutlich sinnvoller und preiswerter gewesen – mittels eines fachlichen Erfahrungsaustausches hätte das vorhandene Wissen von Ost nach West garantiert kostengünstiger transferiert werden können.

Standards flexibilisieren

Noch einmal zurück an den Stadtrand von Ostberlin nach Berlin-Mahlsdorf im Jahr 1998. Ich hatte im Jahr zuvor den Kontakt zum Verband Deutscher Grundstücksnutzer e. V. (VDGN) gesucht und gemeinsam mit diesem eine Reihe von Anwohnerversammlungen zum beschriebenen Ersterschließungskonzept organisiert. Der VDGN, der bisher eher an die Zusammenarbeit mit der damaligen PDS gewöhnt war, hatte ebenso wie ich Interesse daran, dieses teure Senatskonzept zu kippen, gleichzeitig aber auch Lösungsvorschläge für die offensichtlich notwendigen Investitionen in die Infrastruktur zu unterbreiten. Damit hatte ich zwei Vorteile in der Zusammenarbeit mit dem VDGN gegenüber der damaligen PDS. Einerseits waren wir nicht grundsätzlich gegen Erschließungsmaßnahmen mit Augenmaß und wollten auch nicht die in die Jahre gekommene „Gülleabfuhr" per Spezialfahrzeug aus den Abwassergruben der Eigenheimbesitzer erhalten, wie das erhebliche Teile der PDS taten. Andererseits war ich Mitglied einer Regierungspartei, und es bestand die greifbare Möglichkeit, dass unsere Vorschläge in die praktische Politik einfließen würden. Es war kein einfacher Weg, aber er war erfolgreich.

In einem Konzept mit dem Titel „Siedlungsentwicklung von unten" erarbeiteten wir unter maßgeblicher Beteiligung des VDGN und mit Unterstützung erfahrener Straßen- und Stadtplaner der Region eigene Standards. Wir planten, die Straßenbreiten an den tatsächlichen Bedarf anzupassen, die Regenwasserentwässerung über Mulden statt teure Kanäle zu realisieren, und schlugen außerdem vor, nur einseitig Gehwege in den Anwohnerstraßen zu bauen, um die Kosten im Griff zu behalten. Auch die in der DDR bekannte „Muskelhypothek" tauchte in unserem Konzept auf. Damit war die Möglichkeit gemeint, dass Anwohner beispielsweise selbst den Spaten für einzelne Maßnahmen in die Hand nahmen, um so die anfallenden Kosten geringer zu halten.

Durch hartnäckige Verhandlungen der lokalen Akteure gelang es, dieses Konzept vor Ort umzusetzen. Es wurde sowohl vom damaligen Parlamentarischen Geschäftsführer der Berliner CDU-Fraktion, Volker Liepelt, als Parlamentsdrucksache eingereicht als auch in leicht abgewandelter Form von der damaligen PDS-Fraktion. Gut nur, dass dies in der CDU nicht allzu viele sofort bemerkten.

Es waren meine ersten organisierten Veranstaltungen, bei denen wir Turnhallen, Schulaulen und auch Zirkuszelte mit betroffenen Anwohnern füllten. Der öffentliche Druck in Kombination mit unseren deutlich abgespeckten Gegenvorschlägen zeigte Wirkung: Auf Basis unserer Standards wurde ein Teilabschnitt einer Musterstraße gebaut. Und der Senat zog sein kostspieliges Konzept zurück. Die *Berliner Zeitung* titelte im September 1998: „Kein Luxusausbau – Hausbesitzer sparen 140.000 DM". Nun ja, von „sparen" konnte nicht wirklich die Rede sein, aber gemeint war, dass das teure Konzept wieder dort verschwand, wo es herkam – in den Schubladen der Banker und Planer Westberlins.

Meine Schlussfolgerung lautet: Standards dürfen nicht in Stein gemeißelt sein. Auch dann nicht, wenn sie sich in Vorzeiten und unter bestimmten Bedingungen in den alten Bundesländern bewährt haben. Im Gegenteil: Standards sollten hinterfragt und an neue Gegebenheiten angepasst werden, im Osten wie im Westen. Denn überall befindet sich unsere Gesellschaft in einem tiefgreifenden demografischen Wandel. Die Bevölkerung wird immer älter. Die Abwanderung junger Menschen aus ländlichen Gebieten hält unvermindert an. Darauf muss eine Gesellschaft reagieren – mit reduzierten und somit Kosten senkenden Standards bei Straßenbau und Kanalisation, mit medizinischen Versorgungszentren und einem Netz von Ganztagsschulen im ländlichen Raum. Im Bundesrat könnte unter Federführung der Ost-Ministerpräsidenten eine „DIN Ost" erarbeitet werden, die letztlich Lösungen für ganz Deutschland enthält.

Kapitel 7
Eine Ostquote ist überfällig

Wendekinder

„Eine Quote macht natürlich alles leichter", kommt es wie aus der Pistole geschossen von Adriana Lettrari-Pietzcker. So klar und unmissverständlich reagierte sie auf meine Frage, ob eine Quote für Ostdeutsche nötig sei, um endlich gleichberechtigt am wiedervereinigten Deutschland teilzuhaben.

Die promovierte Politikwissenschaftlerin ist Autorin und Gründerin des Netzwerks „3te Generation Ost". Sie ist eine echte „Powerfrau". Sie erhielt Auszeichnungen wie „Frau Europas Deutschland 2016" und „Women of Europe 2017" für ihr berufliches und ehrenamtliches Engagement.[1] 2009 gründete sie den Verein „Dritte Generation Ost" mit dem Ziel, den „Wendekindern", zu denen auch ich gehöre, eine Stimme zu geben.[2] Heute zählt das Netzwerk für die 2,5 Millionen mitteljungen Menschen, die zwischen 1975 und 1985 geboren wurden und damit zum Zeitpunkt der Wiedervereinigung fünf bis 15 Jahre alt waren, zu einem der einflussreichsten Thinktanks in Ostdeutschland.

„Zonenkinder" nennt uns die Autorin und Journalistin Jana Hensel in ihrem gleichnamigen Buch. Auch sie gehört zu den Vorbildern unter uns „Wendekindern". Andere Bezeichnungen sind „Mauerfallkinder" oder „Eisenkinder".[3] Für ihre Werke erhielt Jana Hensel eine Reihe an Preisen und wurde 2019 zur „Journalistin des Jahres" gewählt. Heute schreibt sie für die Wochenzeitschrift *Die Zeit*.

Adriana Lettrari-Pietzcker, Jana Hensel, Manuela Schwesig, die Ministerpräsidentin von Mecklenburg-Vorpommern, der Schauspieler Matthias Schweighöfer, der sächsische Wissenschaftsminister Sebastian Gemkow und auch ich, wir sind unterschiedliche Charaktere, haben individuelle berufliche Werdegänge und erst recht politisch

Eine Ostquote ist überfällig

divergierende Ansichten, aber uns eint, dass wir die DDR noch als Kinder erlebt haben, unsere prägende Jugendzeit jedoch in einer Zeit des Umbruchs und Aufbruchs stattfand. Wir haben die Verletzungen, Sorgen und Ängste unserer Eltern und zum Teil Großeltern gesehen und miterlebt, sie sind in uns verankert, haben sich in unser Gedächtnis eingebrannt, ohne dass sie uns auf unserem eigenen Lebensweg direkt behindert hätten. Aber beeinflusst hat uns das in jener Zeit Erlebte schon.

Schaut man im Internet nach den Einordnungen unserer Generation, dann stößt man häufig auf die typischen Zuschreibungen des Konzepts der „transgenerationalen Weitergabe". Aus der Forschung ist bekannt, dass Erlebnisse wie Krieg, Flucht oder Gewalt über Generationen hinweg weitergegeben werden können.[4] Unsere Eltern und Großeltern sahen sich neben den Auswirkungen des Zweiten Weltkriegs und der Nachkriegszeit auch mit dem Zusammenbruch der DDR konfrontiert. Dies hatte zur Folge, dass wir nach dem Mauerfall nur begrenzt Unterstützung und Orientierung von unseren Eltern oder Lehrern erhielten, die sich mit dieser massiven Umbruchserfahrung, begleitet von elementaren Zukunftsängsten, oftmals überfordert sahen. Nicht selten erklärten nun die Jungen den Alten, wie die Welt um sie herum funktionierte.[5] Einige Soziologen gehen sogar so weit, uns als eine „Generation der Unberatenen"[6] zu bezeichnen. So schwer, wie es klingt, fühlt es sich jedoch nicht an.

Wir empfinden Verantwortung für unsere Heimat, die auf dem Gebiet der ehemaligen DDR liegt, und wünschen uns dabei nichts Diktatorisches, Repressives zurück. Trotz der Vorurteile des Westens gegenüber dem Osten leben wir selbstbewusst unsere Identität. Man könnte sagen, wir sind im vereinigten Deutschland angekommen und haben einiges zu bieten. Wir verfügen über bestimmte Transformationskompetenzen, die wir aufgrund unserer Erfahrungen in der Wendezeit erworben haben und von denen das ganze Land profitieren könnte.[7]

Warum führe ich dann eigentlich diese Diskussion über eine Quote für Ostdeutsche, könnte man fragen. Ich werde es auf den kommenden Seiten erläutern und dabei den Blick auf ein hehres Ziel lenken – dass wir im wiedervereinigten Deutschland voneinander lernen können und diese reichhaltigen Erfahrungen von beiden Seiten des „Eisernen Vorhangs" endlich nutzen sollten, um unser Land zu bereichern und stärker zu machen. Leider sind wir davon aktuell noch weit entfernt.

Der Osten hat fast nichts zu sagen

Ich könnte an dieser Stelle viele Statistiken anführen, die den aktuellen Stand der deutschen Einheit beschreiben und doch alle seit 30 Jahren zu dem gleichen Ergebnis kommen. Sie lassen sich knapp in drei Punkten zusammenfassen.

Erstens: Die Ostdeutschen haben im vereinten Deutschland fast nichts zu sagen. Ja, fast nichts! Egal, wohin man schaut. Üblicherweise begegnet mir dann das Argument: „Ja, aber es gab doch eine ostdeutsche Bundeskanzlerin Angela Merkel, einen ostdeutschen Bundespräsidenten Joachim Gauck, einen ostdeutschen Bundestagspräsidenten Wolfgang Thierse und einen Matthias Platzeck als zumindest kurzzeitigen Vorsitzenden einer gesamtdeutschen Volkspartei."[8] Einmal ganz unabhängig von der Frage, ob sie in der jeweiligen Position jemals in der Lage oder überhaupt gewillt waren, ostdeutsche Sichtweisen in ihre Amtsausführung einzubringen, kann dies nicht über den allgemeinen Zustand hinwegtäuschen. Nur magere 1,7 Prozent der Spitzenpositionen aller Bereiche, von der Politik über die Wirtschaft, die Kultur, die Justiz bis zur Verwaltung haben Ostdeutsche inne.[9] In elf von 14 Bundesministerien gibt es keinen einzigen Abteilungsleiter aus dem Osten.[10] Unter 120 leitenden Beamten finden sich drei ostdeutsche Vertreter. Dieser Befund zieht sich durch alle Bereiche. Für einen Bevölkerungsanteil, der je nach Definition zwischen 17 und 20 Prozent des Landes ausmacht, ist dies erkennbar keine angemessene Repräsentanz.

Zweitens: Die Ostdeutschen haben selbst in Ostdeutschland wenig zu sagen. Die mangelnde Besetzung von Spitzenpositionen in Ostdeutschland wurde in der Vergangenheit häufig mit dem notwendigen Elitenwechsel nach der friedlichen Revolution und dem Ende der SED-Diktatur begründet. Spätestens danach, so war die Behauptung der

Eine Ostquote ist überfällig

Verteidiger dieses Umstands, würden die Positionen schrittweise auch von Ostdeutschen der „neuen Generation" eingenommen werden. Dies ist jedoch ganz offensichtlich nicht der Fall. Eine der umfangreichsten ostdeutschen Elitestudien erschien im Jahr 2022 unter dem Titel „Der lange Weg nach oben". Die darin vorgenommene Datenerhebung eines Teams von mehr als 20 Wissenschaftlern, die in enger Kooperation mit der Universität Leipzig arbeiteten, kam zu der klaren Erkenntnis: „Ein in den letzten Jahren erwartetes Nachrücken Ostdeutscher in Elitepositionen bzw. ein Ansteigen der Anteile findet in vielen der untersuchten gesellschaftlichen Bereiche nicht statt. Bei einem Anteil von über 80 Prozent an der Wohnbevölkerung von Ostdeutschen in den fünf ostdeutschen Bundesländern ist der Anteil Ostdeutscher in den Elitepositionen seit 2016 lediglich von 23 auf 26 Prozent angestiegen." Auf der Leitungsebene der 100 größten ostdeutschen Unternehmen war der Anteil Ostdeutscher von 25 Prozent im Jahr 2016 sogar auf 20 Prozent im Jahr 2022 gesunken. Dieses Verhältnis müsste man sich einmal für Bayern vorstellen. Was würde wohl geschehen, wenn dort drei Viertel aller Führungspositionen von Menschen besetzt wären, die keine Wurzeln in Bayern haben? Es wäre nicht auszumalen, wie die Talkshows wöchentlich über diese eklatante Unterrepräsentanz der Bayern in ihrem „eigenen Land" berichten würden.

Der dritte und meiner Meinung nach gravierendste Faktor ist die „Überschichtung des Ostens durch westdeutsche Eliten"[11]. Oder einfacher formuliert: Es ändert sich nicht, sondern verfestigt sich.

Wie mir erst kürzlich jemand aus der „alten" Elite schilderte, hat es nach 1990 in allen osteuropäischen Ländern einen gravierenden Elitenwechsel gegeben: „Nur die Ostdeutschen konnten daran nicht teilhaben. Ungarn wurden durch Ungarn ersetzt, Polen durch Polen, aber die Ostdeutschen, die wurden durch Westdeutsche ersetzt." Und deshalb haben Ostdeutsche aus seiner Sicht bis heute so geringe Chancen, in Führungspositionen zu kommen. „Eliten rekrutieren sich aus Eliten. Sie lassen niemanden von außen rein." Das habe etwas mit Vertrauen und Netzwerken zu tun, weniger mit Kompetenz, führte er weiter aus.

Doch was genau verstehen wir eigentlich unter dem Begriff „Eliten", und wer zählt überhaupt dazu? Eliten sind Personen mit besonderen Führungs- und Leitungsqualitäten sowie herausragenden Qualifikationen, die wichtige Positionen in Staat, Gesellschaft, Politik und Kultur einnehmen, so die allgemeine Definition. Sie rekrutieren sich größtenteils aus den eigenen Reihen. Als funktionale Führungsschicht treffen sie wichtige Entscheidungen in zentralen Aufgabenbereichen und haben dadurch einen erheblichen Einfluss auf das gesamte gesellschaftliche Geschehen eines Landes.[12]

Wie steht es aktuell um die Präsenz von Ostdeutschen in den Eliten? Welchen Einfluss können wir auf das gesamte gesellschaftliche Geschehen in der Bundesrepublik Deutschland ausüben? Wie ist es um die Vertretung unserer Interessen bestellt?

Eine Reihe von Elitestudien, unter anderem zuletzt das Forschungsprojekt „Elitenmonitor"[13], ergaben, dass sich der defizitäre Zustand der ostdeutschen Elitenbildung auch nach über 30 Jahren Wiedervereinigung eher verfestigt als verbessert hat.[14] Befanden sich beispielsweise 2016 unter den 247 untersuchten Vorstandsmitgliedern der DAX-Unternehmen drei Ostdeutsche, waren es mit dem Stichtag der Erhebung der Studie 2022 nur noch zwei. Dem „Elitenmonitor" zufolge bestehen kulturelle Vorurteile, die zu einer Bevorzugung von Westdeutschen bei der Auswahl von Führungskräften führen.[15] Die „Elitenschwäche" der Ostdeutschen hat zur Folge, „dass bestimmte Perspektiven und Interessen wenig repräsentiert werden und sich die Bevölkerung nur unvollständig in den Eliten spiegeln kann"[16].

Abnehmende Akzeptanz des Gemeinwesens

Viele Menschen in Ostdeutschland empfinden die unzureichende Vertretung von Ostdeutschen als ungerecht und ungleich, was auch ihr Vertrauen in Politik und staatliche Institutionen untergräbt. Das führt wiederum zu einer Belastung des gesellschaftlichen Zusammenhalts und verhindert eine wirkliche Teilhabe.[17] Durch die zu geringe Repräsentanz in den Eliten können ostdeutsche Ideen, Erfahrungen und Interessen nicht genügend in relevante Entscheidungsprozesse eingebracht werden, was sich wiederum nachteilig auf die Regionalentwicklung auswirken kann.[18] Die Herausforderungen des gesellschaftlichen und wirtschaftlichen Wandels ließen sich mit einer diversen Führungsebene mit Vertretern unterschiedlicher Hintergründe besser meistern.[19]

Um mich über diesen Befund auszutauschen, traf ich Steffen Mau, Soziologe und Professor für Makrosoziologie am Institut für Sozialwissenschaften der Humboldt-Universität zu Berlin. Er betonte, dass die Aufgabe der Eliten weit über ihre bloße „Funktion" hinausgehe. Es gehe nicht nur darum, dass sie als Sparkassendirektoren oder Amtsrichter gut funktionieren. Vielmehr seien sie, so sagte er, gesellschaftliche Führungsgruppen, die Transformationsprozesse vermitteln und Identifikationsfiguren sein können. Seiner Einschätzung nach fehlt dies in Ostdeutschland völlig. In nahezu allen Bereichen bestehe ein Mangel an ostdeutscher Elitenbildung, und zwar nicht nur bundesweit, sondern auch in Ostdeutschland selbst. Er berichtet mir von einem Austausch mit einem amerikanischen Populismusforscher, dem er vorstellte, wie in den 1990er Jahren 30.000 bis 40.000 Westdeutsche, vor allem Männer, in die Führungspositionen im Osten gelangten. Je einflussreicher die Position war, desto wahrscheinlicher war sie mit einem Westdeutschen besetzt. Das wäre so, als würde man 30.000 Führungskräfte von Washington, D.C. nach Wisconsin schicken. Sein amerikanischer Gesprächspartner nannte dies einen „Brandbeschleuniger für den Populismus" und konnte sich außer in den kolonialen Phasen der Weltgeschichte an keinen so radikalen Elitenwechsel in der jüngeren Geschichte erinnern.

Bei meinem Plädoyer für eine Quote für Ostdeutsche geht es mir nicht nur um Repräsentanz. Es ist geht mir auch nicht nur darum, dass wir die unterschiedlichen Erfahrungen für unser Miteinander nutzen, wenngleich ich darin einen bedeutenden Mehrwert für unser Land sehe. Sondern es geht mir auch um den erheblichen Akzeptanzverlust unseres demokratischen Gemeinwesens, der maßgeblich durch dieses Missverhältnis entsteht und beschleunigt wird.

Mit Matthias Platzeck, dem früheren Ministerpräsidenten in Brandenburg und Vorsitzenden der von der Bundesregierung eingesetzten Kommission „30 Jahre Friedliche Revolution und Deutsche Einheit" (April 2019 bis Dezember 2020), hatte ich ein intensives Gespräch

Abnehmende Akzeptanz des Gemeinwesens

zu den Themen Ostquote, Ursachen der schlechten Stimmung in Ostdeutschland und zur dortigen Ablehnung bundesdeutscher Strukturen. Platzecks Einschätzung bringt es meines Erachtens auf den Punkt: „Die Ostdeutschen haben in den letzten 30 Jahren, also in einer historisch sehr kurzen Zeitspanne, verschiedene Transformationen erlebt und durchmachen müssen. So hatten sie unter anderem drei Währungen in der Tasche – Ostmark, Westmark und Euro. Alles war mit Umstellungen verbunden, auch manchmal mit Aversionen, gerade als sie die Westmark wieder abgeben mussten. Sie haben 1989/90 den Zusammenbruch der DDR erlebt, der für viele zur Folge hatte, dass sie den Job verloren und sich komplett umstellen mussten. Als sie sich dann mühsam berappelt hatten, in den Jahren 2005/06 die Arbeitslosigkeit langsam unter die 20-Prozent-Marke sank und die Leute allmählich Boden unter die Füße bekamen, folgte die Wirtschafts- und Finanzkrise. Auch wenn die meisten privat davon nicht betroffen waren, kam bei vielen eine Erkenntnis aus der DDR-Schulbildung hoch: Der Finanzkapitalismus hat sich verselbstständigt und macht, was er will. Viele Menschen erlebten die Krise als ein Staatsversagen. Während daheim kein Geld mehr für den Nahverkehr oder das örtliche Schwimmbad da war, rettete der Staat mit Milliarden die Banken. Und als sich die Menschen davon wieder erholt hatten, kam die Flüchtlingskrise 2015. Und für viele ergab sich die Wahrnehmung, jetzt können die da oben nicht mal mehr die Grenzen sichern. Für sie hatte der Staat zum dritten Mal versagt. Das Zutrauen in die demokratischen Institutionen schwand. Und dieser Schwund wurde verstärkt, weil die demokratischen Institutionen eben nicht von Ostdeutschen repräsentiert wurden."

Um direkten Einfluss auf die Partizipationsmöglichkeiten von Ostdeutschen zu nehmen, ihre strukturellen Benachteiligungen abzubauen und ihre Demokratiezufriedenheit zu erhöhen, ist eine Ostquote, die sich am Anteil der Ostdeutschen an der Gesamtbevölkerung orientiert, zwingend erforderlich.[20] Zu ähnlichen Erkenntnissen kommen auch der Soziologe Raj Kollmorgen, Professor für Management sozialen Wandels und Prorektor Forschung an der Hochschule Zittau/Görlitz, sowie seine Forschungskollegen Lars Vogel und Sabrina Zajak.[21] Die Unterrepräsentanz von Ostdeutschen in Elitepositionen wirkt sich negativ auf ihre Einstellungen zu Demokratie und Gesellschaft aus und verstärkt Benachteiligungsgefühle.[22] Eine stärkere Beteiligung in Führungspositionen hingegen könnte das „Gefühl kollektiver Benachteiligung"[23] verringern. Da aber nur die Politik selbst „Handlungsprogramme, politische Instrumente oder Maßnahmepakete"[24] zum Abbau der Unterrepräsentanz entwickeln kann, möchte ich mit diesem Kapitel helfen, die notwendige und längst überfällige demokratische Diskussion zur Etablierung einer Ostquote voranzutreiben.

Die CDU als Vorreiterin?

Es führt kein Weg an einer Quotenregelung vorbei. Nur eine Quotenregelung wird Beteiligung und Partizipation schnell und spürbar verbessern. Die Einführung der Frauenquote in den Führungsetagen der deutschen Wirtschaft ist ein klarer Beleg dafür, dass sich mit einer solchen Maßnahme etwas ändern lässt. Seit der Einführung einer Frauenquote von 30 Prozent für börsennotierte und voll mitbestimmte Unternehmen in Deutschland im Jahr 2015 steigt der Frauenanteil in Aufsichtsräten und Vorständen. Dieser Anstieg ist sowohl in den Unternehmen zu verzeichnen, die von der gesetzlichen Regelung betroffen sind, als auch in den Unternehmen, für die bislang keine gesetzlichen Regelungen bestehen.[25] Nach einem Bericht der AllBright Stiftung, die sich für mehr Frauen in den Führungspositionen der Wirtschaft einsetzt, waren am 1. September 2021 in den Vorständen der 160 deutschen DAX-, MDAX- und SDAX-Unternehmen 603 Männer und 93 Frauen vertreten. Das waren 25 Frauen mehr als im Vorjahr und der bisher größte Zuwachs an Frauen in den Vorständen innerhalb eines Jahres.[26]

Ich empfehle meiner Partei, hier mutige Vorreiterin zu sein. Eigentlich dürfte das gar nicht so schwer sein, wenn sie sich nur auf ihre Wurzeln besinnen würde. Die Gründungsgeschichte der CDU ist eine Geschichte der Vielfalt. Der CDU in Westdeutschland ist nach dem Zweiten Weltkrieg etwas gelungen, was bis dahin unmöglich war. Sie hat Katholiken und Protestanten, Arbeiter und Unternehmer, Menschen aus Nord- und Süddeutschland in einer Partei vereint und ihnen allen eine politische Heimat gegeben. Nicht umsonst heißt sie nicht Christlich Demokratische Partei, sondern Christlich Demokratische Union. Dieser Gedanke der Einheit in Vielfalt, wie ihn die vielen Gründerväter und auch die wenigen Gründermütter einst formuliert haben, hat die Union ausgezeichnet und in Krisenzeiten stark gemacht. Die CDU hat dazu eine Reihe von Instrumenten in ihren Strukturen verankert, die die Teilhabe aller, auch von Minderheiten, ermöglicht. Dazu gehören sowohl schriftlich fixierte als auch unausgesprochen eingehaltene Quoten. So ist es üblich, dass sowohl die Mittelstandsunion als auch die Christlich Demokratische Arbeitnehmerschaft möglichst paritätisch im Parteivorstand vertreten sind. In der baden-württembergischen CDU ist es üblich, die Listen für Landtags- und Bundestagswahlen nach Regierungsbezirken und Regionen konsequent zu quotieren. Das hat etwas mit der Entstehungsgeschichte des Bundeslandes zu tun, dem die knappe Mehrheit der Badener bei seiner Gründung nicht zugehören wollte – auch aus Angst, von den Württembergern majorisiert zu werden.

Auch die Stabilität unserer föderalen Ordnung und auch die des Systems der Selbstverwaltung, wie beispielsweise bei den Kranken- und Pflegekassen oder den Organisationen von Ärzten und Architekten, basiert auf ausgewogener, sehr häufig quotierter Interessenvertretung.

Als Generalsekretär der CDU Deutschlands durfte ich die Einführung der Frauenquote in unserer Partei im September 2022 maßgeblich steuern. Die Einführung der Frauenquote war nicht unumstritten, auch wenn bereits am 21. Oktober 1996 das noch weichere Frauenquorum von damals 30 Prozent unter Helmut Kohl und Rita Süssmuth eingeführt wurde.[27] Die Gremien meiner Partei hatten sich bereits vor meiner Amtszeit als Generalsekretär zu Zeiten der Kanzlerschaft von Angela Merkel auf ein ausgefeiltes Einstiegsmodell verständigt. Nach der verlorenen Bundestagswahl 2021 und dem Amtsantritt von Friedrich Merz versuchten vor allem die Quotengegner, das mühsam geschnürte Paket wieder aufzumachen. Es ist maßgeblich dem damaligen politischen Koordinator im Konrad-Adenauer-Haus, Markus Kerber, zu verdanken, dass wir Friedrich Merz trotz aller Widerstände für das vereinbarte Modell gewinnen konnten.

Bei der Einführung einer Frauenquote war meine Partei in der Bundesrepublik Nachzügler und hat die Folgen dieser Verzögerung bei den letzten Wahlen schmerzlich zu spüren bekommen. Auch die Gewinnung von Frauen für die Bewerbung um Mandate und Parteiarbeit gestaltet sich bis heute vielerorts schwierig. Aus diesen Erfahrungen sollten wir lernen und bei der Schaffung anderer, lokaler Beteiligungsquoten mutiger handeln.

Im Übrigen ist meine Partei auch bei der Besetzung von Spitzenpositionen mit Ostdeutschen eher eine Nachzüglerin. Gewiss, Angela Merkel war zuerst Generalsekretärin und später dann viele Jahre Bundesvorsitzende der CDU. Ja, auch ich leitete für einige Zeit als Generalsekretär die Geschicke der Bundespartei aus der fünften Etage des Adenauer-Hauses in Berlin. Aber ansonsten ist die Luft in höheren CDU-Sphären für Ostdeutsche sehr dünn. Ein Beleg dafür liefert auch ein für mich persönlich sehr trauriges Ereignis: Als ich am 5. Januar 2024 an der Beerdigung von Wolfgang Schäuble in Offenburg teilnahm, der in unendlich vielen Funktionen bleibende Verdienste für Deutschland und auch für den Wiedervereinigungsprozess hat und der mir speziell in den letzten Jahren oft ein väterlicher Ratgeber war, war ich weit und breit der einzige Christdemokrat mit ostdeutschen Wurzeln, der an seinem Grab stand.

Die Quote ist schon im Grundgesetz verankert

Als Verfechter einer Ostquote können wir uns übrigens guten Gewissens auf unser Grundgesetz stützen, dessen 75-jähriges Jubiläum wir in diesem Jahr begehen. In Artikel 36 heißt es: „Bei den obersten Bundesbehörden sind Beamte aus allen Ländern in angemessenem Verhältnis zu verwenden." Ein Gutachten des Wissenschaftlichen Parlamentsdienstes hat 2018 den Parlamentariern verdeutlicht, dass es sich dabei nicht nur um einen Programmsatz, sondern um eine verbindliche Norm handelt, die bei gleicher Qualifikation ein weiteres Entscheidungskriterium darstellen soll.[28] Das heißt also, dass auch unser Grundgesetz uns zu einer Ostquote verpflichtet, dass wir aber diesem Auftrag aus Artikel 36 bislang nicht nachkommen.

Die Quote ist schon im Grundgesetz verankert

Die größte Hürde bei der Umsetzung einer solchen Quote ist meines Erachtens die Definition des Personenkreises, der unter den Begriff „ostdeutsch" fällt.[29] Bislang scheiterten alle Debatten im Deutschen Bundestag in Ermangelung eines rechtssicheren Terminus.[30] Es gibt verschiedene Möglichkeiten, „ostdeutsch" zu definieren, wie eine Untersuchung des Deutschen Zentrums für Integrations- und Migrationsforschung (Dezim) ergeben hat.[31] Dabei können sowohl der Wohnort, der Geburtsort, die familiäre Sozialisation als auch die emotionale Selbstidentifikation als Kriterien herangezogen werden. Je nachdem, welche dieser Kategorien zur Berechnung gewählt wird, variiert die Höhe der Quote zwischen 16,7 und 26,1 Prozent. Ich orientiere mich bei meinen Ausführungen an dem Konzept „Ostdeutsche in Führungspositionen", in dem die Kategorisierung nach dem Geburtsort erfolgt.[32] Aufgrund dessen, dass Führungspositionen in der Regel in der Mitte der beruflichen Laufbahn erreicht werden, teile ich die Ansicht, dass eine Unterscheidung nach ost- und westdeutscher Herkunft, basierend auf dem Geburtsort, angemessen ist.[33] Außerdem wird der Geburtsort zusammen mit dem Wohnort in der Personalstatistik erfasst, wodurch diese Vorgehensweise auch praktikabel ist.[34] Personen, die in den neuen Bundesländern Berlin, Brandenburg, Mecklenburg-Vorpommern, Sachsen, Sachsen-Anhalt und Thüringen geboren wurden, gelten somit als Ostdeutsche. Berlin nimmt allerdings aufgrund seiner geteilten Geschichte eine besondere Position ein und muss separat betrachtet werden.[35]

Die Zahl der Ostdeutschen, die bereit sind, Verantwortung zu übernehmen, ist groß. Davon zeugt nicht nur die nach wie vor vielstimmige Debatte über die zu geringe Repräsentanz von Ostdeutschen in Führungspositionen. So bin ich bei meinen Recherchen auf die Initiative „Wir sind der Osten" gestoßen. Ziel der Initiative ist es, Ostdeutschland eine Stimme zu geben. Auf ihrer Internetseite werden „Menschen in und aus Ostdeutschland" vorgestellt, um auf individuelle Geschichten und Erfahrungen aufmerksam zu machen und „Macherinnen und Macher" zu zeigen, die aktiv anpacken, um die Zukunft unseres Landes positiv zu gestalten. Durch das Aufzeigen von Vielfalt und Diversität leistet die Initiative einen wichtigen Beitrag

Eine Ostquote ist überfällig

zur Vollendung der Einheit zwischen Ost und West.[36] Ähnlich wie das Netzwerk „3te Generation Ost" ist dies ein guter Fundus, um Menschen mit ostdeutschen Wurzeln für Führungspositionen anzusprechen.

Ich schlage Folgendes vor: Wir brauchen eine Ostquote, gestaffelt nach Bund und neuen Ländern. 20 Prozent der zu besetzenden Stellen in den Bundesministerien müssen mit Ostdeutschen besetzt werden. 50 Prozent der Spitzenpositionen in den ostdeutschen Landesministerien, den ostdeutschen Rundfunk- und Fernsehanstalten und kommunalen Verbänden müssen an Ostdeutsche vergeben werden. Allein dieser Schritt würde die Repräsentation deutlich steigern und dazu beitragen, dass sich eine gelungene und faire Wiedervereinigung auch in den Führungspositionen widerspiegelt. Nur so hätte auch der Osten künftig in Deutschland wirklich etwas zu sagen.

Kapitel 8
Außenpolitik aus ostdeutscher Sicht: Mehr Emanzipation der Europäer

Die USA – weniger verlässlich

„Die Präsidentschaft Donald Trumps führt uns vor Augen, was eigentlich schon lange ansteht: die Emanzipation der Europäer, der Europäischen Union im transatlantischen Verhältnis und in der internationalen Politik. Wir Europäer müssen lernen, den Amerikanern auf Augenhöhe zu begegnen und mehr Verantwortung zu übernehmen."[1] Diese Sätze stammen von Markus Meckel, früherer Bürgerrechtler, Mitbegründer der SDP/SPD in der DDR und viele Jahre im Auswärtigen Ausschuss des Deutschen Bundestages tätig, anlässlich der Wiedervereinigungsfeier in der Frankfurter Paulskirche im Jahr 2018. Meckel war der letzte Außenminister der DDR (von April bis August 1990) und der Erste und Einzige, der als Ergebnis einer freien Wahl auf dem Boden der ehemaligen sowjetischen Besatzungszone im Amt gewesen ist.

Heute, rund sechs Jahre später, stehen wir wieder am selben Punkt. Erneut schaut Europa wie das Kaninchen auf die Schlange in Richtung Amerika. Wieder warnen Sicherheitsexperten, dass mit der Wahl von Donald Trump zum US-Präsidenten die NATO als Schutzgemeinschaft in Gefahr geraten könnte. Trump müsste „noch nicht einmal offiziell den Austritt der USA aus der von ihm schon lange als ‚obsolet' bezeichneten Allianz erklären. Es würde schon genügen, dass die USA Zweifel daran lässt, ob es seine europäischen Bündnispartner im Falle eines Angriffs wirklich verteidigt."[2] Und genau das lässt Trump auf unterschiedlichen Wahlkampfveranstaltungen bereits durchblicken. Säumige Zahler in der NATO verdienten nicht seinen Schutz, so sein Credo.[3] Damit ist auch Deutschland gemeint, weil wir noch nicht die vereinbarten zwei Prozent des Bruttoinlandsprodukts (BIP) in die Bundeswehr und damit in die Schutzgemeinschaft investieren. Dabei müssen wir uns immer wieder vor Augen führen, dass von den 30 NATO-Staaten die USA 72 Prozent der Gesamtkapazität vorhalten. 80 Prozent der NATO-Macht wird außerhalb der EU verantwortet: in den USA, der Türkei und in Großbritannien.

Die USA haben spätestens seit der ersten Amtszeit von Donald Trump noch stärker eine eigene außenpolitische Agenda, die natürlich eng mit ihrer wirtschaftlichen Interessenlage verzahnt ist. Zum einen reiben sich die USA mit den weltpolitischen Rivalen China und Russland, sie haben aber bis heute auch mit beiden Staaten besonders intensive Wirtschaftsbeziehungen – auch mit Russland, ungeachtet aller westlichen Sanktionen. So importieren die Vereinigten Staaten weiterhin russisches Uran, das sie für ihre Kernkraft ebenso benötigen wie für die Stärkung ihrer Atommacht. Im Jahr 2023 erreichten diese Einkäufe mit einem Volumen von 1,2 Milliarden US-Dollar einen neuen Rekordwert.[4] Grundsätzlich gebe es auch alternative Einkaufsstaaten. Aber der Preis und die Qualität des russischen Urans sind attraktiv. Es verwundert den aufmerksamen Beobachter daher nicht, dass die größten ausländischen Steuerzahler Russlands weiterhin aus den USA kommen,[5] wie ich einer Präsentation des Netzwerks „Business4Ukraine" entnehmen konnte, die wir auch im Rahmen unserer Arbeit im Arbeitskreis Wirtschaft der CDU/CSU-Fraktion besprachen.[6] Auch bei der internationalen Raumfahrt wurde die Zusammenarbeit zwischen Russland und den USA erst vor wenigen Monaten bis 2025 in einer neuen Vereinbarung vertieft und besiegelt.[7]

Das außenpolitische Know-how des Ostens liegt brach

Gut fünf Jahre nach der Wiedervereinigungsfeier in der Paulskirche traf ich den langjährigen ostdeutschen Außenpolitiker Markus Meckel in Berlin. Er ist inzwischen 71 Jahre alt. Wir verabredeten uns in einem Schöneberger Café, einem Ort für entdeckungshungrige Berlinbesucher und zugewanderte Lifestyle-Berliner, manchmal auch flapsig Hipster genannt, im Westteil meiner Heimatstadt Berlin. Ich hätte ihn eher im Ostberliner Prenzlauer Berg vermutet, aber sein Wunsch war es, sich hier zu treffen. Er wohnt in der Nähe und hat somit „rübergemacht", wie so mancher in meinem Wahlkreis sagen würde. Er war und ist gewiss niemand, der heimliche Sympathien für die untergegangene DDR hegt, das wird auch in unserem Gespräch schnell deutlich. Ein Mann, so habe ich den Eindruck, der in den „guten alten Zeiten", also den Jahren bevor Donald Trump in den USA ans Ruder kam, ein Unterstützer enger transatlantischer Bande war. Ungeachtet dessen verfügt er über die besonderen und vertieften Erfahrungen und das spezielle Gespür vieler Ostdeutscher für Osteuropa. Die Gefühle und Ansichten der Menschen in den Staaten Mittel- und Osteuropas sind den Ostdeutschen nicht fremd. Diese Verbundenheit, so sieht es Markus Meckel, sei unter anderem auch darauf zurückzuführen, dass sich die DDR infolge der friedlichen Revolution als Teil einer mitteleuropäischen Revolution gemeinsam mit Polen, Tschechien, Ungarn und auch der Slowakei demokratisiert habe.

Bei unserem Cafégespräch 2024 schauen wir erneut auf die Wahlen in den Vereinigten Staaten. Oft habe ich den Eindruck, dass die bundesrepublikanische und damit fast ausschließlich westdeutsch geprägte Außenpolitik auf das zu erwartende Wählervotum ähnlich paralysiert blickt wie 2017 nach der Wahl Trumps. Warum aber weiten wir nicht unseren Blick? Wir haben in unserem Land Menschen mit langjährigen Erfahrungen mit den westeuropäischen Partnern und der Westbindung. Zugleich aber eben auch schlaue Köpfe, die die Zusammenarbeit mit osteuropäischen Ländern gepflegt haben. Wir Deutschen könnten diese Brückenfunktion bei der Ausgestaltung des „Hauses Europas", auf das ich im Folgenden noch näher eingehen möchte, nutzen. So könnte eine emanzipierte europäische Außen- und Sicherheitspolitik besser gelingen, und wir würden selbstbewusster mit Umbrüchen und Politikbrüchen im Weißen Haus von Washington umgehen.

Eine wesentliche Säule für unser europäisches Selbstverständnis ist aus den jahrzehntelangen engen Kontakten zu unseren westeuropäischen Nachbarn, zu Frankreich und den anderen Gründungsstaaten der Europäischen Union, entstanden. Das habe ich auf vielen Reisen als CDU-Generalsekretär beispielsweise in Baden-Württemberg, Nordrhein-Westfalen und Niedersachsen erlebt. Dort sah ich tief verwurzelte Städtepartnerschaften zwischen Städten der früheren Erzfeinde

Frankreich und Deutschland. Ich erlebte die engen freundschaftlichen Kontakte von Schülern in Niedersachen und Nordrhein-Westfalen mit Gleichaltrigen in den Beneluxstaaten und Großbritannien. Mir wurde im Wahlkampf in Schleswig-Holstein deutlich, warum der dänischen Minderheit ein besonderes Wahlrecht für den Deutschen Bundestag vorbehalten ist. Aufgrund ihrer Anerkennung als nationale Minderheit genießen die deutschen Dänen, vertreten durch den „Südschleswigschen Wählerverband" (SSW), spezielle Schutz- und Fördermaßnahmen.[8] Dazu gehört unter anderem die Befreiung von der Fünf-Prozent-Hürde bei Wahlen, um ihre politische Teilnahme zu gewährleisten.[9] Ihre historisch gewachsenen Rechte haben das Ziel, ihre Identität, Sprache und Kultur in Deutschland zu bewahren und zu fördern.[10] Mit Stefan Seidler sitzt seit 2021 nach über 70 Jahren Pause wieder ein Abgeordneter der SSW im Bundestag. Er setzt sich dort für die Interessen der Dänen und Friesen in Norddeutschland ein. Da er als Fraktionsloser keine Anträge einbringen oder Anfragen stellen kann, engagiert er sich umso mehr im Innenausschuss für den Erhalt seiner Kultur. Durch geschickte Verhandlungen und das Eingehen von Bündnissen gelang es ihm, Gelder für Projekte zu erhalten, wie zum Beispiel für die Renovierung der Flensburger Nikolaikirche oder den Neubau eines Kulturhauses.[11]

Keine Sorge, ich möchte an dieser Stelle keine Parallelen zwischen der dänischen Minderheit im Nordwesten unseres Landes und den gut 16 Millionen Ostdeutschen konstruieren, die seit dem 3. Oktober 1990 im geeinten Deutschland leben. Was ich aber zum Ausdruck bringen möchte, ist dies: Zu den westeuropäischen Bindungen Westdeutschlands sind die besonderen Erfahrungen der Ostdeutschen mit den Staaten Ost- und Mitteleuropas hinzugekommen. Das lag vorrangig daran, dass die Ostdeutschen gemeinsam mit den Osteuropäern nach dem Zweiten Weltkrieg und dem vom Osten hochgezogenen „Eisernen Vorhang" eine vielfältig geknüpfte Schicksalsgemeinschaft verband. Kurz vor dem Jahrtausendwechsel, zum zehnjährigen Jubiläum des Mauerfalls, sagte Helmut Kohl vor dem Deutschen Bundestag: „Für ein Land im Herzen Europas mit 80 Millionen Einwohnern und mit einer beachtlichen wirtschaftlichen Stärke ist es entscheidend, dass wir unseren Nachbarn und Freunden mit Offenheit und Sensibilität begegnen. Wenn wir in wenigen Wochen in das neue Jahrhundert gehen, sollten wir diese wichtige, entscheidende Erfahrung mit hinübernehmen."[12] Er machte immer deutlich, dass mit dem größer gewordenen Deutschland auch neue Kompetenzen hinzugekommen waren, und maß gerade dem Osten unseres Landes eine besondere Verantwortung als Vermittler zu den osteuropäischen Staaten zu. Die Wahrnehmung dieser Rolle in Europa, so meine Erfahrung auch aus zwei Gesprächen mit ihm, war ihm wichtig und konnte gerade in Krisenzeiten, wenn es um historische Verbindungen und Erfahrungen geht, eine große Bedeutung einnehmen.

Zuletzt traf ich den Altkanzler im Herbst 2001 vor der Neuwahl in Berlin. Klaus Wowereit war mit der Übergangsregierung gerade ins Amt gekommen und hatte den CDU-Senat mit der Bankenaffäre zu Fall gebracht. Kohl durfte ich in seinem Büro „Unter den Linden" in Berlin treffen. Seine Ehefrau Hannelore war wenige Monaten zuvor verstorben, in seinem Büro waren die Erinnerungen der beiden an die vielen Treffen mit den Staats- und Regierungschefs allgegenwärtig. Ihn interessierte Berlin und was aus der Stadt nun werden würde, wer jetzt nach den langen Jahren der Macht von Diepgen und Landowsky entscheidend sei. Die Kandidatur von Wolfgang Schäuble für das Amt des Regierenden Bürgermeisters war von der Berliner CDU gerade durch einen eigenen Kandidaten ausgeschlagen worden. Kohl war es wichtig, die Kompetenzen der Menschen mit ostdeutscher Biografie für das ganze Land zu nutzen.

Auch Sachsen-Anhalts Ministerpräsident Dr. Reiner Haseloff, der aus dem Ort Bülzig im Kreis Wittenberg stammt, plädiert dafür, dass ostdeutsche Erfahrungen in Bezug auf die osteuropäischen Nachbarn stärker in die bundesrepublikanische Außenpolitik einfließen. Aufgrund der langjährigen engen Beziehungen in vielen Bereichen zu DDR-Zeiten hätten die Ostdeutschen ein besonderes Gespür für Sicht- und Verhaltensweisen der Menschen in diesen Staaten, bis hin zu den politisch Verantwortlichen etwa in Polen, Bulgarien, Ungarn oder auch Russland. Diese Kenntnisse seien auch geprägt von ähnlichen Erfahrungen in der Diktatur und im Umgang mit den jeweiligen Obrigkeiten. Die Nutzung dieser Kenntnisse könne helfen, die innenpolitischen Prozesse in den Nachbarländern besser zu verstehen und außenpolitische Aktivitäten Deutschlands darauf besser auszurichten, so seine Einschätzung. Ostdeutsche hätten beispielsweise keinerlei Illusionen bei der Frage, ob eine „Revolution von unten" in Russland denkbar sei. Dies werde es nicht geben, vielmehr würde sich die Mehrheit der Menschen in Russland – einer langen Tradition folgend – nicht gegen die Agitation der Staatsführung auflehnen. Dazu gehören aber auch Erfahrungen im Umgang mit der russischen Seele und dem russischen Volk.

Die historische Bindung des Ostens an Russland

Russen können nicht nur persönlich sehr herzlich, gastfreundlich und großzügig sein sowie ungehemmt feiern. Sie denken auch gern groß, sie fühlen sich als Teil einer geborenen Großmacht, die stets auf Augenhöhe mit den USA agiert. Jede Ebene darunter wäre unter ihrer Würde.

Bis heute leiden viele Russen daher besonders unter zwei Episoden der jüngeren Vergangenheit. Unter der Ära Gorbatschow, die für uns Deutsche so segensreich war, weil Gorbatschow nach Ansicht vieler Russen ohne Not den „Eisernen Vorhang" aufgab und das vormals sowjetische Einflussgebiet bis zur Elbe ohne wirkliche Gegenleistung an den Westen quasi verschenkte. Und unter der Ära von Boris Jelzin, der sein Land mit seinen oft problematischen Auftritten auf internationalem Parkett weltweit zum Gespött machte und den Nimbus der Großmacht über Jahre verspielte. Die Sicht vieler Ostdeutscher auf Russland ist nicht von einer verblendeten Putin-Liebe geprägt, sondern sie hat ganz verschiedene andere Facetten, die zu verstehen für ganz Deutschland lohnt. Da sind die persönlichen Erfahrungen, die Zehntausende von Ostdeutschen gemacht haben, als sie in der damaligen Sowjetunion studierten oder arbeiteten – sei es beim Bau der Erdgasstraße „Drushba" oder im Rahmen der osteuropäischen Wirtschaftskooperation unter dem Dach des RGW (Rat für gegenseitige Wirtschaftshilfe). Da sind die überlieferten Erinnerungen an die Rote Armee, die Deutschland auf ostdeutschem Boden vom Nationalsozialismus befreite. Diese Erinnerungen umfassen durchaus positive Aspekte, aber auch ungezählte menschliche Tragödien. Und

Die historische Bindung des Ostens an Russland

da sind Erinnerungen an die in der damaligen DDR stationierten sowjetischen Soldaten und die von oben verordnete deutsch-sowjetische Freundschaft, die nur selten mit wirklicher Herzlichkeit gelebt wurde.

Für die Menschen im Osten waren die Menschen aus der Sowjetunion der „große Bruder". Und Verwandtschaft kann man sich bekanntlich nicht aussuchen. Dieses Gefühl und Gespür waren überall verortet.

Der Russischunterricht in der DDR fiel mir immer schwer. Die sechs grammatischen Fälle, wenig Anwendungsmöglichkeiten und kaum eine Chance, das Land jemals zu bereisen, führten dazu, dass ich das Unterrichtsfach erst einmal, zumindest kurzzeitig, abwählte, als dies der neue Lehrplan im westdeutschen Schulsystem 1990 ermöglichte. Aber auch ich hatte in meinem bisherigen Leben verschiedene Berührungspunkte mit dem größten Land Europas, die mich in verschiedener Weise geprägt haben. Ein Exkurs in meine Jugendzeit: In unmittelbarer Nähe des Sowjetischen Ehrenmals im Berliner Plänterwald befand sich der einzige Vergnügungspark der DDR. Ich erinnere mich an Karussells, Autoscooter und ein großes Riesenrad – ein Ort, den meine Eltern mit uns Kindern ab und zu besuchten. Vor allem aber erinnere ich mich an die sonst im öffentlichen Straßenbild der DDR kaum sichtbaren „Punks" mit ihren bunten Haaren und ihrer lauten Musik, die auf dem Fußweg zum Plänterwald ihren Lebensunterhalt wohl auch mit dem Verkauf von Stickern verdienten. Politische Botschaften konnten dort gut versteckt transportiert werden. Wer einen Sticker mit Papst Johannes Paul II. oder Michail Gorbatschow erwerben wollte – beide waren bei der Obrigkeit in der Endphase der SED-Herrschaft in der DDR nicht wirklich wohlgelitten –, wurde dort fündig. Die Botschaft, die mit dem Tragen dieser Plaketten transportiert wurde, war klar: mehr Meinungs- und Reisefreiheit, Ablehnung diktatorischer und repressiver staatlicher Mittel, Hoffnung auf den damals noch nicht besungenen „Wind of Change".

Ich trug beide Sticker an meinem grünen Parka, der damals im Westen wohl „in" gewesen sein muss. Ich hatte ihn von einem Sohn unserer etwas entfernteren Westbekanntschaft bekommen, der seiner trendigen Jacke inzwischen entwachsen war. Viele Jahre später erfuhr ich, dass dieses im Osten fast verehrte Kleidungsstück im Westen eher von linken Aktivisten getragen wurde. Es war eine politische Zeit damals um das Jahr 1987. Aus Gesprächen mit Freunden und Schulkameraden ergab sich, dass an vielen Abendbrottischen über die politische Lage diskutiert wurde. Obwohl ich erst zwölf Jahre alt war, waren politische und gesellschaftliche Debatten auch im Kreis der Ministranten in der Pfarrei, mit unserem Jugendseelsorger oder in der Christlichen Jugend an der Tagesordnung. Mit dem Amtsantritt von Michail Gorbatschow als Generalsekretär des Zentralkomitees der Kommunistischen Partei der Sowjetunion wehte plötzlich ein frischer Wind. Mit seiner Politik von „Glasnost" und „Perestroika" verbanden viele meiner Bekannten die Hoffnung, dass sich etwas ändern könnte, hin zu mehr Freiheit und Demokratie. Außerdem standen wir auf der Seite der Sowjetunion, wenn es um Abrüstung und Friedensverträge ging. Viele meiner Freunde und Mitschüler und deren Eltern hatten den Eindruck, dass bei einem weiteren Wettrüsten ohnehin nur der wirtschaftlich stärkere Westen gewinnen könne, dass aber die Gefahr eines unkontrollierbaren Krieges von beiden Seiten drohe.

So hatte sich bei mir trotz tiefer Ablehnung der gottlosen DDR-Regierung die Einschätzung festgesetzt, dass vor allem die Amerikaner von einem weiteren Wettrüsten abgehalten werden mussten und dass es immer Gorbatschow war, der einseitig mehr Abrüstung anbot, als die Amerikaner selbst mitzugehen bereit waren. Eine unserer letzten Wandzeitungen, die wir in der Schule vor dem Mauerfall gemacht haben, hatte den Arbeitstitel „Lieber Sonne statt Reagan". Auch ich war davon überzeugt, obwohl ich der Einzige in der Klasse war, der nicht bei den Pionieren oder später in der FDJ war. Gorbatschow passte zum Papst und zu meinem jugendlichen Weltbild. Bei dem Projekt war ich dabei.

Gorbatschows europäisches Haus – nur ein Traum?

Wenn heute über den Fall der Mauer und die Wiedervereinigung geschrieben und berichtet wird, entsteht meist der Eindruck, dass es fast allein westdeutsche Politiker wie Helmut Kohl und Hans-Dietrich Genscher waren, die die historische Chance ergriffen und Deutschland

Gorbatschows europäisches Haus – nur ein Traum?

in die Wiedervereinigung geführt haben. Zweifellos ist ihr Anteil daran groß, und vor allem die Geschwindigkeit, mit der der Prozess zur Wiedervereinigung angegangen wurde, kann ich mir in der Verantwortung des damaligen SPD-Chefs Oskar Lafontaine bis heute nicht vorstellen. Aber der Mut, mit dem in der DDR oder in Ost-Berlin auf die Straße gegangen wurde, wie es mein Vater mit mir zum Beispiel am 4. November 1989 tat, als er mich zur legendären Großdemonstration auf dem Alexanderplatz mitnahm, hatte auch viel mit der Hoffnung zu tun, dass Michail Gorbatschow eben nicht wie die sowjetischen Führer in den Jahren zuvor die Panzer in die Ostblockstaaten schicken würde, um Aufstände und Freiheitsbestrebungen niederzuschlagen.

Matthias Platzeck, der frühere Ministerpräsident Brandenburgs, SPD-Bundesvorsitzende und Mitglied im Vorstand des Petersburger Dialogs, bestätigt mir diese Einschätzung. Er berichtete mir von den Veranstaltungen in seiner Funktion für den Petersburger Dialog, bei denen in West- und Ostdeutschland völlig unterschiedliche Fragen gestellt wurden und ganz andere Haltungen zu erleben waren. Es bestand in Dresden, Rostock und Neubrandenburg eine deutlich andere Sicht auf Russland, die nach seiner Einschätzung nicht auf einer abgrundtiefen „Liebe zu den Russen oder der ehemaligen Sowjetunion zu DDR-Zeiten" beruhte. „Das war nun wahrlich nicht der Fall. Gorbatschow hat das gedreht. Michail Gorbatschow hat sich tief in die Herzen eingegraben. Nicht nur, weil er die deutsche Einheit entscheidend mit ermöglicht hat. Das auch, aber schon vorher, weil wir Ostdeutschen zum ersten Mal das Gefühl hatten, die Russen werden nicht auf uns schießen. Das war vorher immer die Drohkulisse, die zu Recht ja auch über allem schwebte. Ich glaube, eine Quelle der Sympathie für Russland ist wirklich die Zeit mit Gorbatschow. Die zweite Quelle ist, und das darf man nicht unterschätzen, dass viele Zehntausende in der Sowjetunion studiert und gearbeitet haben. Auch das prägt ganze Familien." So wurde beispielsweise im Mai 1952 ein Abkommen zwischen der DDR und der Sowjetunion geschlossen, das die Ausbildung von ostdeutschen Studenten und Doktoranden an sowjetischen Hochschulen regelte. In den Jahren 1950 bis Ende 1980 erlangten etwa 20.000 Studenten aus der DDR einen Abschluss an einer sowjetischen Universität und qualifizierten sich damit in der

Heimat für „führende Posten in Partei, Verwaltung, Wissenschaft und Industrie".[13]

Zudem bringt er noch zwei gewichtige Einsichten mit in unser Gespräch, das wir im Frühjahr 2024 dazu führen. Mit dem Blick zurück berichtet er: „In den ersten Jahren nach der deutschen Einheit kam bei vielen Ostdeutschen das Gefühl auf, die Wessis behandeln uns hier im Osten zweitrangig, nehmen uns nicht ernst, erkennen uns nicht an. Und mit den Russen gehen die ähnlich um. Das hat ein Gemeinschaftsgefühl bei manchem erzeugt. Das hat zu einer differenzierten Haltung gegenüber Russland geführt. Nicht zu vergessen die traditionellen wirtschaftlichen Kontakte, die einfach dichter waren."

Ähnlich schildert es auch Markus Meckel in unserem Gespräch. Gorbatschow, so sagte er, sei in Ostdeutschland zu einer „mythischen Figur" geworden. Es gebe eine ganz andere Einschätzung der Wiedervereinigung. Während im Westen die Erzählung prägend sei, dass die Freiheit durch die Wiedervereinigung errungen wurde, ist es im Osten die Einschätzung, dass die Wiedervereinigung durch die selbst erkämpfte Freiheit gelang. Für das Selbstverständnis ist dies von erheblicher Bedeutung. Denn während in der ersten Schilderung – das ist auch die durch die Medien vorzugsweise geprägte Erzählung – die Ostdeutschen nur Objekt der Geschichte sind, sind sie aus der ostdeutschen Perspektive gestaltende Kraft gewesen.

Während seines ersten offiziellen Auslandsbesuchs im Herbst 1985 in Frankreich prägte Gorbatschow die Formulierung von Europa als „gemeinsamem Haus". *Le Monde diplomatique*, eine in Frankreich, Deutschland und mehreren anderen Ländern in den jeweiligen Landessprachen erscheinende französische Monatszeitung, berichtete im Herbst 2018: „Bereits Charles de Gaulle hatte die Idee eines Europas ‚vom Atlantik bis zum Ural' verteidigt: ein ‚Europa der Vaterländer', frei von jeglicher Bevormundung, in dem Russland dem Kommunismus entsagt hätte – den der General im Übrigen für eine vorübergehende Erscheinung hielt."[14] In dem mit der Überschrift „Als Moskau von Europa träumte" überschriebenen Artikel wird über die Bestrebungen Russlands berichtet, sich in Richtung (West-)Europa zu öffnen. Ein aus meiner Sicht gerade heute lesenswerter Beitrag.

Gorbatschows europäisches Haus – nur ein Traum?

Helmut Kohl hat den Gedanken des Hauses Europa immer wieder aufgegriffen. Er war es, der die Worte von Michail Gorbatschow vom „gemeinsamen Haus Europa" in seinem Kopf und in seinem Herzen trug, als er die Wiedervereinigung in den Zwei-plus-Vier-Verhandlungen erfolgreich vereinbarte. Neun Jahre nach der Wiedervereinigung sagte Helmut Kohl im Deutschen Bundestag: „Wir Deutsche haben nach den großen Katastrophen zweier Weltkriege und den schlimmen Taten, die in deutschem Namen vielen Menschen angetan wurden, am Ende dieses Jahrhunderts großes Glück erfahren. Ich denke, wir sollten die Einheit daher als ein Geschenk und als eine Chance für die Zukunft begreifen und bei allen Sorgen des Tages – die berechtigt sind – nicht in Kleinmut verharren. Das Geschenk der Einheit verpflichtet uns, so sehe ich es, immer wieder, den Bau des Hauses Europa mit kräftigen Schritten voranzutreiben. Denn ohne diesen Weg nach Europa wäre die deutsche Einheit nicht möglich gewesen. Ohne die Politik der europäischen Integration, der Aussöhnung mit unseren Nachbarn und der Abkehr von nationalstaatlicher Machtpolitik des 19. und 20. Jahrhunderts hätte es keine deutsche Einheit gegeben und – was noch wichtiger ist für die Zukunft – gäbe es keine friedliche Zukunft für Deutschland in Europa."[15] Und ich ergänze: Helmut Kohl sah in dem „gemeinsamen Haus Europa" auch stets Russland. Dies wurde in einer Rede 1995 von ihm verdeutlicht: „Ein Blick auf die Landkarte zeigt doch jedem, das Russland auch nach dem Ende der frühen Sowjetunion das mit Abstand wichtigste und mächtigste Land unter unseren Partnern im Osten Europas ist – ob uns das gefällt oder nicht."[16]

In der Zeit zwischen dem Umbruch in der DDR und dem Vollzug der deutschen Wiedervereinigung war ich noch zu jung, um gefestigte Erinnerungen an die damals vor sich gehenden politischen Entwicklungen haben zu können. Daher habe ich vor wenigen Monaten Horst Teltschik konsultiert, der in jener Zeit einer der engsten Berater von Bundeskanzler Helmut Kohl war. In unserem Gespräch erinnerte sich der frühere hohe politische Beamte, Wirtschaftsmanager und ehemalige Leiter der Münchner Sicherheitskonferenz (von 1999 bis 2008) sehr genau an die Vorgänge 1990: „Fast geräuschlos vollzog sich im

Außenpolitik aus ostdeutscher Sicht: Mehr Emanzipation der Europäer

Einvernehmen der vier Siegermächte am 1. Oktober 1990 die Wiedervereinigung Deutschlands. Voraussetzung dafür waren zwei stabilisierende Faktoren: die Verankerung des geeinten Deutschlands in der atlantischen Allianz und in der Europäischen Gemeinschaft. Präsident Gorbatschow hatte in seinem Gespräch mit Bundeskanzler Kohl am 16. Juli 1990 im Kaukasus die Entscheidung der NATO-Mitgliedschaft als Recht des souveränen deutschen Staates anerkannt." Und weiter sagte Horst Teltschik: „Vom 19. bis 21. November 1990 trafen sich alle 34 Staats- und Regierungschefs der KSZE-Staaten in Paris und unterzeichneten die ‚Pariser Charta für ein neues Europa'. Die Charta war kein völkerrechtlicher Vertrag, sondern eine politische Absichtserklärung. Sie beschreibt ausführlich die Prinzipien der Menschenrechte, der Demokratie, der Rechtsstaatlichkeit und einer markwirtschaftlichen Ordnung, die zukünftig für alle Mitgliedsstaaten gelten sollten. Sicherheit sei unteilbar und untrennbar mit der aller anderen verbunden; alle Staaten sollen sich der Androhung und Anwendung von Gewalt enthalten. Streitfälle sollen friedlich beigelegt werden. Demokratie und die Achtung der Menschenrechte seien unverzichtbar und sollen gefördert werden. Rüstungskontrolle und Abrüstung sollen intensiviert, der politische Konsultationsprozess verstärkt und die Zusammenarbeit erweitert werden. Das soll dazu beitragen, ein ‚gemeinsames Europäisches Haus' aufzubauen von Lissabon bis Wladiwostok. Das schloss die UdSSR selbstverständlich mit ein." Am Ende resümiert der langjährige Kanzlerberater nachdenklich: „Für Gorbatschow war die Pariser Charta die Blaupause für das gemeinsame Europäische Haus. Heute müssen wir uns fragen, was haben wir daraus gemacht? Eine historische Chance hatte sich aufgetan. Haben wir sie ausreichend genutzt?"

Wie bereits erwähnt, nutzte Helmut Kohl in vielen Erklärungen dieses Bild und sah dabei Deutschland in der Verantwortung als Mittler zwischen dem Westen und Russland. In der Regierungserklärung zum Europäischen Rat im Jahr 1991 kann man dies ausführlich nachlesen. Er beschreibt darin, wie die ökonomische und die ökologische Dimension Europas gestärkt und die Risiken gebannt werden müssen. Ihm schwebte eine euroatlantische Zusammenarbeit von Vancouver bis Wladiwostok vor. Der frühere Bundespräsident Horst Köhler knüpfte an dieses Credo an und sagte im Rahmen der Gedenkfeier der Konrad-Adenauer-Stiftung am 31. Oktober 2009 im Berliner Friedrichstadtpalast unter der Beteiligung von George W. Bush und Michail Gorbatschow: „Ganz Europa soll so zusammenwachsen, dass unsere Grenzen uns nicht länger trennen, sondern verbinden. Der Vorschlag, einen Raum der Sicherheit, der Freiheit und des Wohlstands von Vancouver bis Wladiwostok zu schaffen, bleibt zukunftsweisend und lässt sich erreichen, wenn die Europäische Union mit Russland und den anderen GUS-Staaten eine Partnerschaft für Gesamteuropa entwickelt, die auf intensivem Dialog, guter Nachbarschaft und weitsichtiger Zusammenarbeit gründet. Das alles ist möglich."[17]

Nun wissen wir alle, dass das gemeinsame Haus Europa seit der russischen Annexion der Krim und dem Krieg Russlands gegen die Ukraine in seinen Grundmauern massiven Schaden genommen hat. Dennoch sollten wir diese Vision nicht für alle Ewigkeit aufgeben, sondern verstehen, dass darin die Chance für Frieden, Freiheit und Wohlstand in ganz Europa liegt. Hätten die Siegermächte nach dem Zweiten Weltkrieg eine dauerhafte Isolation Deutschlands im Sinn gehabt – und dafür gab es sicher sehr viele Gründe –, würden wir heute nicht so leben können, wie wir es tun. Auch ein Russland nach Putin wird es geben.

Die Emanzipation der deutschen und europäischen Außenpolitik

Wenn ich mich als Generalsekretär der CDU Deutschlands mit Mitgliedern des Bundesvorstands meiner Partei über die Lage Europas und der Welt unterhielt, dann kamen wir häufig auf das Buch von Francis Fukuyama „Das Ende der Geschichte" zu sprechen. Auch der CDU-Bundesvorsitzende Friedrich Merz nahm oft Bezug auf dieses Standardwerk der Transatlantiker und betonte, wie sehr sich Fukuyama doch getäuscht habe. Der US-amerikanische Politikwissenschaftler an der Stanford University hatte darin den nunmehr abgeschlossenen Siegeszug des Kapitalismus und der Demokratie beschrieben. Schrittweise würden nun alle Länder diesem Weg folgen, so war seine Einschätzung.

Außenpolitik aus ostdeutscher Sicht: Mehr Emanzipation der Europäer

Das „Ende der Geschichte" hat sich als falsche Einschätzung herausgestellt. Die Zahl der Menschen auf der Welt, die in einer Demokratie leben, sinkt kontinuierlich. Der *Spiegel* berichtete 2022, dass nun nur noch 45 Prozent der Weltbevölkerung in einer Demokratie lebten, in einer vollständigen Demokratie sogar nur 6,5 Prozent.[18]

Die aus der Einschätzung Fukuyamas entsprungene Sichtweise auf die Freiheitsbewegung in Mittel- und Osteuropa in der bundesrepublikanisch vorherrschenden Politik besteht trotzdem fort. Aus dem selbstbestimmten und erkämpften Weg in die Demokratie wird so allein ein Sieg des Westens. Ein sprachliches Indiz für diese unterschiedlichen Sichtweisen war beispielsweise die Debatte um den Namen des Freiheits- und Einheitsdenkmals in Berlin. Während die westdeutschen Vertreter in der zuständigen Kommission des Bundestages es „Einheits- und Freiheitsdenkmal" nennen wollten, war es den ostdeutschen Vertretern wichtig, dass es „Freiheits- und Einheitsdenkmal" heißt.[19] Bei näherer Betrachtung ist die Reihenfolge der Wörter ein bedeutender Punkt.

Markus Meckel bedauerte in seiner Rede zur Wiedervereinigungsfeier 2018 in der Paulskirche, dass es uns Deutschen noch nicht gelungen sei, für das in unserer Geschichte so wichtige Ereignis der Einheit eine gemeinsame Erzählung gefunden zu haben. Vielleicht ist eine gemeinsame Erzählung auch nicht erforderlich oder überfordert West wie Ost. Wichtig ist jedoch, dass beide Sichtweisen gleichberechtigt nebeneinanderstehen und nicht, wie derzeitig erlebbar, beispielsweise die ostdeutsche Sicht auf die Russlandpolitik als „zurückgeblieben" abgetan wird.

Dass es in der Beletage der bundesdeutschen Politik allerdings auch vorkommen kann, auf ostdeutsche Spezialkompetenzen zurückzugreifen, darauf machte mich Matthias Platzeck mit einem Augenzwinkern aufmerksam. Auffällig sei gewesen, so erinnert sich Platzeck an seine Zeit als Ministerpräsident Brandenburgs und in dieser Funktion natürlich auch mit den Regeln und Ritualen im Bundesrat vertraut, dass im Bundesrat der Vorsitz in den Ländergruppen für die Kooperation mit den osteuropäischen Ländern stets den ostdeutschen Ministerpräsidenten übertragen wurde. Während die Ländergruppen,

Die Emanzipation der deutschen und europäischen Außenpolitik

in denen es um die Kooperation mit den USA, Frankreich, Großbritannien oder Japan ging, immer von westdeutschen Ministerpräsidenten geleitet wurden. Ein Schelm, wer Böses dabei denkt.

Im Frühjahr 2024 besuche ich den sächsischen Ministerpräsidenten Michael Kretschmer in Dresden. Am Ende unseres Austauschs in seinem Amtszimmer in der sächsischen Staatskanzlei sagt er ungewohnt emotional: „Es kann doch nicht sein, dass bei diesem Thema" – er meint damit die Beurteilung der russischen Sicht und ihrer Ansichten zu Europa und zur Nato – „die Ostdeutschen sich von der politischen Elite des Landes anhören müssen, dass man sie nicht ernst nehmen kann. Wenn es denn nun eine Volksgruppe gibt, die Expertise im Umgang mit den Russen hat, dann sind es die Ostdeutschen. Wir sind es, die nun wirklich am meisten Erfahrung mit den Gefühlen und dem Denken der Russen haben." In Dresden stand an diesem Tag das Fenster weit auf. Wir blickten auf den beginnenden Frühling am Elbufer. Ebenso steht ein Fenster auf für ein Deutschland, das wieder eine vermittelnde Rolle in Europa einnimmt und an die tiefe Überzeugung Helmut Kohls anknüpft für ein friedliches Europa von Großbritannien bis Russland.

Es ist der große Wunsch der Deutschen, dass in ganz Europa Frieden einkehrt. Verlässlich und gesichert. Es ist durchaus möglich, ein friedlicheres Europa zu schaffen. Die Sicht der Ostdeutschen ist dafür von Bedeutung und sollte nicht länger ignoriert werden. Der sächsische Ministerpräsident Michael Kretschmer hat dafür ein schönes Bild: „Jeder weiß, wenn man zwei Lungenflügel hat, ist man stärker, als wenn man nur einen hat. Deshalb sollte dieses Land froh sein, dass es diese beiden Lungenflügel Ost und West hat. Deutschland ist dann stark, wenn es diese unterschiedlichen Sichtweisen einbezieht, auch die ostdeutsche. Sie sollte nicht abfällig bewertet oder gar stigmatisiert werden, sondern wir alle sollten die intellektuelle Kraft aufbringen, diese Argumente ernst zu nehmen, und uns damit auseinandersetzen. Das wäre ein aufgeklärter Umgang, den man sich nach 34 Jahren wünschen kann."

Der renommierte bulgarische Politologe und Osteuropaexperte Ivan Krastev sagte bereits im September 2022 in einem Interview mit Hans Rauscher in der österreichischen Tageszeitung *Der Stan-*

Außenpolitik aus ostdeutscher Sicht: Mehr Emanzipation der Europäer

dard: „Viele haben sich geirrt in der Beurteilung Russlands. Viele in Deutschland und Österreich dachten, wenn wir genug Handelsbeziehungen haben, wenn die Russen wohlhabend werden, sind sie nicht an einem Krieg interessiert. Andere sagten, Russland ist eine imperiale Macht, die immer Krieg führen muss. Aber wenn wir etwas ändern wollen, dann müssen wir uns wirklich für Russland interessieren. Es wird ein langer Konflikt, und Russland wird nicht verschwinden. Wir müssen besser verstehen, was in der russischen Gesellschaft geschieht. [...] Ich habe keinen Russen getroffen, der chinesisch sein möchte. Aber ich kenne sehr viele, die Teil Europas sein wollen."[20]

Mein Credo in Sachen Außen- und Sicherheitspolitik lässt sich kurz zusammenfassen: Deutschland und vor allem die politisch Verantwortlichen in unserem Land wären gut beraten, sich sowohl mit den außenpolitischen Ansichten führender ostdeutscher Politiker auseinanderzusetzen als auch die von den „Vätern der deutschen Einheit" vererbten und an uns weitergereichten Erkenntnisse und Erfahrungen in ihr strategisches Handeln einzubeziehen. Die ausschließlich transatlantische Sicht wird Deutschland kaum bei der Lösung der sicherheitspolitischen Aufgaben helfen, wenn man auf die in den USA bevorstehenden Präsidentschaftswahlen schaut. Vielmehr brauchen Deutschland und Europa eine emanzipierte Außen- und Sicherheitspolitik. Der Begriff vom gemeinsamen „Haus Europa", den einst Michail Gorbatschow und Helmut Kohl immer wieder in den Mittelpunkt ihrer Visionen für das Zusammenleben der Völker in Europa rückten, sollte nicht für alle Ewigkeit in die Archive verbannt werden. Und auch die Sehnsucht nach Frieden und Stabilität in Europa, die in Ostdeutschland parteiübergreifend stark ausgeprägt ist, sollte bei allen taktischen Überlegungen endlich stärker in die bundesdeutsche Außenpolitik einfließen. Bei aller großen Schuld, die Russland und das Putin-Regime durch den Ukrainekrieg auf sich geladen haben, wird es eine Zeit danach geben. Die etablierten politischen Akteure in Deutschland scheinen ihre Dialogkanäle aufgegeben zu haben. Bislang unberücksichtigte Akteure aus Ostdeutschland könnten dann möglicherweise aushelfen.

Kapitel 9
Lösungen: Mehr Osten wagen, um ganz Deutschland zu stärken

Gesamtdeutsch denken – Wolfgang Schäubles Vermächtnis

Ein Anruf vom persönlichen Referenten Wolfgang Schäubles. „Der Chef würde Sie gern kennenlernen. Hätten Sie demnächst einen Termin für ihn frei? Er würde sich freuen." Ich war überrascht und erfreut zugleich und antwortete, dass ich mich selbstverständlich ganz nach seinem Kalender richten würde. Ein Termin war sehr schnell gefunden.

Wir trafen uns im Oktober 2021 in seinem Büro im Deutschen Bundestag. Ich war frisch in den Deutschen Bundestag gewählt worden und erfuhr im Zuge meiner Vorbereitung auf das Treffen, dass Wolfgang Schäuble sich im Umfeld jeder Konstituierung eines neuen Bundestages die Liste und Biografien der neuen Kollegen anschaute und einige davon zum Gespräch einlud. Ich war stolz, dass er dabei auch auf mich aufmerksam geworden war.

Unser Gespräch war zunächst auf 30 Minuten angesetzt, lief dann aber fast zwei Stunden. Er war sehr interessiert, mehr über meinen Wahlkreis, die Menschen dort, ihre Biografien und auch mehr von mir und meinen bisherigen politischen Stationen zu erfahren. Wir hatten schnell viele Anknüpfungspunkte. Manche Verantwortungsträger der sich auflösenden DDR, mit denen Wolfgang Schäuble während des Wiedervereinigungsprozesses Kontakt hatte, leben noch heute in meinem Wahlkreis. Wir sprachen über sie, aber auch über Elmar Pieroth, den früheren Bundestagsabgeordneten und späteren Berliner Wirtschafts- und Finanzsenator, der mir in meinen Anfangsjahren in der Kommunalpolitik meines Bezirks ein wichtiger Ratgeber war. Ich hatte den Eindruck, dass er meinem pragmatischen und unideologischen Umgang mit den lokalen Verantwortlichen der Linken durchaus Sympathie abgewinnen konnte. Denn schließlich gelang es durch diese Herangehensweise, für viele kleine und große Projekte in Marzahn-Hellersdorf, die auf eine Verbesserung der Lebensbedingungen der Menschen dort abzielten, die nötigen politischen Mehrheiten zu organisieren.

Sein großes Interesse jenseits der Politik war stets der Sport. Wir sprachen über den deutschen Kanuten und zweifachen Weltmeister Jacob Schopf ebenso wie über die Bogenschützin Lisa Unruh. Beide Spitzensportler, die in Mahlsdorf, einem Ortsteil meines Wahlkreises, groß geworden sind. Er kannte die Gegend gut, denn das bei uns ansässige Unfallkrankenhaus Berlin in Berlin-Biesdorf war seit vielen Jahren der wöchentlich von ihm besuchte Ort für seine disziplinierten Rehaeinheiten. Auch dort hatten wir eine Reihe an gemeinsamen Bekannten, über die wir miteinander in den Austausch kamen.

Vor allem aber standen die spannende Zeit der Wiedervereinigung und deren Folgen im Mittelpunkt unseres Gesprächs. Über die Ergebnisse der Arbeit der Treuhandanstalt waren wir nicht einer Meinung. Ich bin der Auffassung, dass die Treuhand zu häufig nur irgendeinen Käufer gesucht und dabei nicht das Ziel verfolgt hat, wirtschaftliche Substanz zu erhalten und aufzubauen. Es ging ihr ums „schnelle Geld" statt um das Aufbauen und Entwickeln. Wolfgang Schäuble sah das anders und empfahl mir aus seiner Sicht interessante Quellen, von denen ich einige auch für dieses Buch aufgegriffen habe.

Zwei Aspekte habe ich von Beginn an bei ihm sehr geschätzt: sein Interesse am Austausch der Argumente und seine erkennbare Sympathie für den Osten. Für ihn ging es dabei immer auch um die europäische Integration, in deren Verantwortung er uns Deutsche zusammen mit Polen und Frankreich ganz besonders sah. Das Weimarer Dreieck mit weiterem Leben zu erfüllen, war ihm ein wichtiges Anliegen.

Bei diesem ersten Treffen sagte er mir spontan zu, Gastredner bei einem Abendessen für meine engsten Unterstützer im gerade gewonnenen Wahlkampf zu sein. Dieses Unterstützertreffen fand am 16. November 2021 in einem Berliner Restaurant statt, genau an dem Tag, an dem mich Friedrich Merz offiziell für das Amt des CDU-Generalsekretärs in seinem Team nominiert hatte. Dass Friedrich Merz etwas später zu diesem Dinner hinzustieß, war eine glückliche Fügung, die kaum besser hätte inszeniert werden können.

Gesamtdeutsch denken – Wolfgang Schäubles Vermächtnis

Von diesem Zeitpunkt an wurde Schäuble zu einem mir wichtigen Ratgeber für meine künftige Arbeit, und es entstand ein regelmäßiger Austausch, der über den Tag meiner Demission als Generalsekretär hinaus Bestand hatte. Die Berufung von Markus Kerber, früherer Staatssekretär im Bundesinnenministerium und Hauptgeschäftsführer des Bundesverbandes der Deutschen Industrie, als Politischer Koordinator für das Konrad-Adenauer-Haus war eines der Ergebnisse unserer Gespräche. Er war einst bei Schäuble ein wichtiger politischer Vordenker im Innenministerium für große gesellschaftspolitische Aufgaben gewesen.

Auch bei vielen anderen Aufgaben war Schäubles Rat für die Arbeit in der CDU-Zentrale fruchtbar. Er hat das nie an die große Glocke gehängt, sondern sich nur hin und wieder nach dem Stand der Dinge erkundigt. Auch an dem Tag, als Friedrich Merz sich von mir als Generalsekretär trennte, war er neben meinem Freund und langjährigen Ratgeber Karsten Hintzmann sowie meiner Frau der Einzige, mit dem ich darüber sprach. Merz war darüber nicht glücklich, vielleicht auch, weil Schäuble ihm kurz darauf seine Meinung zu dieser Entscheidung sagte.

Schäuble war es wie mir wichtig, dass die CDU als große Volkspartei der Mitte sich auf ein breit gefächertes liberales, soziales und konservatives Fundament stützen kann. Er hielt daher meine Abberufung für falsch, machte mir aber zugleich deutlich, dass es Situationen im politischen Leben gibt, in denen man aus der Rolle des Amtes heraus zu agieren habe und nicht vorrangig getrieben von den eigenen politischen Ansichten oder sogar persönlichen Verletzungen. Er selbst stellte die Institutionen der Demokratie und unseres Rechtsstaats immer über die persönlichen Interessen. Sein ungeschminkter Rat und seine umfassenden Erfahrungen aus seiner Zeit in Regierungsverantwortung halfen dabei, den Übergang zu Carsten Linnemann, meinem Nachfolger im Amt des CDU-Generalsekretärs, so vertrauensvoll zu gestalten, wie es uns beiden schließlich gelang.

Wenige Tage nachdem ich als Generalsekretär ausgeschieden war, traf ich Schäuble in seinem Büro. Ich sprach über meine Idee, dieses Buch zu schreiben. Er bestärkte mich darin, tat dies aber zugleich mit der unmissverständlich klaren Aufforderung, dieses Buch an das ganze Land zu richten. „Sie müssen es für den Westen schreiben!", so seine Mahnung an mich. „Sie müssen Lösungen anbieten." Schäuble konnte streng sein, wenn es auf etwas ankam.

Ich schrieb das Exposé, sprach mit Verlagen und auch einige Male mit ihm. Oft saß er im Büro mit dem Blick auf das Kunstwerk „Im Kreise gehen" von Günther Uecker. Im Vorwort seines letzten Buches „Erinnerungen. Mein Leben in der Politik" schreibt Wolfgang Schäuble: „Umwege erkennen wir im Nachhinein besser, Abwege oft zu spät. Und manchmal kehrt man eben an seine Anfänge zurück. Dann schließt sich ein Kreis." Seine Kreise würden kleiner, sagte er mir. Die spürbar durch die Hand gleitende Zeit war Antrieb für ihn, seine Erinnerungen zu formulieren. Ich spürte bei ihm, wie zwar seine Kräfte nachließen, er uns jedoch noch vieles von seinem reichen Erfahrungsschatz mitgeben wollte. Mit einer wahren Energieleistung schaffte er es, sein Buch noch fertig zu schreiben – sein Vermächtnis, das bleibt.

Als wir über Licht und Schatten des Wiedervereinigungsprozesses miteinander sprachen, empfahl er mir, mich auch mit Richard Schröder, Theologe, Philosoph und ein prägender Sozialdemokrat aus Ostdeutschland, zu treffen. Für viele von uns Jüngeren in der CDU war eine Empfehlung von ihm ein klarer Arbeitsauftrag. Also folgte ich seinem Rat. Professor Schröder schilderte mir, warum die Ostdeutschen mit der repräsentativen Demokratie, gelebt über Parteien, ihre Schwierigkeiten haben. In Parteien verankerte Milieus gibt es in Ostdeutschland eben nicht, so seine Erfahrung. Da ist die westdeutsche Prägung zumindest in der Vergangenheit eine andere gewesen. Wer einmal CDU wählte, ließ sich so schnell nicht von seiner Parteiwahl abbringen. Gleiches galt in Westdeutschland natürlich auch für die SPD. Das ist in Ostdeutschland nicht der Fall. So ist auch zu erklären, warum die Suche nach einer den Osten verstehenden Partei von der AfD so leicht instrumentalisiert werden kann.

Die Wiedervereinigung und ihre Schwächen

Die gemeinsame Rückschau mit Wolfgang Schäuble gewährte mir detaillierte Einblicke in die Zeit vor knapp dreieinhalb Jahrzehnten: Die Entstehung des Einigungsvertrages war eine administrative Meisterleistung. In so wenigen Monaten zwei Staaten mit völlig unterschiedlichen Rechtsordnungen zusammenzubringen, und sei es nur in der Form, das eine System Ost in das andere System West zu überführen, dafür mussten unzählige hoch qualifizierte Ministerialbeamten viele Gesetze durchforstet und Lösungswege zusammengetragen haben. Die deutsch-deutsche Ministerialbürokratie befand sich damals in einem über Monate andauernden Ausnahmezustand.

Schäuble erwähnte in diesem Zusammenhang den Namen Cornelia Rogall-Grothe, die damals Referatsleiterin im Bundesministerium des Innern geworden war und nach seinen Darstellungen erkennbar eine maßgebliche Rolle für die professionelle Erarbeitung des Einigungsvertrages hatte. Als die damals 40-jährige Juristin für entscheidende Aufgaben in die Arbeitsgruppe „Deutsche Einheit" zur Erarbeitung des Einigungsvertrages berufen wurde, soll sie zu ihm gesagt haben: „Aber Herr Minister, das habe ich doch noch nie gemacht." Seine Antwort darauf war so klar wie einfach: „Ich auch nicht." Er übertrug ihr schnell Verantwortung. Sie rechtfertigte das Vertrauen und wurde später Schritt für Schritt mit neuen Führungsaufgaben betraut, wurde Unterabteilungsleiterin in verschiedenen Verwendungen, dann Abteilungsleiterin und von 2010 bis 2015 beamtete Staatssekretärin und Beauftragte der Bundesregierung für Informationstechnik. Zudem leitete sie viele Jahre den im Mai 2011 neu gegründeten Nationalen Cyber-Sicherheitsrat.

Aus den Erfahrungen meiner Zeit als Senator in Berlin war mir klar: Cornelia Rogall-Grothe wird vieles von dem gestemmt haben, was am Ende als 268-seitiges Werk[1] in die Annalen der deutschen und internationalen Geschichte eingegangen ist. Zudem musste sie eine perfekte „Kronzeugin" des Einigungsprozesses sein, daher wollte ich sie unbedingt kennenlernen. Ich treffe sie Anfang April 2024 in einem Besprechungsraum im Jakob-Kaiser-Haus im Deutschen Bundestag. Sie hat auf dem Weg zu mir Schäubles gerade erst erschienenes Buch „Erinnerungen" in der Parlamentsbuchhandlung gekauft. Schäuble hatte bis Weihnachten, bis wenige Tage vor seinem Tod, an diesem opulenten Werk gearbeitet. In aller Bescheidenheit schildert sie mir, dass sie nur ein Teil der damaligen Arbeitsgruppe gewesen sei und je nach Betrachtungsweise in der zweiten oder dritten Reihe gestanden habe. In der Arbeitsgruppe, die vom damaligen Ministerialdirigenten im Bundesministerium des Innern, Klaus-Dieter Schnappauf, geleitet wurde, war sie für vier Fachministerien zuständig. Schäuble hatte mir in einem unserer Gespräche zuvor deutlich gemacht, welche wichtige Rolle sie dabei innehatte.

Bei der Erarbeitung des Einigungsvertrages ging es im Kern darum, alle Regelungen des Ostens in westdeutsches Recht zu überführen, berichtete sie mir. Die Arbeitsgruppe des Bundesinnenministeriums hatte die Struktur dafür erarbeitet. Es gab zwar zunächst die Entscheidung, das DDR-Recht auf dem Gebiet der ehemaligen DDR grundsätzlich zu erhalten und nur dort durch westdeutsches Recht zu ersetzen, wo das unbedingt erforderlich erschien, aber davon wurde auf Wunsch der DDR-Regierung wieder Abstand genommen. In der Kürze der Zeit war es ohnehin schon eine enorme Herausforderung, alle wiedervereinigungsrelevanten Sachverhalte und gesetzlichen Regelungen aus den Fachministerien zusammenzutragen. Entscheidend war, auch aus verfassungsrechtlichen Gründen, der auf beiden Seiten zuweilen vorhandenen Versuchung zu widerstehen, Grundsatzänderungen und andere Themen in diesem Mammutwerk zu verankern, für die es selbst in Westdeutschland noch keine abgestimmte Haltung gab. So schilderte mir Frau Rogall-Grothe, wie schwierig es war, dabei den Überblick zu behalten.

Schnelligkeit und möglichst wenige Änderungen im Westen – so wurde auch auf der politischen Ebene gedacht. Horst Teltschik, einer der wichtigsten Berater von Helmut Kohl, berichtet in seinem Buch „329 Tage", in dem er seine exponierte Sicht des Weges zur deutschen Wiedervereinigung im Tagebuchstil wiedergibt, dass sich am 5. März 1990, also wenige Tage vor der ersten freien Volkskammerwahl in der DDR, Staats- und Verfassungsrechtler bei Helmut Kohl im Kanzlerbungalow trafen, um die Frage zu erörtern, ob es einen Beitritt entweder nach Artikel 23 des Grundgesetzes oder aber auf Basis einer neuen Verfassung nach Artikel 143 geben sollte. Alle Beteiligten, so kann man dort nachlesen, waren sich schnell einig, dass der Vollzug der Einigung Deutschlands nach Artikel 23 Grundgesetz erfolgen sollte.[2]

Frau Rogall-Grothe erzählte mir von ihren Gesprächen in Ost-Berlin. Als sie mit dem Innenministerium der untergehenden DDR sprach, fühlte sie sich, wie sie sagte, wie in einer anderen Welt. „Ich traf auf das Pendant von meinem direkten Chef, Herrn Schnappauf, im Innenministerium der DDR, der mich mit Fragen konfrontierte, die mich überraschten und verblüfften. Es gab in der DDR zum Beispiel eine Regelung, nach der die ostdeutsche Währung, die DDR-Mark, an den Kurs des Rubels gebunden war. Er wollte wissen, wie wir dieses Problem lösen, wenn die Westmark eingeführt wird." Ein anderes Problem, das sie mir schilderte, war die Frage, wie man damit umgehen sollte, wenn ein Mitarbeiter der Zentrale rares Baumaterial auf einer Baustelle an irgendeinem Ort in der DDR kurzerhand nach Berlin umgeleitet hatte. Die Frage war, ob so etwas im Westen strafbar sei. Frau Rogall-Grothe konnte sich vorstellen, dass dies eine ganz praktische Sorge im DDR-Alltag war. Mit dem Einigungsvertrag und der dafür gefundenen Systematik hatte das nichts zu tun.

Warum erwähne ich das? Es macht aus meiner Sicht deutlich, warum die DDR-Verhandlungsdelegation auf die nach der Wiedervereinigung eigentlich relevanten Themen während der Verhandlungen zum Einigungsvertrag nicht hinreichend einging. Da saßen im übertragenen Sinne Mensch-ärgere-Dich-nicht-Spieler mit Skatspielern an einem Tisch, die die Regeln des jeweils anderen nicht kannten. Für den Westen war das kein Problem. Der Osten musste aber danach mit dem neu geschaffenen Recht zurechtkommen.

Ein in den Verhandlungen maßgeblicher Part war der unterschiedliche Umgang der beiden deutschen Staaten mit der rechtlichen Regelung des Schwangerschaftsabbruchs, einer der letzten Streitpunkte, der auch innerhalb der Bonner Koalition Zeit zur Klärung brauchte. Wolfgang Schäuble brachte aus den Gesprächen mit den Bonner Regierungsfraktionen eine von ihm verhandelte Formulierung mit. Man nahm schließlich in den Einigungsvertrag eine Formulierung auf, wonach in Ost und West die bisherigen Regelungen Fortbestand haben sollten, bis der Gesetzgeber bis spätestens Ende 1992 eine bundeseinheitliche Regelung gefunden haben musste, so erinnert sich Frau Rogall-Grothe. Dies blieb aber die Ausnahme, ansonsten wurde westdeutsches Recht übernommen. „Wir hatten das in der Hand, wir hatten – in Abstimmung mit unserem Verhandlungspartner – die Federführung. Und das war auch das, was der Osten wollte", sagt sie mir. Es gab nur eine Seite, die die Rechtsmaterie kannte, in die sich die DDR hineinbegab. Daher kann man dem Westen auch keinen Vorwurf machen, nur wenig übernommen zu haben. Die ostdeutsche Ministerialbürokratie war im Zerfall begriffen. Die neue Führung in Ost-Berlin war gänzlich unerfahren im Regieren und Organisieren einer rechtsstaatlichen Verwaltung und zudem in vielen Teilen einfach unwissend, worauf es danach ankommen würde.

Ohne jeden Vorwurf an die Architekten des Einigungsvertrages sehe ich in diesem Prozess und den daraus resultierenden Folgen aber eine wesentliche Ursache für das Ohnmachtsgefühl vieler DDR-Bürger. Die Klärung der Eigentumsverhältnisse gänzlich zulasten des Ostens, die verweigerte Anerkennung von vielen Berufsabschlüssen, die Überführung des Volkseigentums in die Privatwirtschaft – all das waren Themen, deren Tragweite erst spürbar wurde, als die Tinte unter dem Vertrag längst trocken und die Westdeutschen wieder in den gewohnten Alltag der Bundesrepublik zurückgekehrt waren, nur mit einer etwas größeren Fläche und 16 Millionen Einwohnern mehr an Bord.

Umso wichtiger ist es, heute Revue passieren zu lassen, was wir bislang gelernt haben und welche Schlussfolgerungen wir aus der Zeit nach der Wiedervereinigung ziehen. Zudem ist es für ein ehrliches Zusammenwachsen von Bedeutung, die Untergangs- und Umbrucherfahrung der ehemaligen DDR-Bürger endlich als Bereicherung für unser Land zu erkennen. Wir müssen herauskommen aus der lähmenden chronisch schlechten Stimmung.

Den Umbrüchen mutig begegnen!

Ja, die Stimmung im ganzen Land ist nicht gut. Im Osten ist sie noch negativer als im Westen. Optimismus verbreitet sich deutlich langsamer als Pessimismus. Es herrscht Sorge um den Frieden in Europa und in der Welt. Krieg in der Ukraine, Bomben in Nahost, köchelnder Streit auf dem Balkan. Die Konflikte rücken näher. Der Bundesverteidigungsminister spricht von der notwendigen Kriegsfähigkeit der Bundeswehr. Die Migration überfordert Schulen, Kitas, das Wohnungsangebot und an vielen Orten ein friedliches Zusammenleben.

Den Umbrüchen mutig begegnen!

Drei Millionen offene Stellen meldet die Bundesagentur für Arbeit, Fach- und Arbeitskräfte werden gesucht. Zugleich betreut und finanziert die Bundesagentur für Arbeit 4,8 Millionen erwerbsfähige Menschen.³ Die Integration von Asylbewerbern in den Arbeitsmarkt gelingt kaum. In Deutschland arbeiten nur 19 Prozent der ukrainischen Flüchtlinge – in den Niederlanden sind es 70 Prozent. Gut situierte Handwerker reden vom Auswandern in den osteuropäischen Süden, jüdische Selbstständige ändern in Berlin ihren Namen aus Angst vor Übergriffen von radikalen Muslimen oder neuen Nazis. Das Leben wird teurer. Die Energiepreise treiben weiter die Inflation.

Ja, die Zeit ist voll von Herausforderungen. Brauchen wir da wirklich eine Ost-West-Debatte? Noch einen offenen Konflikt? Noch einen alten Streit? Es reicht uns, höre ich auf der Straße und in Veranstaltungen. Manche meinen, wir müssten mal wieder auf die Straße gehen. Wogegen? Da findet sich immer etwas. Aber wissen wir auch, wofür?

Der Neurowissenschaftler und Autor Henning Beck schrieb jüngst in einem Beitrag in der *Neuen Zürcher Zeitung* (NZZ) über den wachsenden Pessimismus: „Fairerweise muss man jedoch anmerken, dass wir Deutschen mit unserem Schwarzsehen nicht alleine sind: Weltweit denken knapp zwei Drittel der Menschen, dass ihr Land die gegenwärtigen und zukünftigen Probleme nicht gelöst bekomme. Ein Wert, der schon seit über zehn Jahren praktisch konstant ist. Ist es nicht traurig, dass 70 Prozent der Menschen weltweit denken, dass es die nachfolgenden Generationen einmal schlechter haben werden als sie selbst?"⁴

Ich möchte mich damit nicht zufriedengeben. Vorbilder haben wir doch genug, die uns zeigen: Aufstehen lohnt sich, Sitzenbleiben und Schimpfen nicht. Als 1989 die DDR-Bürger aus der Prager Botschaft nach Westdeutschland ausreisten, hatten mein Vater und viele andere die Sorge, dass nun die Grenze ganz zugemacht würde und wir auf Jahrzehnte eingemauert blieben. Kurzzeitig überlegte er, nach Dresden zu fahren, um auf den Ausreisezug aus Prag zu kommen. Meine Mutter hielt ihn davon ab. Wenige Wochen später war ich mit ihm bei der legendären Großdemonstration am 4. November 1989 auf dem Alexanderplatz. Knapp eine Woche vor dem Mauerfall.

Ich denke an die vielen Menschen, die mir in den neuen Bundesländern von ihren beruflichen Umbrüchen im Zuge der Wiedervereinigung erzählten, die ihr Leben wieder in die Hand nahmen und nicht aufgaben, obwohl es anfangs ziemlich auswegslos aussah. Wie beispielsweise Gudrun Menzel*, Ende 70, aus Köpenick. Sie war Ingenieurin für Automatisierungstechnik und hatte ihre berufliche Laufbahn im Vorgängerwerk des großen DDR-Betriebs Werk für Fernsehelektronik (WF) in Schöneweide begonnen. 1945 gründete die Sowjetische Militäradministration in Deutschland (SMAD) im Gebäude der ehemaligen Röhrenfabrik Oberspree (RFO) das Labor, Konstruktionsbüro und Versuchswerk Oberspree (LKVO) als wissenschaftlich ausgerichtetes Industrieunternehmen. „Ab Mai 1946 hieß das LKVO dann ‚Oberspreewerk' (OSW) und war bis 1952 eine SAG (Sowjetische Aktiengesellschaft)."[5] 1946 wurden 230 Mitarbeiter zusammen mit ihren Familien in die Sowjetunion verlegt, um dort einen entsprechenden Fertigungsablauf zu etablieren. Teile von Gudrun Menzels Familie waren auch davon betroffen; freiwillig geschah dies nicht. Sie blieb in Schöneweide. Mitte der 1950er Jahre wurde das LKVO zum Volkseigenen Betrieb und Hauptlieferant für das auch in Ostdeutschland lang ersehnte heimische Fernsehen. „1960 erfolgte die Umbenennung in ‚Werk für Fernsehelektronik' (WF)."[6] 1990 dann der Personalabbau: Innerhalb weniger Monate schrumpfte die Belegschaft von 9000 auf 1400 Mitarbeiter. 1993 kam Samsung an den Standort, und nach Kurzarbeit und Arbeitslosigkeit stieg sie wieder ein und kehrte ins Werk zurück.

Jeder an seinem Platz entscheidet, ob er mit Optimismus oder verbittert das Leben angeht. Mein Platz ist im Osten Berlins; im Osten unseres Landes. Mit der Erfahrung der letzten 34 Jahre können wir etwas anfangen. Nutzen wir jetzt die Chance.

Mein Fazit: Der Osten als Chance

Wer die Biografien der Menschen in Ostdeutschland studiert hat, weiß, dass sie keine westdeutsche Demokratiebelehrung benötigen, sondern faire Möglichkeiten zum Mitgestalten. Das gelingt nur mit

---

* Der Name wurde aus datenschutzrechtlichen Gründen geändert.

bürgernaher Politik, mit Gesprächen unmittelbar da, wo der Schuh drückt. Dafür benötigen wir neue Formate des Dialogs und bessere Beteiligungsformate. Subsidiarität ist eine Stärke unseres Landes. Wir können mutiger werden und Instrumente bundesweiter Volksbefragungen stärken. Und vor allem sollten die Probleme wieder da gelöst werden, wo man sie am ehesten kennt. So zum Beispiel mithilfe durch Losentscheid zusammengestellter Bürgerbeiräte, die über die Verteilung von derzeit noch starr im Gesetz geregelten sozialen Zusatzleistungen entscheiden. Ich möchte damit erreichen, dass die Menschen die Mittel bekommen, die sie benötigen, und jene darüber entscheiden, die die Lage vor Ort kennen. Das ist mir deutlich lieber als die immer weiter ausufernde Bürokratie. Eine Bürokratie, die am Ende nicht der älteren Dame unter die Arme greift, die aus Scham vor dem Gang zum Sozialamt lieber Flaschen sammelt, und stattdessen den jungen, gesunden, aber leider antriebslosen Mann bevorteilt, der eigentlich nur mal aufstehen und zur Arbeit gehen müsste.

Wir haben im Osten die Erfahrung gemacht, dass es Koalitionen der Vernünftigen manchmal erforderlich machen, Vorurteile zu überwinden und unseriöse Vergleiche zu unterlassen. Daher muss man die AfD als das benennen, was sie ist: von Rechtsradikalen durchsetzt, gespickt mit Personen, die den inneren Frieden im Land angreifen wollen, die Holocaustleugner bei sich dulden und in U-Haft sitzende Reichsbürger und mutmaßliche Terrorverdächtige weiter auf Bundestagslisten kandidieren lassen. Dass übrigens eine terrorverdächtige Kandidatin, die über Monate in Untersuchungshaft sitzt, bei der Wiederholung der Bundestagswahl in Berlin im Februar 2024 im Westberliner Wahlkreis Steglitz-Zehlendorf mehr Stimmen erhielt als bei der regulären Bundestagswahl 2021, ist schon ein verstörendes Votum. Wäre das in Marzahn geschehen, hätte ich mir die Schlagzeilen über „den rechten Osten" schon ausmalen können.

Sicher, viele Wähler der AfD wollen eine Protestbotschaft an die sogenannten Etablierten senden. Um diese Wähler will ich weiter werben. Aber umso mehr muss man die AfD als das bezeichnen, was sie ist. Sie ist völlig entgleist und richtet sich gegen die demokratische Verfasstheit unseres Landes, wie auch einstige Gründer dieser Partei, die sich angewidert abgewendet haben, inzwischen klar formulieren.

Man habe eine Alternative zur CDU gründen wollen,[7] wird Norbert Stenzel, einer der wesentlichen Gründer der AfD im ZDF zitiert. „Herausgekommen sei schließlich ‚eine Nachfolgepartei von NPD und Republikanern'."[8]

Und nein, die Linkspartei ist nicht die gleiche Gefahr von links. Sie ist vor allem in den neuen Bundesländern eine Partei von Menschen mit linkspragmatischem Faible und ostdeutscher Lebenserfahrung. Mit ihr kann auch die CDU kommunal oder in einem Bundesland für eine abgesteckte Zeit und mit klaren Zielen gemeinsame Verantwortung übernehmen, wie es übrigens in allen neuen Ländern reibungslos geschieht. Seien wir doch ehrlich: Die SPD in Südhessen würde ich als weitaus linker bezeichnen als die Linkspartei in Thüringen. Das ist auch erklärbar, haben die einen doch den real existierenden Sozialismus schon erlebt und wissen, dass Staats- und Planwirtschaft nichts besser machen und vor allem Demokratie und Freiheit jeden Tag neu verteidigt werden müssen. Interessant ist dabei ein Blick auf die Ostberliner Stadtrandwahlkreise, in denen die Linken Gesine Lötzsch, Petra Pau und Gregor Gysi zu Hause sind. Dort war die Zustimmung zum Berliner Enteignungsvolksbegehren deutlich niedriger als in den hippen Innenstadtbezirken mit den vielen Zugezogenen und auch vielen altlinken Westberlinern.

Wir im Osten haben gezeigt, wie man die Infrastruktur nach 28 Jahren der Teilung und des Verschleißes zügig wieder auf Vordermann bringt und dabei zugleich die Kosten im Blick behält. Die Planungsbeschleunigungsgesetze haben den Aufbau Ost möglich gemacht. Nutzen wir dies als Vorbild für den Sanierungsstau im ganzen Land. Zudem wird eine zweite Halbzeit beim Aufbau Ost die wahre Brückenfunktion, die Deutschland in Europa erfüllen kann, stärken. Es gibt ganz offensichtlich Infrastrukturlücken auf den transeuropäischen Korridoren Richtung Osteuropa. Diese gilt es zu schließen und die Strecken auszubauen.

Gleiche Lebensverhältnisse in Ost und West gelingen nur, wenn es auch eine gerechtere Verteilung des erarbeiteten Wohlstands im Land gibt. Es war für den Osten schon ein Aderlass ungeahnten Ausmaßes, dass nach der Wiedervereinigung 1,8 Millionen gut ausgebildete Arbeitnehmer Richtung Westen gingen. Als weiterer Klotz am Bein

Mein Fazit: Der Osten als Chance

kommt hinzu, dass der Osten bis heute weitgehend nur die verlängerte Werkbank der großen westdeutschen Konzerne ist. Das führt aber zu einer erheblichen Steuerungerechtigkeit. Wesentliche Steuern werden am Hauptsitz des Unternehmens gezahlt. Das muss sich ändern. Dort, wo die Wertschöpfung erfolgt, muss auch die Steuer eingenommen werden. Eine entsprechende Änderung der Steuergesetze muss im Zuge der notwendigen gesamtdeutschen Steuerreform erfolgen. Wenn der Osten so auf die Beine kommt, hilft das dem ganzen Land und beendet Zug um Zug die Subventionierung von Süd/West nach Nord/Ost.

Mit intelligenten Sonderförderzonen im Osten entstehen die Ökosysteme der Zukunftsindustrien, wie aktuell im mitteldeutschen Chemiedreieck oder rund um Dresden im sogenannten Silicon Saxony, wo bereits jetzt rund 2500 Unternehmen der Halbleiterindustrie Fuß gefasst haben und der taiwanesische Chipriese TSMC ein europäisches Standbein errichtet. Für die Ansiedlung von Intel in Magdeburg standen zuvor 87 weitere Standorte auf der Welt im Wettbewerb, drei davon in Deutschland, berichtet mir der Direktor der bundeseigenen Agentur für Sprunginnovationen (SPRIND), Rafael Laguna de la Vera.

Die Industrien der Zukunft benötigen neben den schlauen Köpfen aber auch viel Energie – preisgünstige Energie. Sie ist für die Entwicklungen ebenso von Bedeutung wie die Stärkung von disruptiver Forschung und angewandter Wissenschaft. Es muss das Versprechen wesentlich konsequenter als bislang umgesetzt werden, dass neue Forschungseinrichtungen vor allem im Osten angesiedelt werden. Zugleich kann es nicht sein, dass diejenigen, die viel erneuerbare Energie produzieren, am Ende den Preis für den mangelnden Netz- und Speicherausbau im Süden und Westen bezahlen. So ist es aber derzeit. Überschüssige, nicht abgenommene erneuerbare Energie und der dafür getätigte Netzausbau führen zu höheren Strompreisen im Nordosten, weil die Erzeuger auch bei Nichtabnahme der Energie dafür bezahlt werden. Die Bundesnetzagentur muss dazu autorisiert werden, unterschiedliche, zonierte Netzentgelte festlegen zu können.

Leistung muss sich lohnen. Das ist ein Credo dieses Buches. Leistungsbereitschaft erfordert möglichst gleiche Startchancen. Wir alle wissen, dass ungleiche Ausgangsbedingungen frustrieren. Neben dem

Lösungen: Mehr Osten wagen, um ganz Deutschland zu stärken

Zugang zu guter Bildung ist in vielen Bereichen des Lebens ein kleiner finanzieller Sockel von Vorteil. Diese Chancengerechtigkeit besteht derzeit nicht.

Das Kapital ist in Deutschland auch im internationalen Vergleich deutlich ungleich verteilt. Die Hälfte des Landes verfügt über fast kein Vermögen, während die oberen zehn Prozent 60 Prozent des Gesamtvermögens ihr Eigen nennen.[9] Diese Diskrepanz wird durch die anstehenden Erbschaften in der kommenden Dekade noch erhöht. Daher ist es jetzt an der Zeit, ein Kinderstartkapital einzuführen. Dieses Kapital, finanziert aus der bestehenden, aber mit weniger Ausnahmen und Sonderregeln ausgestalteten Erbschaftssteuer, wird jedem Kind als Startbonus zur Verfügung gestellt. Es kann für ein Stipendium, eine Gründung oder eine langfristige stabile Altersvorsorge eingesetzt werden und soll nicht konsumiert werden können.

Wir benötigen eine neue Zugehörigkeitskultur. Leitkultur kann die Hausordnung sein. Soweit einverstanden. Aber daraus muss eine Zugehörigkeitskultur erwachsen, in der Hinzugekommene und Alteingesessene ihr Zusammenleben miteinander vereinbaren. Dazu gehört, dass neue Erfahrungen auch gleichberechtigt in das Gemeinwesen einfließen und sich nicht eine Über- und Unterordnung zementiert.

Das lässt sich an manchen Stellen nur durch Quoten in der notwendigen Geschwindigkeit umsetzen. Unser Land kennt solche Instrumente des Ausgleichs; zwischen Badenern und Württembergern in der dortigen CDU, zwischen Nord und Süd in den Rundfunkräten, zwischen Arbeitnehmern und Arbeitgebern in Beteiligungsgremien der Selbstverwaltung und auch mit Frauenquoten für Vorstände und Aufsichtsräte von DAX-Konzernen. Dass heute nur zwei Prozent der Spitzenpositionen aller Bereiche, von der Politik über die Wirtschaft, die Kultur, die Justiz bis zur Verwaltung, mit Ostdeutschen besetzt sind, darf so nicht bleiben. Deshalb habe ich in diesem Buch einen Vorschlag für eine Ostquote vorgelegt, die das Zusammenleben stärken wird.

Wenn wir dies beherzigen, dann wird, so bin ich überzeugt, nicht nur die Stimmung im Land besser, sondern es wächst auch die ostdeutsche Wirtschaft, es reden noch mehr kluge Köpfe mit, und wir machen mit den Erfahrungen von Ost und West die Weltpolitik etwas sicherer und friedlicher. Denn auch in der Außenpolitik kann Ostdeutschland seine historischen Erfahrungen gewinnbringend und vor allem friedensstiftend einbringen.

Dafür lohnt es sich zu arbeiten, denn so lässt sich wieder ein stärkeres Miteinander finden und das Auseinanderdriften umkehren. So kann der Osten Deutschland retten.

Danksagung

Ich bewundere diejenigen, denen der richtige Zeitpunkt und die richtigen Worte gelingen, um zu danken. Gelingt das vielleicht nur in der Politik seltener? Ist es nur bei mir so? Bin ich nur gewohnt, eher mehr zu verlangen, als auch mal innezuhalten und Dankbarkeit zu äußern?

Beim Schreiben dieses Buches merke ich einmal mehr, dass das Danksagen nicht zu meinen wirklichen Stärken zählt. In der Hektik des Alltags meines stark politisch geprägten und eng getakteten Lebens bin ich es eher gewohnt, von meinen Mitstreitern noch mehr zu verlangen. Meist taten und tun sie genau das – sei es während der vielen erfolgreichen Wahlkämpfe seit 1999, der fordernden Zeit, als ich von 2011 bis 2016 in Berlin Gesundheits- und Sozialsenator war, im Konrad-Adenauer-Haus, wo ich von Januar 2022 bis Juli 2023 gemeinsam mit dem Bundesvorsitzenden Friedrich Merz als Generalsekretär die Geschicke der CDU Deutschlands lenken durfte, oder eben bei diesem, meinem ersten Buchprojekt. Beim Blick nach vorn kam der Dank für das Erreichte, für die vielen Mühen der Ebene, oft zu kurz. Daher an dieser Stelle ein ausdrücklicher und besonderer Dank an alle Wegbegleiter, Mitstreiter, Unterstützer und Freunde, die meine Arbeit mit so viel Leidenschaft, Hingabe und Loyalität begleitet haben.

Ich bin froh, dass ich dieses Buch schreiben konnte. Die Arbeit daran hat meinen Blick geschärft, vor allem in Bezug auf die Menschen in unserem Land und speziell jene aus dem Osten, wie viel sie mitgemacht und durchgemacht haben, und in Bezug auf die politische Klasse auf beiden Seiten des früheren „Eisernen Vorhangs". Es waren viele gute Gespräche und daraus folgende Erkenntnisse auf dem Weg hin zu diesem Buch.

Ich möchte an dieser Stelle Einzelne persönlich benennen, die mir bei diesem Buch halfen und die darüber hinaus in den zurückliegenden Jahren besonders eng an meiner Seite standen, nicht nur, wenn ich auf der Sonnenseite stand, sondern auch in den Phasen, wo der Fahrstuhl mit mir eher nach unten fuhr. Ich möchte Weggefährten danken, die mir geholfen haben, meinen Anspruch und meinen Traum zu leben, in meiner Heimatstadt und in unserem Land mitzugestalten.

Ein ganz besonderer und großer Dank gilt meiner Frau Julia und meiner Tochter. Ich bin euch von Herzen dankbar für die liebevolle und geduldige Begleitung auch dieses Projektes. Ich neige dazu, mir immer wieder neue Aufgaben auf den Tisch zu legen, und es war für mich ein Glücksfall, dass ich unseren großen Küchentisch immer wieder zum Schreiben nutzen und erneut auf das große Verständnis und die Unterstützung von euch setzen konnte.

Mein Freund Karsten Hintzmann hat mich zu Beginn dieses Buchprojektes mit freundschaftlicher Klarheit auf Risiken und Nebenwirkungen hingewiesen. Die Intensität der Arbeit an diesem Buch und das, was sie erfordert, aber auch die Gefahr der Fehlinterpretation von Offenheit hat er am deutlichsten angesprochen. Es war so wichtig und der Grundstein dafür, so zu recherchieren und zu schreiben. Und zugleich schenkte er mir und dem Projekt diese ganze Energie und Kraft, als wir dann anfingen, und dies bis zur letzten Korrekturschleife. Herzlichen Dank für die ehrliche Planung, die zielführende Mitrecherche und das immer kritische Lesen und Fokussieren auf die Botschaften des Buches. Und dafür, dass wir am 12. Juli 2023, meinem letzten Arbeitstag als CDU-Generalsekretär, morgens zusammen ins Adenauer-Haus fuhren. Es war ein wichtiger Tag und zugleich ein Startpunkt für dieses Buchprojekt.

Meinem Team danke ich sehr. Die Recherchen, Analysen und Gesprächsvorbereitungen von Briska Shaways und Emily Foltin haben dieses Buch ebenso erst möglich gemacht wie das hochkonzentrierte Terminmanagement mit den Expertinnen und Experten, mit denen ich mich für dieses Buchprojekt ausgetauscht habe, und das Freischaufeln der notwendigen Schreibzeiten von Simona Ritter.

Vielen Dank all meinen Gesprächspartnern für die offenen Worte und die inspirierenden Gespräche.

Eines meiner ersten Gespräche durfte ich mit Christine Lieberknecht in der Nähe von Weimar führen. Danke für die persönlichen Einsichten, den klaren, wichtigen Einblick in die Wiedervereinigungs-

Danksagung

geschichte unserer Partei und die wunderbare Thüringer Küche. Mein Dank richtet sich auch an Benjamin Hoff. Er hat mir aus der Sicht der Linken die Lage in diesem viel diskutierten Bundesland Thüringen erörtert und dabei immer wieder den Blick aus der Vogelperspektive möglich gemacht. Ebenso danke an Mike Mohring für seine Einordnung der letzten Regierungsbildung in Thüringen.

Herzlichen Dank den beiden Ministerpräsidenten Michael Kretschmer und Dr. Reiner Haseloff für die wichtigen wirtschafts- und gesellschaftspolitischen Diskurse und zudem auch für die Unterstützung in meiner Zeit als Generalsekretär.

Ich danke Hilmar Sack und Jens Hacke, den beiden Mitarbeitern am Erinnerungswerk von Wolfgang Schäuble, für die wichtigen Hinweise am Beginn meines Projekts und Nicole Gudehus, der langjährigen persönlichen Assistentin und Mitarbeiterin von Wolfgang Schäuble. Sie hat mir viele Gespräche ermöglicht und immer wieder die Zeit zum Gespräch geschenkt, wenn es um etwas ging in der Union. Vielen Dank an Professor Richard Schröder und ganz besonders Cornelia Rogall-Grothe. Sie haben mir einen erweiterten Blick auf die Zeit der Einigung unseres Landes vor 34 Jahren aus unterschiedlichen Perspektiven eröffnet.

Mein Dank gilt Matthias Platzeck für die ehrliche, ungeschminkte Sicht auf die deutsch-deutsche Außenpolitik und für seinen positiv ansteckenden Grundoptimismus, dass die deutsche Einheit vollendet werden wird. Markus Meckel danke ich für den Einblick in die wenigen, aber maßgeblichen Monate zweier zeitgleich agierender deutscher Außenminister, die frei gewählt Weltpolitik bewegten. Herzlichen Dank an Horst Teltschik für die historische Sicht mit dem klaren Blick auf die Aufgaben der heutigen Zeit.

Die Gespräche mit einigen namhaften Wissenschaftlern dieses Landes haben mir wertvolle Einblicke ermöglicht. Vielen Dank an Prof. Dr. Joachim Ragnitz, Prof. Dr. Marcel Fratzscher, Prof. Dr. Steffen Mau und Dr. Andreas Feser.

Ich danke Eckhart Beleites, dem langjährigen Präsidenten des VDGN, für den jahrelangen gemeinsamen Streit für die Interessen der ostdeutschen Kleineigentümer und Frank Michalak für die vielen Aktivitäten, die wir zur Stärkung der Gesundheitsversorgung in den

Danksagung

strukturschwachen Regionen Ostdeutschlands und Ostberlins angegangen sind.

Der hoffnungsvolle Blick von Dr. Adriana Lettrari-Pietzcker hat mir für viele Vorschläge in diesem Buch ebenso Mut gegeben wie Rafael Laguna de la Vera von der Sprunginnovationsagentur. Beide werden in den kommenden Jahren sicher maßgebliche mutige Macher des Ostens sein.

Mein Dank gilt auch ganz besonders meinen Partnern in der lokalen Politik. Meine politischen Ämter hätte ich nicht erreichen können ohne die große und sicher oft von mir strapazierte Loyalität von Christian Gräff, die er mit harter Arbeit im Bezirk und im Land flankiert hat. Mit ihm habe ich 1995 bei Elmar Pieroth angefangen, und wir sind trotz mancher Bewährungsprobe immer zusammengeblieben. Das ist in der Politik wirklich selten. Ebenso danke ich Alexander J. Herrmann, der im Vertrauen auf unseren gemeinsamen Erfolg und im Wissen um die gemeinsame Gestaltung sehr oft uneigennützig handelte, wenn es um seinen eigenen politischen Weg ging.

Ich danke allen „Kiezmachern" in unserem Bezirk, allen voran Katharina Günther-Wünsch, die mit Fleiß und Ausdauer die Verantwortung in meinem langjährigen Abgeordnetenhauswahlkreis übernommen hat, Benjamin Raschke, der immer wieder für die richtigen Worte in unserer Kommunikation sorgt und unseren Newsletter jeden Monat so liebevoll vorbereitet. Ich danke unserer Bezirksbürgermeisterin Nadja Zivkovic und unserem Team im Bezirksparlament unter der Leitung von Johannes Martin, dass sie immer für die Menschen in Marzahn-Hellersdorf da sind und die kleinen und großen Probleme unbürokratisch anpacken.

Mein Dank gilt Dr. Patrick Oelze vom Verlag Herder, der an die Idee dieses Buches von Beginn an geglaubt und das Lektorat übernommen hat. Wir hatten vom ersten Tag an die richtige Chemie miteinander.

Dr. Gregor Gysi danke ich sehr für den schon langjährigen inhaltlichen Diskurs und dafür, dass er für mein erstes Buch das Vorwort geschrieben hat.

Danke an Dr. Wolfgang Schäuble. Er war ein Gigant. Ich bin dankbar, dass zwei Jahre blieben, um mich oft mit ihm auszutauschen.

Danksagung

Er bleibt für mich ein großes Vorbild. Ich bin jetzt fertig mit meinem Buch und nehme mir seines vor. Ich werde es gründlich lesen und dabei an die mehr als eine Million Zeichen denken, die er mit so großer Disziplin und Widerstandskraft diktiert und korrigiert hat, um uns sein politisches Vermächtnis hinterlassen zu können.

Ich danke den vielen Menschen in den Berliner Stadtteilen Biesdorf, Hellersdorf, Kaulsdorf, Mahlsdorf und Marzahn, die mir immer wieder ihre Stimme gaben und mich direkt den Wahlkreis gewinnen ließen. Die Klarheit und Deutlichkeit in den Positionen auch dieses Buches waren auch deshalb möglich, weil ich mich stets auf sie verlassen konnte.

Ich danke Ihnen, der Leserin/dem Leser dieses Buches. Es freut mich, dass es Sie erreicht hat, Sie es in die Hand genommen und es gelesen haben. Ich hoffe, ich konnte Sie für einige Ideen begeistern.

Bis auf bald in unserem Heimatland.

Anmerkungen

Einleitung
„Der Einzige aus dem Osten"

1. Wüst, H. (15.06.2023). Das Herz der CDU schlägt in der Mitte. (Frankfurter Allgemeine Zeitung) Abgerufen am 11.03.2024 von: https://www.faz.net/aktuell/politik/inland/hendrik-wuest-ueber-die-cdu-das-herz-schlaegt-in-der-mitte-18964998.html

2. Hollersen, W. (02.05.2022). Marzahn-Hellersdorf: So schön lebt es sich im DDR-Plattenbau heute. Im Osten Berlins wurden einst in Rekordzeit 100.000 neue Wohnungen gebaut. Wie findet man dort noch etwas? Glückliche Bewohner der „Platte" berichten. (Berliner Zeitung) Abgerufen am 11.03.2024 von: https://www.berliner-zeitung.de/b-history/wohnen/marzahn-hellersdorf-meine-platte-is-my-castle-li.224565

3. Neuscheler, T. (03.10.2018). In den Dax-Vorständen gibt es kaum Ostdeutsche. (Frankfurter Allgemeine Zeitung) Abgerufen am 11.03.2024 von: https://www.faz.net/aktuell/wirtschaft/in-den-dax-vorstaenden-gibt-es-kaum-ostdeutsche-15816624.html

Kapitel 1
Wie mehr Mitbestimmung in die Politik kommt

1. Vgl. Kapphan, A. (2002). Das arme Berlin. Sozialräumliche Polarisierung, Armutskonzentration und Ausgrenzung in den 1990er Jahren (Bd. 18). Wiesbaden: Springer VS, S. 73.

2. Vgl. Augustin, M. (2012). Demographische Situation in Marzahn-Hellersdorf 2011. Beiträge zur integrierten Gesundheits- und Sozialberichterstattung. Bezirksamt Marzahn-Hellersdorf von Berlin, Abteilung Gesundheit, Soziales und Planungskoordination. Organisationseinheit Qualitätsentwicklung, Planung und Koordination des öffentlichen Gesundheitsdienstes, Berlin.

3. Nawrocki, J. (20.10.1995). Politik im gläsernen Rathaus. (DIE ZEIT) Abgerufen am 11.03.2024 von: https://www.zeit.de/1995/43/Politik_im_glaesernen_Rathaus/seite-2

4. Vgl. Wiesenthal, H. (1998). Die Transformation der DDR. Ein analytischer Rückblick auf Verfahren und Resultate. Gutachten für die For-

Anmerkungen

schungsgruppe Europa, Centrum für angewandte Politikforschung, München, Humboldt-Universität zu Berlin, Berlin.

5 Abromeit, H. (1992). Zum Für und Wider einer Ost-Partei. Gegenwartskunde, 41(4), S. 437–448. Abromeit, H. (1993). Die „Vertretungslücke". Probleme im neuen deutschen Bundesstaat. Gegenwartskunde, 42(3), S. 281–292. Wiesenthal, H. (1998). Die Transformation der DDR. Ein analytischer Rückblick auf Verfahren und Resultate. Gutachten für die Forschungsgruppe Europa, Centrum für angewandte Politikforschung, München, Humboldt-Universität zu Berlin, Berlin, S. 15.

6 Wiesenthal, H. (1998). Die Transformation der DDR. Ein analytischer Rückblick auf Verfahren und Resultate. Gutachten für die Forschungsgruppe Europa, Centrum für angewandte Politikforschung, München, Humboldt-Universität zu Berlin, Berlin, S. 4.

7 Hähnig, A. (23.11.2020). We're all living in Amerika. Trumps Niederlage lehrt etwas über den Umgang mit dem Populismus bei uns: Man kann ihn schlagen, selbst wenn man es nicht schafft, ihn zu schwächen. (DIE ZEIT) Abgerufen am 11.03.2024 von: https://www.zeit.de/2020/48/populismus-ostdeutschland-afd-lehren-us-wahl

8 Jung, M. (2019). Modernisierung und asymmetrische Demobilisierung. Zur Strategie der Union seit 2005. In: K.-R. Korte & J. Schoofs (Hrsg.), Die Bundestagswahl 2017. Analysen der Wahl-, Parteien-, Kommunikations- und Regierungsforschung (S. 323–340). Wiesbaden: Springer VS.

9 Ebd.

10 Vgl. Meisner, M. (17.05.2020). „Kretschmer, verpiss dich!" Sachsens Ministerpräsident will mit Corona-Demonstranten sprechen – und wird bepöbelt. (Tagesspiegel) Abgerufen am 11.03.2024 von: https://www.tagesspiegel.de/politik/sachsens-ministerprasident-will-mit-corona-demonstranten-sprechen--und-wird-bepobelt-7546381.html

Kapitel 2
Warum Ostdeutschland eigene politische Souveränität benötigt

1 Höcker (25.01.2021). Zusammenarbeit. Abgerufen am 11.03.2024 von: https://www.hoecker.eu/news/hoecker-und-maassen-beenden-zusammenarbeit

2 Thüringer Landesamt für Statistik (2019). Landtagswahl 2019 in Thüringen – endgültiges Ergebnis. Abgerufen am 11.03.2024 von: https://wahlen.thueringen.de/datenbank/wahl1/wahl.asp?wahlart=LW&wJahr=2019&zeigeErg=Land

3 Debes, M. (2021). Demokratie unter Schock. Wie die AfD einen Ministerpräsidenten wählte (2 Ausg.). Essen: Klartext Verlag, S. 88.

Anmerkungen

[4] Ebd., S. 89.

[5] Jochimsen, L. (2021). 30 Tage, die das Land bewegten. 5. Februar bis 4. März 2020: Chronik eines politischen Erdbebens. (Rosa-Luxemburg-Stiftung Thüringen, Hrsg.) Erfurt. Abgerufen am 11.03.2024 von: https://www.db-thueringen.de/servlets/MCRFileNodeServlet/dbt_derivate_00061900/30_Tage_die_das_Land_bewegten.pdf

[6] Vgl. Lempp, J., Serfling, O. & Rolf, J. (2023). Die Parteianhängerschaft der CDU/CSU. In: J. Lempp, O. Serfling, J. N. Rolf & S. Bukow (Hrsg.), Parteianhängerschaft in Deutschland. Eine Analyse der Parteien und ihrer Anhängerschaften in Bund und Ländern (S. 53–76). Wiesbaden: Springer VS. Schulz, S. (2020). Demokratie, geschmiedet wie ein Hufeisen? Wer die Vorfälle in Thüringen verstehen will, muss zu den ideologischen Tiefenschichten vorstoßen. Zeitschrift für Kritische Sozialwissenschaft, 50(199), S. 363–370.

[7] Vgl. Jesse, E. (2020). Äquidistanz und Hufeisenmodell einerseits, antifaschistischer Konsens und Ausgrenzung andererseits. In: U. Backes, A. Gallus, E. Jesse & T. Thieme (Hrsg.), Jahrbuch Extremismus & Demokratie (Bd. 32, S. 13–40). Baden-Baden: Nomos Verlagsgesellschaft.

[8] Holzhauser, T. (2019). Erosion der Abgrenzung? Das Verhältnis der CDU zur Linkspartei in historischer Perspektive. (Deutsche Vereinigung für Parlamentsfragen, Hrsg.) ZParl Zeitschrift für Parlamentsfragen, 50, S. 130–148.

[9] Schuler, K. (14.01.2020). „Die Linkspartei setzt im Osten sozialdemokratische Politik um." Die SED-Vergangenheit der Linken erschwert die Zusammenarbeit mit der CDU – in Thüringen und anderswo. Zu Recht? Ein Gespräch mit dem Historiker Thorsten Holzhauser. (DIE ZEIT) Abgerufen am 11.03.2024 von: https://www.zeit.de/politik/deutschland/2020-01/die-linke-thueringen-cdu-sed-vergangenheit

[10] Vgl. Berghofer, W. (2014). Keine Figur im Schachspiel. Wie ich die Wende erlebte. Berlin: edition ost im Verlag Das Neue Berlin, S. 188 ff.

[11] Vgl. Buchen, P. (09.12.2022). Laut „Reichsbürger"-Plan: Diese AfD-Richterin sollte Justizministerin werden. Abgerufen am 11.03.2024 von: https://www.t-online.de/region/berlin/id_100093640/birgit-malsack-winkemann-diese-afd-richterin-sollte-justizministerin-werden.html

Kapitel 3
Wie die zweite Halbzeit beim „Aufbau Ost" ganz Deutschland voranbringen wird

[1] Destatis Statistisches Bundesamt (19.02.2024). Eigentumsquote. Abgerufen am 12.04.2024 von: https://www.destatis.de/DE/Themen/Gesellschaft-Umwelt/Wohnen/Tabellen/tabelle-eigentumsquote.html

Anmerkungen

2   Giewald, J. & Scherer, L. (21.11.2023). A45 Sperrung bei Lüdenscheid. Neubau der Brücke Rahmede hat begonnen. Abgerufen am 12.04.2024 von: https://www.adac.de/der-adac/regionalclubs/nrw/verkehr-sicherheit/a45-sperrung-gesperrt/

3   Zacher, T. (24.02.2023). Neue Zahlen: Fast 300 Brücken in NRW müssen dringend saniert werden. Abgerufen am 25.03.2024 von: https://www1.wdr.de/nachrichten/landespolitik/bruecken-nrw-kaputt-100.html#:~:text=%22Ein%20großer%20Teil%20der%20Brücken,werden%20müssen%22%20%2C%20so%20Krischer

4   KFW (31.08.2015). Aufbau Ost. Abgerufen am 28.03.2024 von: https://www.kfw.de/Über-die-KfW/Förderauftrag-und-Geschichte/Geschichte-der-KfW/KfW-Themen/Aufbau-Ost/

5   Janson, M. (08.05.2023). EU-Infrastruktur-Ausgaben. Deutschland fast Schlusslicht. Abgerufen am 29.03.2024 von: https://de.statista.com/infografik/29928/staatliche-investitionen-in-oeffentliche-infrastruktur-in-der-eu/

6   Vgl. Bach, C. (kein Datum). 13. März 1993. Einigung auf einen Solidarpakt zur Finanzierung der langfristigen Folgen der Deutschen Einheit. Abgerufen am 25.04.2024 von: https://www.kas.de/de/web/geschichte-der-cdu/kalender/kalender-detail/-/content/einigung-auf-einen-solidarpakt-zur-finanzierung-der-langfristigen-folgen-der-deutschen-einheit

7   „... mit einem Volumen in Höhe von je 12 Milliarden DM in den Jahren 1991 und 1992 sowie Steuererhöhungen", ebd.

8   Ebd.

9   Ebd.

10 Ebd.

11 Vgl. ebd.

12 Vgl. Ragnitz, J. (2004). Für mehr Ehrlichkeit beim Aufbau Ost. Wirtschaftsdienst, 84(10), S. 620–623. Bach, C. (kein Datum). 13. März 1993. Einigung auf einen Solidarpakt zur Finanzierung der langfristigen Folgen der Deutschen Einheit. Abgerufen am 25.04.2024 von: https://www.kas.de/de/web/geschichte-der-cdu/kalender/kalender-detail/-/content/einigung-auf-einen-solidarpakt-zur-finanzierung-der-langfristigen-folgen-der-deutschen-einheit

13 Ragnitz, J. (2004). Für mehr Ehrlichkeit beim Aufbau Ost. Wirtschaftsdienst, 84(10), S. 620–623.

14 Vgl. ebd.

15 MDR Aktuell (17.11.2023). Ostbeauftragter Schneider. Osten ist Zukunftsregion. Abgerufen am 31.03.2024 von: https://www.mdr.de/nachrichten/deutschland/gesellschaft/konferenz-ostdeutschland-zukunftsregion-100.html

Anmerkungen

[16] Welt (03.10.2010). Die Ostdeutschen haben die Einheit selbst bezahlt. Abgerufen am 15.04.2024 von: https://www.welt.de/wirtschaft/article10032438/Die-Ostdeutschen-haben-die-Einheit-selbst-bezahlt.html

[17] Jaeck, T. (05.11.2020). Verkehrsinfrastruktur in Ostdeutschland. Voraussetzungen, Transformation und Entwicklungsstand. Abgerufen am 25.03.2024 von: https://www.bpb.de/themen/deutsche-einheit/lange-wege-der-deutschen-einheit/47271/verkehrsinfrastruktur-in-ostdeutschland/

[18] Benz, W. (13.07.2005). Wirtschaftsentwicklung von 1945 bis 1949. Abgerufen am 15.04.2024 von: https://www.bpb.de/shop/zeitschriften/izpb/deutschland-1945-1949-259/10077/wirtschaftsentwicklung-von-1945-bis-1949/

[19] Jaeck, T. (05.11.2020). Verkehrsinfrastruktur in Ostdeutschland. Voraussetzungen, Transformation und Entwicklungsstand. Abgerufen am 25.03.2024 von: https://www.bpb.de/themen/deutsche-einheit/lange-wege-der-deutschen-einheit/47271/verkehrsinfrastruktur-in-ostdeutschland/

[20] Wirtschaft Berlins (kein Datum). Abgerufen am 30.03.2024 von: https://de.wikipedia.org/wiki/Wirtschaft_Berlins#:~:text=Im%20Jahr%202022%20betrug%20das,drittgrößte%20innerhalb%20der%20Europäischen%20Union

[21] Krätke, S. (2001). Berlin: Dienstleistungsmetropole oder Produktionsraum im Umbruch? In: G. Duhem, B. Grésillon, D. Kohler, S. Krätke & H. Kuhle, Paris-Berlin: Ein neuer Blick auf die europäischen Metropolen. Frankfurt am Main: Peter Lang, S. 79. Genten, J. & Thaa, L. (2020). Die Geschichte der Teilung Berlins. Fragen & Antworten. Berliner Beauftragter zur Aufarbeitung der SED-Diktatur. Berlin: Berliner Landeszentrale für politische Bildung.

[22] Bogai, D. & Wiethölter, D. (2009). Vergleichende Analyse von Länderarbeitsmärkten. Länderstudie Berlin. Institut für Arbeitsmarkt- und Berufsforschung. Berlin/Brandenburg: IAB-Regional Berlin-Brandenburg. Abgerufen am 11.03.2024 von: https://doku.iab.de/regional/BB/2009/regional_bb_0209.pdf
Berliner Partner Business Location Center. (2021). Berliner Industrie – auf Kurs! Abgerufen am 19.04.2024 von: https://www.businesslocationcenter.de/industrie

[23] Adlershof science at work (kein Datum). Abgerufen am 17.04.2024 von: https://www.adlershof.de/adlershof-in-zahlen

[24] Ministerium für Wirtschaft, Arbeit und Energie (kein Datum). Zukunft der Lausitz. Abgerufen am 31.03.2024 von: https://mwae.brandenburg.de/de/zukunft-der-lausitz/bb1.c.519985.de

[25] Ebd.

Anmerkungen

[26] ARGE WaFL (2020). Der Auftrag. Hintergrund und Problemstellung. Abgerufen am 15.04.2024 von: https://kohleausstieg-lausitz.de/hintergrund.html

[27] Deutsche Presseagentur (24.08.2019). AKK begrüßt Idee einer Sonderwirtschaftszone in der Lausitz. Abgerufen am 10.04.2024 von: https://www.faz.net/aktuell/wirtschaft/akk-fuer-sonderwirtschaftszone-in-der-lausitz-16349635.html

[28] Bundesministerium für Bildung und Forschung (29.09.2022). Entscheidung zur Gründung von zwei Großforschungszentren in der Lausitz und im mitteldeutschen Revier gefallen. Abgerufen am 02.04.2024 von: https://www.bmbf.de/bmbf/shareddocs/pressemitteilungen/de/2022/09/290922-GFZ.html

[29] Max-Planck-Gesellschaft (kein Datum). Institute in den Bundesländern. Abgerufen am 26.04.2024 von: https://www.mpg.de/institute_karte

[30] Deutsches Zentrum für Luft- und Raumfahrt (kein Datum). Standorte und Büros im In- und Ausland. Abgerufen am 19.04.2024 von: https://www.dlr.de/de/das-dlr/standorte-und-bueros

[31] HELMHOLTZ (kein Datum). Unsere Forschungszentren im Überblick. Abgerufen am 19.04.2024 von: https://www.helmholtz.de/ueber-uns/helmholtz-zentren/

[32] Frauenhofer-Gesellschaft (2018). Standortkarte. Abgerufen am 19.04.2024 von: https://maps.fraunhofer.de/fsk/

[33] INSM (31.07.2009). Höhe der Ausgaben (in Mio. Euro) für Forschung und Entwicklung in Ost- und Westdeutschland* 1993 und 2006. Abgerufen am 10.04.2024 von: https://de.statista.com/statistik/daten/studie/36801/umfrage/ausgaben-fuer-forschung-und-entwicklung-in-ost-und-west/

[34] Holtemöller, O. (10.10.2022). Immerwährende Ost-West-Spaltung? Abgerufen am 03.04.2024 von: https://www.bpb.de/themen/deutsche-einheit/lange-wege-der-deutschen-einheit/506195/immerwaehrende-ost-west-spaltung/

[35] Statistisches Bundesamt: Finanzen und Steuern (05.06.2022). Ausgaben für Forschung und Entwicklung. (Bundeszentrale für politische Bildung) Abgerufen am 02.05.2024 von: https://www.bpb.de/kurz-knapp/zahlen-und-fakten/soziale-situation-in-deutschland/61678/ausgaben-fuer-forschung-und-entwicklung/

[36] Vgl. Statistisches Bundesamt (25.08.2023). Anteil der internen Ausgaben für Forschung und Entwicklung 2021 am Bruttoinlandsprodukt (BIP) nach Bundesländern und Sektoren in %. Abgerufen am 03.05.2024 von: https://www.destatis.de/DE/Themen/Gesellschaft-Umwelt/Bildung-Forschung-Kultur/Forschung-Entwicklung/Tabellen/bip-bundeslaender-sektoren.html?view=main[Print]

Anmerkungen

[37] Schieb, R. (2020). Spurwechsel: Eisenbahnfahrten im östlichen Europa von 1850 bis heute, No 1417. Abgerufen am 14.04.2024 von: https://www.kulturforum.info/de/kk-magazin/epochen/8208-sp

[38] Dallhammer, E., Gaugitsch, R., Schuh, B., Göbel, M. & Ulrich, P. (03/2023). Regionsbezogene Territoriale Folgenabschätzung Ostbrandenburg – Westpolen am Beispiel grenzüberschreitender Schienenverbindungen: Pilotprojekt Ostbahn – Strecke 203. Universität Potsdam, Wien/Berlin/Potsdam. Abgerufen am 08.04.2024 von: https://www.uni-potsdam.de/fileadmin/projects/kwi/dateien/Publikationen/Teil_A_Projektbericht_TIA_BB-PL_de_2023-03__2023-05-10.pdf?t. IGOB (08.12.2021). Beratung zur regionalen Entwicklungsstrategie. Themenfeld Mobilität: Verstärkung & Verbesserung der Schieneninfrastruktur. (Interessengemeinschaft Ostbahn) Abgerufen am 10.04.2024 von: https://www.brandenburg.de/media/bb1.a.3833.de/Praesentation_Regionale_F.Schuetz_Ostbahn-MOL.pdf?t)

[39] Verkehrsverbund Berlin-Brandenburg GmbH (06.11.2023). Pressemitteilung: Ausbau der Bahnstrecke Berlin–Müncheberg (Mark)–Kostrzyn. Gutachten abgeschlossen und Ergebnisse vorgestellt. Abgerufen am 10.04.2024 von: https://www.vbb.de/fileadmin/user_upload/VBB/Dokumente/Presse/30-gutachten-zum-ausbau-der-bahnstrecke-berlin-kostrzyn.pdf

[40] Börsengeflüster (kein Datum). Das Top-Ranking der deutschen Börsenstädte. Abgerufen am 24.04.2024 von: https://www.boersengefluester.de/top-ranking-der-deutschen-boersenstaedte/

[41] Amt für Statistik Berlin-Brandenburg (22.09.2023). Bruttoinlandsprodukt 1. Halbjahr 2023 Brandenburg: Höchstes Wirtschaftswachstum. Abgerufen am 28.03.2024 von: https://www.statistik-berlin-brandenburg.de/179-2023

[42] Buch, J. (22.09.2023). Brandenburg verzeichnet bundesweit das stärkste Wirtschaftswachstum. Abgerufen am 25.03.2024 von: https://www.rbb24.de/wirtschaft/beitrag/2023/09/wirtschaftswachstum-autoindustrie-brandenburg-berlin.html

Kapitel 4
Mit Sonderförderzonen die ostdeutsche Wirtschaft auf die Überholspur bringen

[1] Andere Länder wie Nordrhein-Westfalen, Rheinland-Pfalz oder Hamburg haben sowohl Ausgleichszahlungen geleistet als auch Leistungen erhalten. Sogenannte Nehmerländer sind Niedersachsen, Schleswig-Holstein, das Saarland, Bremen sowie die neuen Bundesländer, die seit 1995 am Finanzausgleich partizipieren. Ministerium für Finanzen Baden-Württemberg (kein Datum). Das Solidaritätsprinzip der Länder. Abgerufen am

Anmerkungen

12.04.2024 von: https://fm.baden-wuerttemberg.de/de/finanzen/haushalt/finanzkraftausgleich

[2] Götschmann, D. (2012). Wirtschaftspolitik (nach 1945). Abgerufen am 23.03.2024 von: https://www.historisches-lexikon-bayerns.de/Lexikon/Wirtschaftspolitik_(nach_1945)

[3] Dohnanyi, K., Platzeck, M., Weimann, J., Seitz, H. & Gillo, M. (2004). Sonderwirtschaftszone oder Förderung von Wachstumskernen – wie sollte eine zukünftige Ost-Förderung gestaltet werden? ifo Schnelldienst, 57(10), S. 3–17.

[4] Müller, S. (21.08.2023). Ost-West-Gehaltsunterschiede: „Lohnlücke auch in zehn bis 20 Jahren noch". (S.-M. Köpf, Interviewer) mdr. Abgerufen am 12.02.2024 von: https://www.mdr.de/nachrichten/sachsen-anhalt/ost-west-gehaltsunterschiede-lohnluecke-prognose-100.html

[5] Wässa, G. (12.02.2020). Unternehmensnachfolge 2020 – ein Ausblick. Abgerufen am 01.05.2024 von: https://covendit.de/m-a-wissen/unternehmensnachfolge-2020-ein-ausblick/

[6] Frese, A. (05.10.2023). Langer Weg in Richtung Westen. Die Arbeitszeit in Ostdeutschland gleicht sich an. (Tagesspiegel) Abgerufen am 25.04.2024 von: https://www.tagesspiegel.de/berlin/berliner-wirtschaft/der-lange-weg-in-richtung-westen-arbeitszeit-in-ostdeutschland-gleicht-sich-an-10536061.html

[7] Ebd.

[8] Vgl. Zukunftsort Agro-Chemie Park Piesteritz (kein Datum). Abgerufen am 24.04.2024 von: https://www.zukunftsorte-sachsen-anhalt.de/agro-chemie-park-piesteritz

[9] Korfmacher, C. (02/2024). Von der Heimat enttäuscht. Cicero Magazin für politische Kultur (02), S. 81

[10] Vgl. Walker, N. (31.07.2023). Netzentgelte sorgen im Norden für höhere Stromrechnungen. (NDR) Abgerufen am 30.03.2024 von: https://www.ndr.de/nachrichten/info/Netzentgelte-sorgen-im-Norden-fuer-hoehere-Stromrechnungen,strompreis200.html

[11] Bundesministerium für Wirtschaft und Klimaschutz (15.11.2023). FAQ zum Wasserstoff-Kernnetz. Abgerufen am 27.04.2024 von: https://www.bmwk.de/Redaktion/DE/FAQ/Wassertstoff-Kernnetz/faq-wasserstoff-kernnetz.html

Kapitel 5
Ein Kinderstartkapital schafft mehr Chancengerechtigkeit

[1] „Zum Niedriglohnsektor zählen alle Beschäftigungsverhältnisse, die mit weniger als zwei Drittel des mittleren Bruttostundenverdienstes (13,04 Euro im April 2023 bzw. 12,50 Euro im April 2022) entlohnt

Anmerkungen

werden. Auszubildende werden bei dieser Analyse ausgeschlossen." Statistisches Bundesamt (08.02.2024). 1,1 Millionen weniger Niedriglohnjobs im April 2023 gegenüber April 2022. Abgerufen am 19.02.2024 von: https://www.destatis.de/DE/Presse/Pressemitteilungen/2024/02/PD24_050_62.html

[2] Vgl. ebd.

[3] Statistisches Bundesamt (03.04.2024). Lohnlücke zwischen Ost und West bleibt groß. Abgerufen am 05.04.2024 von: https://www.tagesschau.de/wirtschaft/arbeitsmarkt/lohnluecke-ost-west-100.html#:~:text=Die%20neuesten%20Zahlen%20hat%20der,Euro%2C%20im%20Osten%203.754%20Euro

[4] Statistisches Bundesamt (03.04.2024). Lohnlücke zwischen Ost und West weiterhin groß. Abgerufen am 05.04.2024 von: https://www.deutschlandfunk.de/lohnluecke-zwischen-ost-und-west-weiterhin-gross-100.html

[5] OECD (2019). Society at a Glance 2019: OECD Social Indicators. Paris: OECD Publishing. Abgerufen am 11.03.2024 von: https://doi.org/10.1787/soc_glance-2019-en

[6] Zeiher, J., Häßler, K., Finger, J., Hermann, S., Grimée, M., Haase, A. & Wittmann, N. (2022). Gesundheits- und Sozialstrukturatlas: Berlin 2022. Senatsverwaltung für Wissenschaft, Gesundheit, Pflege und Gleichstellung Berlin, Referat für Gesundheitsberichterstattung, Epidemiologie, Gesundheitsinformationssysteme, Statistikstelle, Berlin, S. 26 ff. Abgerufen am 11.03.2024 von: https://www.berlin.de/sen/gesundheit/gesundheitsberichterstattung/gesundheits-und-sozialstruktur-1367182.php

[7] Grabka, M. & Halbmeier, C. (2019). Vermögensungleichheit in Deutschland bleibt trotz deutlich steigender Nettovermögen anhaltend hoch. DIW Wochenbericht, Deutsches Institut für Wirtschaftsforschung e. V., Berlin. Abgerufen am 11.03.2024 von: https://www.diw.de/documents/publikationen/73/diw_01.c.679972.de/19-40-1.pdf

[8] Bundeszentrale für politische Bildung (14.10.2020). Vermögen in West- und Ostdeutschland nach Alter. Abgerufen am 16.03.2024 von: https://www.bpb.de/kurz-knapp/zahlen-und-fakten/soziale-situation-in-deutschland/61778/vermoegen-in-west-und-ostdeutschland-nach-alter/

[9] Grabka, M. & Halbmeier, C. (2019). Vermögensungleichheit in Deutschland bleibt trotz deutlich steigender Nettovermögen anhaltend hoch. DIW Wochenbericht, Deutsches Institut für Wirtschaftsforschung e. V., Berlin. Abgerufen am 11.03.2024 von: https://www.diw.de/documents/publikationen/73/diw_01.c.679972.de/19-40-1.pdf

[10] Vgl. ebd. Bundeszentrale für politische Bildung (14.10.2020). Vermögen in West- und Ostdeutschland nach Alter. Abgerufen am 16.03.2024 von: https://www.bpb.de/kurz-knapp/zahlen-und-fakten/soziale-situation-in-deutschland/61778/vermoegen-in-west-und-ostdeutschland-nach-alter/

Anmerkungen

[11] Deutsche Bundesbank (2023). Monatsbericht April 2023 (75. Jahrgang Nr. 4). Frankfurt am Main. Abgerufen am 17.05.2024 von https://www.bundesbank.de/resource/blob/764252/17db15da-a53575e87540a3e0462413c1/mL/2023-04-monatsbericht-data.pdf

[12] Enders, E. (13.07.2022). Der lange Weg vom Staats- zum Privateigentum. Abgerufen am 26.04.2024 von: https://www.mdr.de/geschichte/zeitgeschichte-gegenwart/wirtschaft/vermoegen-grunderbe-ostdeutschland-immobilien-eigenheim-ungleichheit-eigentum-100.html

[13] Vgl. ebd.

[14] Rink, D. (2021). Stadtentwicklung, Wohnungsmarkt und Wohnungspolitik in Leipzig. UFZ Discussion Papers, UFZ Helmholtz Centre for Environmental Research, Leipzig.

[15] Czaja, M. (23.04.2023). Interview CDU-Generalsekretär Czaja: „Der Staat soll 10.000 Euro pro Neugeborenes geben" (H. Strauß, M. Döbler, Interviewer, & Rheinische Zeitung, Hrsg.) Abgerufen am 13.04.2024 von: https://rp-online.de/politik/deutschland/interview-mit-cdu-generalsekretaer-czaja-10000-euro-fuer-jedes-kind_aid-88889775

[16] In den letzten 20 Jahren haben globale Aktien eine durchschnittliche Rendite von acht Prozent pro Jahr und Staatsanleihen drei Prozent pro Jahr erzielt.

[17] Der Stabilitätsrat ist für die Überwachung des Bundeshaushaltes zuständig und soll eine Früherkennung potenzieller Notstände ermöglichen. Innerhalb des Beirates werden Stellungnahmen und Empfehlungen erarbeitet, um den Stabilitätsrat zu unterstützen. Stabilitätsrat (kein Datum). Stabilitätsrat zur Sicherung solider öffentlicher Haushalte. Abgerufen am 17.04.2024 von: https://www.stabilitaetsrat.de/DE/Home/home_node.html

[18] Christlich Demokratische Union Deutschlands (2024). Hier ist er: Der Entwurf für das neue Grundsatzprogramm der CDU. Er ist das Ergebnis von zwei Jahren intensiver Arbeit. Abgerufen am 15.04.2024 von: https://www.grundsatzprogramm-cdu.de/entwurf

[19] Gathmann, F. (08.05.2024). Bloß nicht zu klare Kante zeigen. (Der Spiegel) Abgerufen am 11.05.2024 von: https://www.spiegel.de/politik/deutschland/grundsatzprogramm-debatte-auf-cdu-parteitag-bloss-nicht-zu-klare-kante-zeigen-a-f215ded8-79b8-49dc-879c-4a8544ad7323?sara_ref=re-so-app-sh

[20] ReBalance (2019). Über Uns. Abgerufen am 27.03.2024 von: https://newforum-rebalance.org/ueber-uns/

[21] Haan, Y. (08.01.2023). Warum wir über das Erbe sprechen müssen. (Frankfurter Rundschau) Abgerufen am 19.04.2024 von: https://www.fr.de/wirtschaft/warum-wir-ueber-das-erben-sprechen-muessen-92012341.html

Anmerkungen

[22] Tiefensee, A. & Grabka, M. (2017). Das Erbvolumen in Deutschland dürfte um gut ein Viertel größer sein als bisher angenommen. DIW Wochenbericht, Deutsches Institut für Wirtschaftsforschung e. V., Berlin. Abgerufen am 11.03.2024 von: https://www.diw.de/documents/publikationen/73/diw_01.c.560982.de/17-27-3.pdf

[23] Statistisches Bundesamt (18.07.2023). Geerbtes und geschenktes Vermögen 2022 nach Rekordjahr 2021 um 14 % gesunken. Abgerufen am 02.04.2024 von: https://www.destatis.de/DE/Presse/Pressemitteilungen/2023/07/PD23_281_736.html#:~:text=Die%20Erbschaft%2D%20und%20Schenkungsteuer%20wurde,zum%20fünften%20Mal%20in%20Folge.

[24] Jirmann, J. (2024). Rückläufige Einnahmen aus der Erbschaft- und Schenkungsteuer. Abgerufen am 29.03.2024 von: https://www.wirtschaftsdienst.eu/inhalt/jahr/2024/heft/1/beitrag/ruecklaeufige-einnahmen-aus-der-erbschaft-und-schenkungsteuer.html#:~:text=Die%20Steuereinnahmen%20sind%20tatsächlich%20rückläufig,festgesetzt%20(BMF%2C%202023a).

[25] Statistisches Bundesamt (2023). Statistik über die Erbschaft- und Schenkungssteuer 2022. Statistischer Bericht, Destatis. Abgerufen am 11.03.2024 von: https://view.officeapps.live.com/op/view.aspx?src=https%3A%2F%2Fwww.destatis.de%2FDE%2FThemen%2FStaat%2FSteuern%2FWeitere-Steuern%2FPublikationen%2FDownloads-weitere-Steuern%2Fstatistischer-bericht-erbschaft-schenkungssteuer-5736101227005.xlsx%3F__blob%3Dp

Kapitel 6
Ostdeutsche Standards und ihre Vorteile für den Westen – oder warum eine DIN Ost allen hilft

[1] Das Gesetz über die Rechte der Eigentümer von Grundstücken aus der Bodenreform (Modrow-Gesetz) vom 06.03.1990 regelte die Rückübertragung von Grundstücken an die früheren Eigentümer oder deren Erben, die durch die Bodenreform in der DDR enteignet worden waren. Deutscher Bundestag (20.03.1997). Beschlußempfehlung und Bericht des Rechtsausschusses (6. Ausschuß). Abgerufen am 29.04.2024 von: https://dserver.bundestag.de/btd/13/072/1307275.pdf?t

[2] Das Schuldrechtsanpassungsgesetz vom 21.07.1994 diente der Anpassung des Schuldrechts im Bürgerlichen Gesetzbuch an das Gemeinschaftsrecht der Europäischen Union. Bundesministerium der Justiz und Bundesamt für Justiz (21.09.1994). Gesetz zur Anpassung schuldrechtlicher Nutzungsverhältnisse an Grundstücken im Beitrittsgebiet (Schuldrechtsanpassungsgesetz – SchuldRAnpG). Abgerufen am 02.05.2024 von: https://www.gesetze-im-internet.de/schuldranpg/SchuldRAnpG.pdf?t

Anmerkungen

³ Das Sachenrechtsbereinigungsgesetz vom 21.09.1994 regelte die Bereinigung des Sachenrechts in den neuen Bundesländern und stellte eine Anpassung an das gesamtdeutsche Recht dar. Bundesministerium der Justiz und Bundesamt für Justiz (21.09.1994). Gesetz zur Sachenrechtsbereinigung im Beitrittsgebiet (Sachenrechtsbereinigungsgesetz – SachenRBerG). Abgerufen am 13.04.2024 von: https://www.gesetze-im-internet.de/sachenrberg/BJNR245710994.html

⁴ Vgl. DIYonline (2015). Entwicklung der Baumärkte seit 1990. Abgerufen am 12.03.2024 von: https://www.diyonline.de/d/diy/2015/10-2015/entwicklung-der-baumaerkte-seit-1990.html

⁵ Mau, S. (03.07.2020). Der Osten als Problemzone? Eine Skizze zur ostdeutschen Soziopolitik. (Bundeszentrale für politische Bildung) Abgerufen am 12.03.2024 von: https://www.bpb.de/shop/zeitschriften/apuz/312263/der-osten-als-problemzone/

⁶ Diewald, M., Goedicke, A. & Solga, H. (26.05.2002). Arbeitsmarkt-Kompetenzen in Ostdeutschland – nicht vorhanden oder nicht gefragt? (Bundeszentrale für politische Bildung) Abgerufen am 12.03.2024 von: https://www.bpb.de/shop/zeitschriften/apuz/25417/arbeitsmarkt-kompetenzen-in-ostdeutschland-nicht-vorhanden-oder-nicht-gefragt/

⁷ Statistisches Bundesamt (2023). Scheidungshäufigkeit 1970–2022. (Institut Arbeit und Qualifikation der Universität Duisburg-Essen) Abgerufen am 12.03.2024 von: https://www.sozialpolitik-aktuell.de/files/sozialpolitik-aktuell/_Politikfelder/Bevoelkerung/Datensammlung/PDF-Dateien/abbVII15.pdf

⁸ Boecker, A. (18./19.09.2004). Die Mark im Schulden-Schlamm. Süddeutsche Zeitung, Nr. 217, S. 26.

⁹ Berliner Morgenpost (12.06.2002). Die Wegzugsprämie wird abgeschafft. Abgerufen am 12.03.2024 von: https://www.morgenpost.de/printarchiv/brandenburg/article102918760/Die-Wegzugspraemie-wird-abgeschafft.html

¹⁰ Vgl. Sächsischer Landtag (2008): Bericht der Enquete-Kommission: „Demografische Entwicklung und ihre Auswirkungen auf die Lebensbereiche der Menschen im Freistaat Sachsen sowie ihre Folgen für die politischen Handlungsfelder". Abgerufen am 06.06.2024 von: https://edas.landtag.sachsen.de/viewer.aspx?dok_nr=13000&dok_art=Drs&leg_per=4&pos_dok=201&dok_id=undefined

¹¹ Ebd., S. 12.

¹² Ebd., S. 17.

¹³ Ebd., S. 194.

¹⁴ Ebd., S. 18.

¹⁵ Ebd., S. 252, 267.

¹⁶ Ebd., S. 334.

¹⁷ Ebd., S 334.

Anmerkungen

18   Ebd., S. 19, 249.
19   Ebd., S. 207, S. 211.
20   Vgl. Der Beauftragte der Bundesregierung für Ostdeutschland (2023). Zum Stand der Deutschen Einheit: Bericht der Bundesregierung 2023. Die Bundesregierung, Berlin.
21   Ebd., S. 69 ff.
22   Deutsche Presse-Agentur (04.10.2023). Schwesig wirft Bundespolitik Zögern bei Ost-Problemen vor. (Deutsche Presseagentur) Abgerufen am 12.03.2024 von: https://www.svz.de/deutschland-welt/brandenburg/artikel/schwesig-wirft-bundespolitik-zoegern-bei-ost-problemen-vor-45618613
23   Vgl. Böttcher, S. (14.03.2022). Gesundheit und Gesundheitsversorgung in der DDR. (Bundeszentrale für politische Bildung) Abgerufen am 12.03.2024 von: https://www.bpb.de/themen/deutsche-einheit/lange-wege-der-deutschen-einheit/505032/gesundheit-und-gesundheitsversorgung-in-der-ddr/
24   mdr (01.02.2021). Gesundheit in der DDR: Arztsein in der DDR – kein Traumberuf. Abgerufen am 12.03.2024 von: https://www.mdr.de/geschichte/ddr/politik-gesellschaft/gesundheit/arzt-aerzte-aerztemangel-ausreise-flucht-100.html
25   Reisener, T. (10.08.2018). Senioren-CDU ruft nach Dorfschwestern in NRW. (Rheinische Post) Abgerufen am 12.03.2024 von: https://rp-online.de/nrw/landespolitik/senioren-union-in-nrw-will-die-institution-der-dorfschwestern-wieder-einfuehren_aid-24315785

Kapitel 7
Eine Ostquote ist überfällig

1   Lettrari, A. (2018). Profil. Abgerufen am 02.04.2024 von: http://adriana-lettrari.de/profil/
2   3te Generation Ost (2021). Unsere Mission: Wir vernetzen Wendekinder und machen sie sichtbar. Abgerufen am 06.03.2024 von: https://netzwerk.dritte-generation-ost.de
3   Meyen, M. (23.12.2019). Der kalte Atem des DDR-Diskurses. (Das mediale Erbe der DDR: Akteure, Aneignung, Tradierung) Abgerufen am 29.03.2024 von: https://medienerbe.hypotheses.org/1182
4   Möller, H. (03. 05 2022). Transnationale Traumatisierung. Aus Wunden werden Narben. Abgerufen am 20.03.2024 von: https://www.deutschlandfunkkultur.de/trauma-traumata-transgenerational-generationen-100.html

Anmerkungen

5 Fuchs, C. (22.10.2019). Erfolgreich, nüchtern und enttäuscht. Die Wendekinder. Abgerufen am 18.03.2024 von: https://www.mdr.de/geschichte/zeitgeschichte-gegenwart/politik-gesellschaft/generation-wende-kinder-100.html

6 mdr (03.03.2022). Eure Geschichte. Wendekinder und Nachwendekinder. (Eure Geschichte. Das Schulprojekt zur DDR und Nachwendegeschichte) Abgerufen am 23.03.2024 von: https://www.mdr.de/geschichte/eure-geschichte/nachwendegeschichte/wendekinder-und-nachwendekinder-eure-geschichte-ddr-schulprojekt-102-amp.html. Fuchs, C. (22.10.2019). Erfolgreich, nüchtern und enttäuscht. Die Wendekinder. Abgerufen am 18.03.2024 von: https://www.mdr.de/geschichte/zeitgeschichte-gegenwart/politik-gesellschaft/generation-wende-kinder-100.html

7 Lettrari, A. (2019). Wendekinder und Transformationskompetenz. (Journal für politische Bildung, Hrsg.) Friedliche Revolution – und dann? (4), 32–37. Abgerufen am 06.06.2024 von: https://www.journal-pb.de/blog/wendekinder-und-transformationskompetenz

8 Vgl. Eckert, R. (10.12.2021). Schwierige Gemengelage. Ostdeutsche Eliten und die Friedliche Revolution in der Diskussion. (Bundeszentrale für politische Bildung) Abgerufen am 15.03.2024 von: https://www.bpb.de/themen/deutschlandarchiv/344490/schwierige-gemengelage/

9 Kowalczuk, I.-S. (2019). Die Übernahme. Wie Ostdeutschland Teil der Bundesrepublik wurde. München: C.H. Beck.

10 Deutscher Bundestag (2019). Parlament berät über Ost-Quote in Bundesbehörden. Abgerufen am 09.03.2024 von: https://www.bundestag.de/dokumente/textarchiv/2019/kw11-de-ost-quote-bundesbehoerden-595214

11 Mau, S. (03.07.2020). Der Osten als Problemzone? Eine Skizze zur ostdeutschen Soziopolitik. (Bundeszentrale für politische Bildung) Abgerufen am 22.02.2024 von: https://www.bpb.de/shop/zeitschriften/apuz/312263/der-osten-als-problemzone/

12 Vgl. Eckert, R. (10.12.2021). Schwierige Gemengelage. Ostdeutsche Eliten und die Friedliche Revolution in der Diskussion. (Bundeszentrale für politische Bildung) Abgerufen am 15.03.2024 von: https://www.bpb.de/themen/deutschlandarchiv/344490/schwierige-gemengelage/. Kollmorgen, R. (26.05.2020). Zwischen Austausch und Marginalisierung. Ostdeutsche in den Eliten nach der Vereinigung. (Bundeszentrale für politische Bildung) Abgerufen am 02.04.2024 von: https://www.bpb.de/themen/deutsche-einheit/lange-wege-der-deutschen-einheit/310065/zwischen-austausch-und-marginalisierung-ostdeutsche-in-den-eliten-nach-der-vereinigung/

13 Vogel, L., Kollmorgen, R., Lorenz, A., Reiser, M., Junkermann, J., Brandy, V. & Schaller, J. (20.09.2023). Elitenmonitor – Befunde aus einem Forschungsprojekt zur personellen Unterrepräsentation der Ostdeutschen in den Eliten 2018–2023. Abgerufen am 04.03.2024 von: https://

Anmerkungen

www.ostbeauftragter.de/resource/blob/2044590/2224378/59b5ce5f-9b473cfd77688e8c94f3ebfd/elitenmonitor-data.pdf?download=1

[14] Schönherr, M., Antusch, J. & Jacobs, O. (2022). Der lange Weg nach oben. Wie es Ostdeutsche in die Eliten schaffen. Repräsentation und Karrierewege. Entwicklungen nach drei Jahrzehnten deutscher Einheit. Hofrichter & Jacobs/MDR.

[15] Der Beauftragte der Bundesregierung für Ostdeutschland (20.09.2023). Anteil Ostdeutsche in Führungspositionen. Auf dem richtigen Weg. Abgerufen am 10.04.2024 von: https://www.ostbeauftragter.de/ostb-de/aktuelles/anteil-ostdeutscher-in-fuehrungspositionen-auf-dem-richtigen-weg-2224380. Junkermann, J. (20.09.2023). Erste Ergebnisse der Leipziger Elitendatenbank. Abgerufen am 02.03.2024 von: https://research.uni-leipzig.de/elitenmonitor/erste-ergebnisse-der-leipziger-elitendatenbank/

[16] Mau, S. (03.07.2020). Der Osten als Problemzone? Eine Skizze zur ostdeutschen Soziopolitik. (Bundeszentrale für politische Bildung) Abgerufen am 22.02.2024 von: https://www.bpb.de/shop/zeitschriften/apuz/312263/der-osten-als-problemzone/

[17] Der Beauftragte der Bundesregierung für Ostdeutschland (kein Datum). Repräsentation von Ostdeutschen in Führungspositionen. Abgerufen am 27.02.2024 von: https://www.ostbeauftragter.de/ostb-de/themen/ostdeutsche-in-fuehrungspositionen

[18] Kollmorgen, R. (08.12.2021). Ein anhaltendes Defizit? Ostdeutsche in den Eliten als Problem und Aufgabe. (Bundeszentrale für politische Bildung) Abgerufen am 01.03.2024 von: https://www.bpb.de/themen/deutschlandarchiv/344487/ein-anhaltendes-defizit/

[19] Der Beauftragte der Bundesregierung für Ostdeutschland (09/2023). Zum Stand der Deutschen Einheit. Bericht der Bundesregierung 2023. Die Bundesregierung, Berlin. Abgerufen am 25.02.2024 von https://www.publikationen-bundesregierung.de/resource/blob/2277952/2226090/19e8d0dba83e65e13266838329366e15/zum-stand-der-deutschen-einheit-2023-download-bk-amt-data.pdf?download=1

[20] Vogel, L. (13.05.2020). Der geringe Anteil Ostdeutscher in den Eliten – ein verkanntes Problem. Abgerufen am 16.02.2024 von: https://regierungsforschung.de/der-geringe-anteil-ostdeutscher-in-den-eliten-ein-verkanntes-problem/

[21] Kollmorgen, R., Vogel, L. & Zajak, S. (2024). Wege aus der Unterrepräsentation. Resümee und gesellschaftspolitische Handlungsempfehlungen. In: R. Kollmorgen, L. Vogel & S. Zajak (Hrsg.), Ferne Eliten. Die Unterrepräsentation von Ostdeutschen und Menschen mit Migrationshintergrund (S. 359–390). Wiesbaden: Springer VS.

[22] Ebd., S. 382.

[23] Ebd., S. 383.

[24] Ebd., S. 360.

Anmerkungen

[25] Wrede, I. (27.10.2021). Noch nicht genug Frauen in Firmenvorständen. Abgerufen am 10.04.2024 von: https://www.dw.com/de/mehr-frauen-in-firmenvorständen-aber-noch-nicht-genug/a-59619729

[26] Ankersen, W., Berg, C., Warnery, V., Coste-Lepoutre, C.-M., Fratzscher, M. & Hagströmer, S. (2032). Einsam an der Spitze. Unternehmen holen Frauen in die Vorstände, aber in der Regel nur eine. Die deutsch-schwedische Allbright Stiftung. Berlin: Allbright. DIW Berlin. (15.01.2024). Frauenanteil in Vorständen[1] der DAX-Unternehmen (DAX-30/DAX-40[2]) in Deutschland von 2008 bis 2023. (DIW Berlin) Abgerufen am 03.03.2024 von: https://de.statista.com/statistik/daten/studie/409010/umfrage/frauenanteil-in-dax-vorstaenden/

[27] WDR (21.10.2006). 21. Oktober 2006. Vor zehn Jahren: CDU beschließt ein Frauenquorum. Abgerufen am 22.02.2024 von: https://www1.wdr.de/stichtag/stichtag1860.html

[28] Deutscher Bundestag – Wissenschaftliche Dienste (2018). Der Grundsatz der proportionalen föderalen Parität nach Art. 36 Abs. 1 S. 1 GG. Sachstand, Deutscher Bundestag, Verfassung und Verwaltung, Berlin. Abgerufen am 06.06.2024 von: https://www.bundestag.de/resource/blob/585710/741f5fc53e8696a3a61e3c2f862b966b/WD-3-350-18-pdf-data.pdf

[29] Winkler, E. (17.10.2023). Neue Studie: „Wer ist hier eigentlich ostdeutsch?". (MDR Aktuell, Hrsg.) Abgerufen am 10.02.2024 von: https://www.mdr.de/nachrichten/deutschland/gesellschaft/ostdeutsch-bevoelkerungsanteil-quote-100.html. Wehner, M. (17.03.2019). Jeder Zweite im Osten für Ostquote. Abgerufen am 10.04.2024 von: https://www.faz.net/aktuell/politik/inland/f-a-z-exklusiv-jeder-zweite-im-osten-fuer-ostquote-16094115.html

[30] Deutscher Bundestag (2019). Parlament berät über Ost-Quote in Bundesbehörden. Abgerufen am 09.03.2024 von: https://www.bundestag.de/dokumente/textarchiv/2019/kw11-de-ost-quote-bundesbehoerden-595214. Der Beauftragte der Bundesregierung für Ostdeutschland (01/2023). Konzept: Ostdeutsche in Führungspositionen. Bundeskonzept zur Steigerung des Anteils von Ostdeutschen in Führungspositionen der Bundesverwaltung. Abgerufen am 10.02.2024 von: https://www.ostbeauftragter.de/resource/blob/2038516/2160276/5869fdb68b793ab-74664c5a500644ad/bundeskonzept-data.pdf?download=1

[31] Wer ist hier eigentlich ostdeutsch, und wenn ja, wie viele? Zur Konstruktion, Wirkungsmacht und Implikation von Ostidentitäten (dezim-institut.de). Abgerufen am 06.06.2024 von: https://www.dezim-institut.de/fileadmin/user_upload/Demo_FIS/publikation_pdf/FA-5820.pdf

[32] Der Beauftragte der Bundesregierung für Ostdeutschland (01/2023). Konzept: Ostdeutsche in Führungspositionen: Bundeskonzept zur Steigerung des Anteils von Ostdeutschen in Führungspositionen der Bundesverwaltung. Abgerufen am 10.02.2024 von: https://www.ost-

Anmerkungen

beauftragter.de/resource/blob/2038516/2160276/5869fdb68b793ab-774664c5a500644ad/bundeskonzept-data.pdf?download=1

[33] Vgl. ebd., S. 13.

[34] Ebd.

[35] Ebd.

[36] Wir sind der Osten gUG (kein Datum). Wir sind der Osten. Abgerufen am 06.05.2024 von: https://wirsindderosten.de/wir-sind-der-osten/

Kapitel 8
Außenpolitik aus ostdeutscher Sicht:
Mehr Emanzipation der Europäer

[1] Meckel, M. (2019). Zeitansagen: Texte und Reden aus zwei Jahrzehnten. (K. Abels, Hrsg.) Stuttgart: ibidem-Verlag.

[2] Küstner, K. (30.01.2024). Für Trump nicht gewappnet. Abgerufen am 11.03.2024 von: https://www.tagesschau.de/ausland/europa/europa-deutschland-trump-100.html

[3] Tagesschau (11.02.2024). Trump will säumige NATO-Staaten nicht schützen. (ARD) Abgerufen am 02.04.2024 von: https://www.tagesschau.de/ausland/amerika/trump-nato-russland-100.html

[4] Freiwah, P. (15.09.2023). Trotz Sanktionen: USA kaufen Uran aus Russland. Einfuhren offenbar drastisch erhöht. Abgerufen am 17.04.2024 von: https://www.merkur.de/wirtschaft/energien-usa-russland-sanktionen-uran-lieferungen-atomkraft-ukraine-krieg-handel-klimawende-erneuerbare-92517522.html

[5] Kohlmann, T. (04.07.2023). Russland: Finanzieren westliche Firmen Putins Krieg? (D. Welle, Hrsg.) Abgerufen am 17.04.2024 von: https://www.dw.com/de/finanzieren-westliche-firmen-indirekt-putins-krieg/a-66113320

[6] 2022 zahlte die USA dem Kreml durch die in Russland angesiedelten Firmen ca. 712 Millionen US-Dollar Ertragssteuer. Deutschland liegt mit 402 Millionen US-Dollar auf Platz 2 (KSE Institute). KSE Institute (04.07.2023). The Lucrative Business of Staying: Corporate Foreign Enablers of the Kremlin's War. (B4Ukrain, Hrsg.) Abgerufen am 04.05.2024 von: https://b4ukraine.org/what-we-do/business-of-staying

[7] Tagesschau (28. 12 2023). Russland und USA setzen gemeinsame Flüge zur ISS fort. Abgerufen am 24.03.2024 von: https://www.tagesschau.de/ausland/asien/iss-usa-russland-nasa-100.html

[8] Der Südschleswigsche Wählerverband (2021). „Mission Bundestag" geglückt! SSW-Ergebnisse Bundestagswahl. Abgerufen am 20.04.2024 von: https://www.ssw.de/bundestagswahl

Anmerkungen

9   Deutscher Bundestag (2021). Parteien nationaler Minderheiten. Abgerufen am 02.03.2024 von: https://www.bundestag.de/parlament/bundestagswahl/nationale-minderheiten-852886

10 Deutscher Bundestag (30.03.2006). Ausarbeitung: Rechtliche Grundlagen der Rechte nationaler Minderheiten in Deutschland. Abgerufen am 26.02.2024 von: https://www.bundestag.de/resource/blob/419246/8d177fbb6bf45f622e3f0247b42a6726/wf-iii-139-06-pdf-data.pdf

11 Mischke, S. (26.11.2022). Stefan Seidler sitzt als „SSW-Einzelkämpfer" im Bundestag. Abgerufen am 05.04.2024 von: https://www.ndr.de/nachrichten/schleswig-holstein/Stefan-Seidler-sitzt-als-SSW-Einzelkaempfer-im-Bundestag,stefanseidler102.html

12 Kohl, H. (09.11.1999). Deutscher Bundestag. Abgerufen am 12.03.2024 von: https://www.bundestag.de/parlament/geschichte/gastredner/gorbatschow/kohl-247410

13 Oxana, N. (06.11.2011). Ostdeutsche Studierende in der Sowjetunion. Abgerufen am 22.03.2024 von: https://isem.susu.ru/archen/DDR_de/#:~:text=Am%2012.,fuer%20Doktoranden)%20an%20sowjetischen%

14 Richard, H. (13.09.2018). Als Moskau von Europa träumte. Abgerufen am 12.03.2024 von: https://monde-diplomatique.de/artikel/!5533608

15 Kohl, H. (09.11.1999). Deutscher Bundestag. Abgerufen am 12.03.2024 von: https://www.bundestag.de/parlament/geschichte/gastredner/gorbatschow/kohl-247410

16 Kohl, H. (23.01.1995). Bulletin 05-95. (Die Bundesregierung, Hrsg.) Abgerufen am 12.03.2024 von: https://www.bundesregierung.de/breg-de/service/bulletin/rede-des-bundeskanzlers-vor-dem-deutschen-bundestag-aussprache-ueber-die-erklaerung-der-bundesregierung-zur-lage-in-tschetschenien-801978

17 Konrad-Adenauer-Stiftung (2010). Mauerfall und Wiedervereinigung. Der Sieg der Freiheit. Sankt Augustin/Berlin: Konrad-Adenauer-Stiftung e. V.

18 jok/dpa (10.02.2022). Nur noch 45 Prozent der Weltbevölkerung leben in einer Demokratie. Abgerufen am 16.02.2024 von: https://www.spiegel.de/ausland/nur-noch-45-prozent-der-weltbevoelkerung-lebt-in-einer-demokratie-a-97ec1d36-6bff-4212-b10a-8bc316570158

19 Meckel, M. (2019). Zeitansagen: Texte und Reden aus zwei Jahrzehnten. (K. Abels, Hrsg.) Stuttgart: ibidem-Verlag, S. 93

20 Krastev, I. (03. 09 2022). Osteuropa-Experte Krastev: „Jeder Krieg ist ein Test des Willens". (H. Rauscher, Interviewer, & Der Standard, Hrsg.). Abgerufen am 06.06.2024 von: https://www.derstandard.de/story/2000138767297/osteuropa-experte-krastev-jeder-krieg-ist-ein-test-des-willens

Anmerkungen

Kapitel 9
Lösungen: Mehr Osten wagen, um ganz Deutschland zu stärken

[1] Bundesministerium der Justiz und Bundesamt für Justiz (31.08.1990). Vertrag zwischen der Bundesrepublik Deutschland und der Deutschen Demokratischen Republik über die Herstellung der Einheit Deutschlands (Einigungsvertrag). Abgerufen am 30.04.2024 von: https://www.gesetze-im-internet.de/einigvtr/EinigVtr.pdf?t

[2] Teltschik, H. (1991). 329 Tage. Innenansichten der Einigung. Berlin: Siedler Verlag, S. 167.

[3] „Im April 2024 gab es nach vorläufiger Hochrechnung der Statistik der Bundesagentur für Arbeit in der Summe 4.802.000 erwerbsfähige Menschen, die Lohnersatzleistungen nach dem SGB III (Arbeitslosengeld bei Arbeitslosigkeit) oder Leistungen zur Sicherung des Lebensunterhalts für Arbeitsuchende nach dem SGB II (Bürgergeld für erwerbsfähige Leistungsberechtigte) erhalten haben." Bundesagentur für Arbeit (2024). Monatsbericht zum Arbeits- und Ausbildungsmarkt: April 2024. Statistik der Bundesagentur für Arbeit, Blickpunkt Arbeitsmarkt, Nürnberg. Abgerufen am 10.05.2024 von: https://www.arbeitsagentur.de/datei/arbeitsmarktbericht-april-2024_ba048525.pdf

[4] Beck, H. (07.09.2023). Optimismus rettet die Welt. Menschen sind am erfindungsreichsten, wenn die Krisen am grössten sind. Warum ist Pessimismus dann so weit verbreitet? Gastkommentar von Henning Beck. (Neue Zürcher Zeitung, Hrsg.) Abgerufen am 29.04.2024 von: https://epaper.nzz.ch/article/6/6/2023-09-07/20/322305883

[5] Wedepohl, S. (kein Datum). Geschichte des WF. Abgerufen am 01.05.2024 von: https://wf-museum.de/home-2/geschichte-des-wf/

[6] Ebd.

[7] Gebhard, D. & Klaus, J. (06.02.2023). Parteigründer: „Das Baby AfD ist missraten". (zdfheute, Hrsg.) Abgerufen am 16.04.2024 von: https://amp.zdf.de/nachrichten/politik/afd-10-jahre-jahrestag-gruender-100.html

[8] Ebd.

[9] Vgl. Bundesministerium für Wirtschaft und Klimaschutz (01.03.2024). Vermögensungleichheit in Deutschland und Europa. Neue Daten der EZB. Abgerufen am 09.04.2024 von: https://www.bmwk.de/Redaktion/DE/Schlaglichter-der-Wirtschaftspolitik/2024/03/05-vermoegensungleichheit-in-deutschland-und-europa.html

Über den Autor

© Tobias Koch

Mario Czaja, geboren 1975 in Berlin, begann seine berufliche Laufbahn nach einer kaufmännischen Ausbildung in einem Unternehmen für Gebäudemanagement. Von 1999 bis 2021 war er Mitglied des Abgeordnetenhauses von Berlin, das bis vor Kurzem noch ein Teilzeitparlament war.

Neben seiner Tätigkeit als Abgeordneter studierte er von 2006 bis 2010 Betriebswirtschaftslehre und schloss dieses Studium als Diplom-Betriebswirt (FH) ab. Von 2011 bis 2016 war er Senator für Gesundheit und Soziales in seiner Heimatstadt. Seit November 2018 ist er ehrenamtlicher Präsident des Deutschen Roten Kreuzes im Landesverband Berlin.

Im Jahr 2021 zog er als direkt gewählter Abgeordneter des Wahlkreises Marzahn-Hellersdorf in den Deutschen Bundestag ein. Von Januar 2022 bis Juli 2023 war er Generalsekretär der CDU Deutschlands.